企業安全衛生管理制度規劃

System Planning of Safety and Health Management for Enterprises

徐啟銘、周煌傑／著

趙　序

　　台灣在全體國民胼手胝足的共同努力下，終以經貿實力揚名於國際。但在追求經濟高度發展與廿一世紀「科技島」願景的同時，企業界泰半僅注重生產與利潤，卻忽略了安全衛生工作之重要性，導致職業災害及工業意外事故頻傳，亦使民眾生命、財產，甚至環境、生態遭受嚴重威脅。

　　目前我國工業安全衛生水準較美、日等先進國家尚有一段不小差距，除「制度面」未貫徹落實外，事業主們觀念的錯誤與偏差亦為主因。咸認為安全衛生是「花錢且無利可圖」的工作，尚不知防止災害發生即是「控制並減少因意外所造成重大損失」的利器。因此唯有靠輔導教育方式，使事業主們瞭解「減少事故發生即是創造利潤」的理念，如此才能使其心悅誠服的樂意來推動安全衛生工作。

　　在高度競爭的經濟環境下，企業界不得不提高產品品質與開發新市場，且企業永續經營的基本條件便是「排除不必要的浪費、提高生產力」，而落實安全衛生工作，即能大幅完成上述目標，所以是值得企業投資與經營的項目之一。現代科學技術日新月異，企業管理之思想與方法亦應隨時代前進而不斷進步。新觀念、新技術、新方法的演進，對於經營者在以生產為重下亦應擺脫傳統以適應進化與新趨勢的思維，老舊的安全衛生管理體制亦應徹底

去蕪存菁，以符合國際趨勢及時代潮流。

　　據工業界意外傷害之記錄統計言，工廠意外有百分之九十八為機械、工程設備和操作人員錯誤交互而造成的後果，其它原因之意外僅佔百分之二。故可說意外災害發生的原因可分為以下各點：

　　(1)不安全的環境（unsafe conditions）。

　　(2)不安全之動作（unsafe acts）。

亦即是物的因素與人的因素。H. W. Henrich 研究分析美國七萬五千次意外事故記錄，發現其中有百分之八十八之原因是由於操作人員之不安全的動作所致。例如：(1)操作者距機械太近且缺乏警告措施；(2)在不安全速度下操作或工作；(3)未使用機械上安全裝置；(4)使用不安全設備或設備本身不安全；(5)不安全的載重、堆置；(6)操作位置或姿勢不安全；(7)分心、煩惱、暴燥、驚惶等身心因素；(8)誤用安全防護具；(9)不安全的作業環境。上述原因只需工廠管理當局責成主管，教導員工正確工作方法，養成良好的工作習慣，改善不安全的工作環境，即可減少百分之八十八的意外事故發生。

　　目前安全衛生管理已為一動態且多變的科學，其學理及原則可能由於時間與環境的變遷而革新，為確實達到現況需求，事業單位應有一套因應程序及長程規劃來處理未來的變異。今日吾人亦不能明確地瞭解二十一世紀將成為什麼樣的時代，可是至為明顯的是，今後的時代絕非過去單純的外插延長。企業主們過於習慣至今日為止的經營策略，但今後必須尋求與過往全然不同的嶄新經營方式，方足以維繫企業的存續與成長。無可置疑地，生產力提高、技術更新、管理升級、減少因生產所造成的不必要浪費及損失等，將是成功經營的不二法門。

工業災害所導致之巨大人力浪費和經濟損失，對勞資雙方均產生莫大打擊與影響。一方面使勞工生命安全無保障、身心受折磨、經濟受窘困、精神心理受威脅，更使雇主因災害發生而時時使生產脫序與混亂，間接費用損失約等於直接費用的四倍之多。而員工工作效率低落、生產力驟減所造成之有形、無形損失尤難估計。另一方面，因工廠意外所付出的社會成本與商譽蒙塵，更可能成為企業永續經營的羈絆。因此，對於工業意外之損失控制應是企業經營者不容輕忽的理念與課題。

　　工業安全的推動需仰賴產、官、學三方面共同努力。政府要有完善的安全衛生的立法品質與落實的安全衛生檢查；資方要貫徹且自發性地改善安全設備與環境，並辦理安全衛生管理工作；勞方更需遵守安全衛生的工作方法及提高安全技能之義務；學界則應奉獻所長，協助政府及產業一同為國內安全衛生工作盡一己之力。

　　本人曾服務於行政院勞工委員會，擔任主任委員一職近六年，對於國內安全衛生問題略有涉獵，由平日觀察中，對徐啟銘博士與周煌傑君長年為國內產業界之安全衛生管理與技術盡一己之力，實深感敬佩，故樂為作序。另為本書作序，乃希望藉此書之問市，能對企業界安全衛生工作推展有所俾益，並期待在業者的共同努力下，我國的工業意外發生率能降至最低，而所有勞動從業人員能在更舒適、安全的工作環境下，盡其所能地發揮所長與提升生產力，進而促使台灣的經濟發展更蓬勃有朝氣，在邁入廿一世紀後，亦能以傲人的經濟實力，讓世人刮目相看。

前行政院勞工委員會主任委員
現任中國廣播公司董事長

趙守博　謹誌

自　序

　　目前我國中小企業在推行安全衛生工作上所遇到的最大難題，並非是人才專業素養不夠或者是經費不足，而是安全衛生工作無法「制度化」與「落實化」，使其成為公司經營政策重要的一環。本書在編寫之初，即考量如何建立「企業安全衛生管理制度化」為前題，再輔以各項安全衛生工作計畫的編撰技巧，循序漸進地引導企業，先建立安全衛生工作體制，再逐步全面地推展成制度化的工作。在企業建立安全衛生工作制度化雛型之時，應一方面符合法令規定要求的消極目標，且亦應積極地建立全體員工的「安全衛生意識」，於全體員工樂於配合下，安全衛生工作才能順利推行。本書共分為十五章，從「如何規劃企業安全衛生管理制度」開始，到「如何順利推展安全衛生管理工作」止，涵蓋了：(1)制度建立；(2)計畫擬訂；(3)計畫執行；(4)追蹤進度；(5)成效稽核；(6)缺失改進等安全衛生管理工作圈之六大步驟，盼讀者能從中得到助益，進而實際應用落實到職場中，並為因應未來安全衛生國際化的趨勢，在第一章中增加「職業安全衛生管理系統（OH&S）建立先期規劃及 ISO 9000（品質管理系統）、ISO 14000（環境管理系統）整合之探討」一節，希望能對讀者在將來在規劃整合 ISO 系統時有所幫助。

「安全衛生工作不是在辦公室中作業完成的」，安全衛生管理人員應稟著「找出問題」、「發掘問題」、「解決問題」、「持續改善」的理念，唯有深入工作現場，才能真正地瞭解各項問題徵結所在，進而對症下藥，達事半功倍之效。

本書編撰期間承蒙行政院勞工委員會職訓局中區職練中心林進基主任、工研院環安中心葉德惠經理、高雄市勞動檢查所鄭西昌先生等先進專家之鼎力協助與提供建議，使本書能更趨完備，中國廣播公司董事長趙守博博士於公務百忙中為書提序；揚智文化公司葉忠賢總經理、主編閻富萍的協助與鼓勵，及家人從旁鞭策及照顧，在此一併致上感謝之意。

付梓匆促，必有所誤漏，懇請國內各先進與讀者給予筆者批評指教與建議，筆者當竭誠受教，並於再版時更正。

徐啓銘、周煌傑　謹誌

目　錄

第一章
如何規劃企業安全衛生管理制度

1-1　前　言

現今的企業經營，若沒有良好的管理制度，則很難在日趨競爭環境中生存下去。而缺乏推行安全衛生管理工作，就無法有效完成製備生產與提升生產率及品質，進而創造更高競爭力和利潤，為永續經營提供最佳環境，所以安全衛生管理是企業總體經營中重要一環。然而，目前國內企業一般僅注重生產，卻忽略了安全衛生工作，造成每年數以萬計的職業災害發生。因此，如何讓企業能有效地推動安全衛生工作，進而減低因職業關係引發之意外事故，即是本規劃之重點所在。

1-2　管理制度規劃內容及目的

藉由下列安全衛生管理工作圈，可清楚說明本規劃之主要內容及流程（如**圖 1-1** 所示）。

一、建立制度

中小企業的安全衛生工作無法落實的主要原因，是未將工作制度化。因此在無依據可循的情況下，當然就無法順利且持續地推行下去。因此將安全衛生工作「制度化」為安全衛生管理工作之首要任務。

二、研擬計畫

安全衛生工作項目多且繁雜，因此每一項工作皆需擬定一套

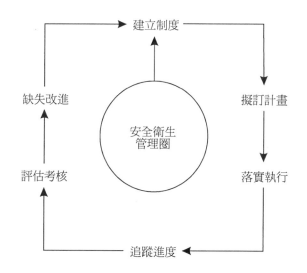

圖1-1 安全衛生管理工作圈

實施計畫，藉由計畫的擬訂，將有利於各項安全衛生工作能有計畫且有條不紊地推行。

三、落實執行

當各項安全衛生工作計畫皆已擬訂完成後，就應確實遵照計畫內容去執行，以達成所訂之目標。

四、追蹤進度

當依計畫確實執行後，應隨時追蹤工作是否按計畫進度進行，以期隨時掌握與修正。

五、評估考核

對安全衛生工作計畫實行的績效，予以考核及評定，以瞭解其施行的具體成效與缺失所在。

六、缺失改進

重視目標達成與顧及往後之發展，因此放棄消極的獎懲制度，取而代之的是記取失敗的教訓，不斷地檢討改進，藉上述之評估考核所發掘之缺失及問題所在，確實謀求改進之道。

以上是本管理制度規劃的六大工作步驟。從制度建立到缺失改進，形成一套事業單位的安全衛生管理工作圈。當中小企業依序建立起本架構時，即已大致完成企業本身之安全衛生管理制度化工作。

本規劃之各章節，其內容皆符合我國「勞工安全衛生法」及相關法令規定之最低標準，並參酌國內安全衛生管理工作績優企業之管理制度，以期國內尚未建立起安全衛生管理制度之中小企業，能一方面參考本規劃，另一方面考量企業本身需要及財務狀況，逐次建立符合安全衛生之管理制度。

1-3　職業安全衛生管理系統簡介

隨著 ISO 系列（9000 品保、14000 環境）管理系統造成全球產業界推動與認證風潮後，英國職業安全衛生管理系統（BS 8800）的推出，也將直接衝擊未來各國職安衛管理狀況，然而目前國際標準組織（The International Organization for Standardization）雖暫時不考慮將職業安全衛生管理系統單獨制定標準，但在 ISO 9000、ISO 14000 的成功推展先例下，難保職安衛管理系統不成為下階段標準制定重點。對於經歷過 ISO 驗證之廠家而言，在考量對其營運績效及成本支出下，皆希望未來各項國際標準系統能與

現行品質管理系統、環境管理系統在同一系統架構下進行整合（國際標準組織 ISO 當初參考 ISO 9000 的架構而撰寫制定 ISO 14000 系列標準，其主要目的在於希望兩個標準能遵行類似路線，以使未來便於整合並降低企業的負擔）。以此為前提下，國內已通過 ISO 9000、ISO 14000 事業單位應可依循上述兩系統整合的前例與相關經驗，提早研擬職安衛管理系統整合先期規劃方案，將公司的「品質、環保、工安」管理系統一起納入企業經營政策中，以符合國際趨勢、法令要求、企業需要之永續經營發展目標。

一、如何先行架構職安衛管理系統

　　由於 ISO 9000、ISO 14000 及 OSHAS 18001 這三套管理系統標準在文件管理、政策擬訂、目標及標的設定、管理階層承諾、持續改善檢討、稽核及溝通……等系統要素有許多類似之處，因此以現有 ISO 9000 及 ISO 14000 架構來整合職安衛管理系統技術上應無太多困難點。假如企業目前已通過 ISO 9000 及 ISO 14000 驗證，可先行將職安衛管理系統與其部分整合，但需注意，各系統間應有各自獨立之政策（品質政策、環境政策、職安衛政策）與管理手冊，而程序書及工作說明書可部分共用。OSHAS 18001 與 ISO 9001、ISO 14001 之關聯對照，如**表 1-1**、**表 1-2** 所示。

　　雖上述方式理論上可行，但也必須避免形成系統大而不當、不符合實際需求、執行易造成混淆不清、權責不明、稽核工作困難及運作績效不佳等問題。如何架構職安衛管理系統，如**圖 1-2** 所示。

　　企業內部有意推動職安衛管理系統該如何著手進行，建議參考如下：

表 1-1　OSHAS 18001 與 ISO 9001 之關聯對照

ISO 9001 條款	OSHAS 18001 條款								
	4	4.0.2	4.1	4.2.1	4.2.2	4.3	4.4	4.5	4.6
4.1 管理階層之責任	*	/	*	*	*				*
4.2 品質系統	*	/				*			
4.3 合約檢討		/			*				
4.4 設計管制		/			*	*			
4.5 文件及資料管制		/							
4.6 採購		/				*			
4.7 採購者所供應之物料		/				*			
4.8 產品之識別與可追溯性		/				*			
4.9 製程管制		/				*			
4.10 檢查與試驗		/				*	*		
4.11 檢查、量測與試驗設備之管制		/				*			
4.12 檢查與試驗狀況		/				*			
4.13 不合格品之管制		/				*			
4.14 矯正及預防措施		/							
4.15 搬運、儲存、包裝、表存與交貨									
4.16 品質記錄之管制		/		*	*			*	
4.17 內部品質稽核		/							
4.18 訓練				*					
4.19 服務		/				*			
4.20 統計技術		/				*			

＊表示兩個標準子條款間之關聯性；／表示在子條款並未與 BS EN ISO 9001 相同

表 1-2　OSHAS 18001 與 ISO 14001 之關聯對照

ISO 14001 條款	OSHAS 18001 條款								
	4	4.0.2	4.1	4.2.1	4.2.2	4.3	4.4	4.5	4.6
4.1 通則	*								
4.2 環境政策			*			*			
4.3.1 環境考量面	*	*				*			
4.3.2 法令規章與其它要求事項			*						
4.3.3 目標與標的			*						
4.3.4 環境管理方案				*	*	*			
4.4.1 架構與責任				*	*				
4.4.2 訓練、認知及能力					*				
4.4.3 溝通						*			
4.4.4 環境管理系統之文件化						*	*		
4.4.5 文件管制		/							
4.4.6 作業管制						*			
4.4.7 緊急事件準備與應變						*	*		
4.5.1 監督與量測							*		
4.5.2 不符合、矯正及預防措施							*		
4.5.3 記錄					*	*			
4.5.4 環境管理系統稽核								*	
4.6 管理階層審查							*	*	*

＊表示兩個標準子條款間之關聯性；/表示在子條款內容並未與 BS EN ISO 14001 相同

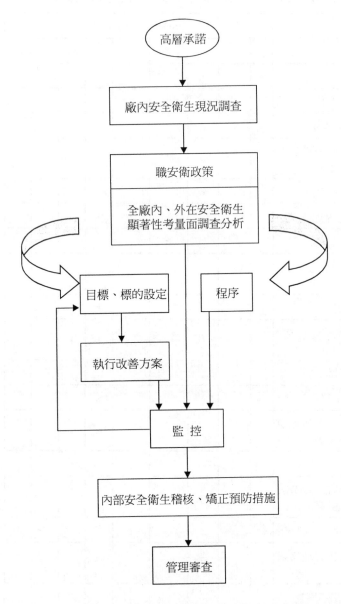

圖1-2 先行建立職安衛管理系統架構圖

(1)公司高層承諾符合所有相關安全衛生法令規章之要求，及預防職災及意外事故發生，並能持續實施推行。

(2)標準訂定管理系統涵蓋範圍。

(3)進行先期公司安全衛生現況調查，列舉所有可能之安全衛生衝擊考量面，並訂定程序進行顯著性分析。

(4)依據先期調查結果，訂定職安衛政策，設定目標及標的與相關安衛改善專案，對外進行宣導及溝通。

(5)妥善規劃管理系統組織及權責區分，進行人員訓練，以達到作業管制與緊急應變之需求。

(6)監督量測、內部稽核與管理審查等工具，對安衛推行績效進行評估並持續改善。

綜觀上述職安衛管理系統建立，對企業助益可歸納為下列幾點：

(1)建立職安衛與環境、品保系統國際標準化，有幫助企業體建立綠色形象、產品優質、降低公司職災發生率、減少非生產因素所造成之損失風險等優點，進而提升外銷競爭力。

(2)改善公司體質、強化生產線效率、提高獲利能力、確保公司財產（製程機械設備及廠房）、保障員工生命安全及健康。

(3)符合國際潮流趨勢，提升企業形象，善盡企業對社會責任。

二、職安衛管理系統建立先期規劃

企業職安衛管理系統運作模式，如圖 **1-3** 所示。

企業應依據公司特性及現況規劃職安衛管理系統，在系統建立初期，可依下列程序步驟進行：

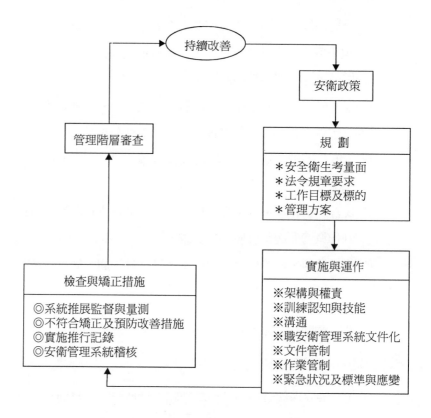

圖1-3 職安衛管理系統運作模式

(1)公司內部人員作業溝通。

(2)現有安全衛生制度通盤瞭解。

(3)安全衛生法令規章符合性調查。

(4)先期診斷（預備調查）。

(5)安全衛生影響面確認。

(6)安全衛生政策和目標之確立。

(7)先期文件架構（含專案計畫）。

(8)文書標準化及系統整合。

(9)推動及訓練（運作實施管制）。

(10)安全衛生工作稽核。

(11)自行成效評鑑。

(12)持續追蹤改善。

建立職安衛管理系統時，必須妥善排定實施時程，以確實掌握進度，減少時間、經費及人力等資源浪費。時程規劃可參考**表1-3**所示。

ISO 9000、ISO 14000 與 OH&S 整合之可行性相當大，因僅需依循 PDCA（Plan-Do-Check-Action）雛型模式與 ISO 標準架構，即可大致符合 ISO 之主要精神所在，在於某些差異處稍作修改並落實執行，符合公司現況及需要的職安衛管理系統就已具雛型了。但需注意一點，只有在兩種標準條文之規定內容大致相符下，才能視為有直接的關聯性，除此之外，其細微的差異性亦需加以考量，切勿照本宣科、籠統抄襲，如此一來就失去了建立職安衛管理系統的意義與目的了。先行建立企業內部職安衛管理系統，主要是為提早因應未來安全衛生管理工作國際標準化，而其宗旨應定位在將安全衛生工作「制度化」上，防止災業災害、保障勞工安全與健康才是終極目標。

三、結論與建議

目前國內企業界因應 ISO 系列標準可說有相當經驗及應對技巧，但是否能達到「怎麼做就怎麼寫、怎麼寫就怎麼做」、「寫我們所做的、做我們所寫的」、「怎麼規定就怎麼做、怎麼做就怎麼記錄」、「做你所寫的、寫你所做的」ISO 推行精神，還是做表面功夫，僅是橡皮圖章式之文書作業，就無可考了。我國企業在職安衛工作之推展上所遭遇到最大難題，並非是人才專業技能不夠或經費不足，而是安全衛生工作無法「制度化、系統化」及事業主

表 1-3　職安衛管理系統建立時程表（範例）

項目＼進度時程（）	第1週	第2週	第3週	第4週	第5週	第6週	第7週	第8週	第9週	第10週	第11週	第12週	第13週	第14週	第15週	第16週	第17週	第18週	第19週	第20週	第21週
1.溝通	─	─																			
2.相關資訊蒐集及條文解釋		─	─																		
3.委員會成立與組織權責確定及任務分配			─	─																	
4.安全衛生法令符合性調查				─	─	─	─														
5.預備調查與先期評估					─	─	─														
6.安全衛生影響評估						─	─	─													
7.安全衛生政策及目標決定							─	─	─												
8.安全衛生管理計畫訂定								─	─	─											
9.安全衛生工作手冊訂定									─	─											
10.各類文件架構實施之追蹤確立（含專案計畫）										─	─										
11.文書標準化及系統整合											─	─									
12.運作管制													─	─							
13.安全衛生管理稽核															─	─					
14.管理審查																	─	─			
15.自行成效評鑑																		─	─		
16.安全衛生管理系統其它配合事項執行																			─	─	
17.執行缺失改善及管理系統修正																				─	─

的漠視，然「尊重生命」意識抬頭，安全衛生宗旨「防止職業災害、保障勞工安全與健康」亦日益受重視，即使安全衛生並非是國際標準，企業主也應落實各項安全衛生工作，因災害防止對事業單位「損失控制」（loss control）工作佔相當大比重，所以企業欲創造更多利潤，除提高產品品質及提升產品競爭力外，對於因職災或意外事故造成的損失亦應抑制與預防（尤以高科技、高資本、高危險產業更應重視）。政府方面對於企業界在因應職安衛管理系統標準時，對於改善作業安全衛生工作環境所投資之廠房規劃設計或更新汰換本質安全化機械設備等，應給與投資抵減獎勵措施或融資優惠，以提高事業主投資意願與誘因。「職安衛管理系統之規劃、執行與推展並非是在辦公室內由一群人埋頭撰寫相關文件即可建立的」，事業單位應秉著「找出問題」、「發掘問題」、「解決問題」及「防範未然」的理念，唯有真正瞭解問題癥結所在，才能徹底有效地預防、避免職災與意外事故發生，切勿僅是一味地為應付認證檢查，臨時準備，粉飾作假，終究因華而無實淪為空架子。

1-4　結　論

安全衛生工作是具全面性且多元化等特色，如果沒有整體而嚴謹的管理制度，是無法藉由眾人之力來完成的。因此藉由本規劃，盼能使中小企業能在最短時間內，建立起符合自身需要，且具可行性之安全衛生管理制度，進而達成零災害、零傷亡、零損失之目標。

附件一　OHSAS 18001 主要架構及條文

■適用範圍

本職業安全衛生評估系列（OHSAS）規範規定職業安全管理系統的要求，使組織能夠控制其安全衛生風險與提升其績效。它本身並沒有陳述特定的職業安全衛生績效，也沒有規定設計一個管理系統的詳細規範。

本標準適用於任何期望做到下列各事項的組織：

(1)建立職業安全衛生管理系統，以消除或減低可能暴露於組織活動相關的員工與其他利害相關者，在職業安全衛生方面的風險。

(2)實施、維持及持續改善職業安全衛生管理系統。

(3)確保其符合本身宣告的職業安全衛生政策。

(4)向他人展現其符合性。

(5)尋求由外部組織對本身的職業安全衛生管理系統給予驗證／登錄。

(6)由本身進行符合本規範的自行評定與宣告。

本標準的所有要求項目均可納入任何職業安全衛生管理系統中。至於實際應用的程度，則必須依照組織的職業安全衛生政策、作業活動性質，以及組織運作的風險與複雜程度來決定。本規範著眼於工作場所的職業安全衛生，而非產品與服務本身的安全。

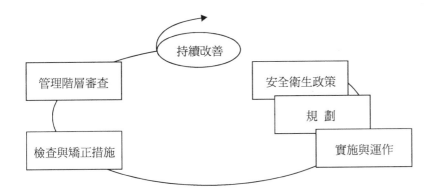

附圖**1-1** 成功之職業安全衛生管理的要件

4 安全衛生管理系統要件

4.1 一般要求事項

組織應建立並維持一個安全衛生管理系統,本附件將說明此系統的要求。

4.2 安全衛生政策

組織應有高階主管授權的安全衛生政策,以明確陳述組織整體的安全衛生目標,與對改善安全衛生績效之承諾。

該政策應:

(1)對組織之安全衛生風險的性質及規模是合宜的。

(2)包括對持續改善之承諾。

(3)包括對至少符合目前適用的安全衛生法令規章,及組織需遵守的其他要求事項之承諾。

(4)已文件化、實施及維持。

(5)已傳達給所有員工,並使其認知個人的安全衛生責任。

(6)可向利害相關者公開。

(7)被定期審查以確認該政策持續關聯並適合於該組織。

4.3 規劃

4.3.1 危害鑑別、風險評估及風險控制之規劃

　　組織應建立並維持適當的程序以持續鑑別危害、評估風險及實施必要的控制方式。這些程序應包括：

(1)例行性及非例行性的活動。
(2)所有人員進入工作場所之活動（包括承包商與訪客）。
(3)由組織或其它單位在工作場中所提供之設施。

　　組織在設定本身的安全衛生目標時，應確認已考慮風險評估的結果與風險控制的效果。組織應將此項資訊文件化並保持其更新。

　　組織之危害鑑別及風險評估的方法應：

(1)依據組織之範圍、性質及時機定義，以確保此方法是主動的而非被動的。
(2)提供風險之分類及鑑別的資訊，而這些風險將藉由 4.3.3 節與 4.3.4 節所定義之方法加以消除或控制。
(3)與操作經驗及所使用的風險控制方法之能力一致。
(4)提供決定設施的要求、訓練需求的鑑別及（或）作業管制的建立之資訊。
(5)提供必要性措施的監督資訊，以確認措施實施的有效性及適時性。

　　備考：危害鑑別、風險評估及風險控制之詳細指導綱要，參見 OHSAS 18002 標準。

4.3.2 法令規章與其它要求事項

　　組織應建立並維持一程序，以鑑別並取得組織適用之法令規章與其它安全衛生要求事項。

組織應保持此項資訊之更新。組織應將法令規章與其他要求事項之相關資訊，傳達給員工與其它相關的利害相關者。

4.3.3 目標

組織於內部各相關部門與階層，應建立並維持其文件化的安全衛生目標。

備考：目標需儘可能予以量化。

在建立與審查目標時，組織應考慮到法令規章與其它要求事項、本身的安全衛生危害與風險、技術面取捨與財務、作業及業務要求事項，以及利害相關者的觀點。目標應與安全衛生政策一致，包括對持續改善的承諾。

4.3.4 安全衛生管理方案

組織應制訂並維持一個或多個安全衛生管理方案，以達成其目標。方案應包括下列的文件：

(1)組織內各相關部門與階層為達成目標之權責分工。

(2)達成目標之方法與時程。

應定期且在規劃的時程審查安全衛生管理方案。必要時，應修訂安全衛生管理方案，以因應組織之活動、產品、服務或運作狀況的變更。

4.4 實施與運作

4.4.1 架構與責任

為了達成安全衛生管理，對於管理、執行及查驗組織中，安全衛生風險之活動、設施及製程的人員，其角色、責任及權限應加以界定、文件化及宣導溝通。

高階主管負有職業安全衛生之最終責任。組織應指派高階主管中之一員（例如大型組織中之董事或執行委員會成員）負起特定責任，以確認組織適切地實施安全衛生管理系統，並在組織中

所有運作的地點及範圍，皆能執行相關的要求事項。

管理階層應提供實施、管制及改善安全衛生管理系統所需要的資源。

備考：資源包括人力資源、專門技能、技術及財務的資源。

組織的管理指定者應具有界定的角色、責任及權限以進行下列任務：

(1)確認安全衛生管理系統的各項要求，係根據本標準而建立、實施及維持的。

(2)確認向高階主管報告安全衛生系統的績效以供審查，並作為改進安全衛生管理系統之依據。

所有負有管理責任者應展現對持續改善安全衛生績效的承諾。

4.4.2 訓練、認知及能力

擔任可能對工作場所中的安全衛生造成衝擊的工作人員，應具備必須的能力。此能力應以適當的學歷、訓練及（或）經驗加以界定。

組織應建立並維持適當的程序，以確認各相關部門與階層的人員具有下列之認知：

(1)符合安全衛生政策與程序以及安全衛生管理系統之各項要求的重要性。

(2)員工之作業活動對安全衛生所造成之實際或潛在的影響，以及提升個人績效能夠帶來的安全衛生效益。

(3)為了符合安全衛生政策與程序以及安全衛生管理系統之各項要求，包括緊急事件準備與應變之要求（參見 4.4.7 節），每個人所必須扮演的角色和擔任的責任。

(4)偏離特定作業程序時可能造成的後果。

訓練程序應考慮不同階層員工之：

(1)責任、工作能力及語文能力。
(2)安全衛生風險。

4.4.3 諮詢與溝通

組織應有適當的程序，以確認向員工及其他利害相關者傳達及諮詢適切的安全衛生資訊。

員工之參與與諮詢的安排應予文件化，並通知相關的利害相關者。

員工應：

(1)參與政策及程序之建立與審查以管理風險。
(2)在有任何改變會影響工作場所之安全衛生的情況時被諮詢。
(3)被告知安全衛生相關事務。
(4)被通知誰是安全衛生員工代表，以及誰是管理指定者（參見 4.4.1 節）。

4.4.4 文件化

組織應建立並維持適用的如書面或電子型式之資訊，以

(1)說明管理系統的核心要領，以及彼此間的關聯。
(2)供做相關文件的指南。

備考：對文件化的有效性與效率而言，儘量保持文件化的最低需求是很重要的。

4.4.5 文件與資料管制

組織應建立並維持適當的程序，俾能管制本標準所需求的各項文件與資料，以確認：

(1)文件易於檢索。

(2)定期審查和視情況需要改訂文件，並由權責人員認可其適切性。

(3)在所有關係到安全衛生管理系統有效運作之重要作業地點，都可以取得相關文件與資料的現用版本。

(4)即時地將失效的文件與資料自所有發行處和使用處收回，否則要確保其不被誤用。

(5)為法律及（或）保存知識目的而保留的檔案性文件與資料有適當的標明。

4.4.6 作業管制

組織應鑑別出有哪些作業與活動項目係與已確認需使用控制方法的風險有關，組織應規劃包括維修在內的上述活動，透過下列各項方式以確認作業時能符合規定的條件：

(1)建立並維持文件化之程序，俾能涵蓋如缺少哪些程序時可能造成偏離安全衛生政策和目標之情況；

(2)在這些程序中明訂作業準則；

(3)建立並維持有關於組織所購買及（或）使用的商品、設備和服務中，已鑑別的相關安全衛生風險的程序，同時把相關程序與其要求傳達給供應商和承包商；

(4)對工作場所、工作流程、安裝、機械、操作程序及工作組織之設計，包括這些設計對人員能力的適用，建立並維持適當的程序，以期在發生源消除或減低安全衛生風險。

4.4.7 緊急事件準備與應變

組織應建立並維持適當的計畫與程序，以鑑別可能發生和因應所發生之事故及緊急狀況，並防止或減輕此類事件所可能造成的疾病與傷害。

　　組織應審查其緊急事件準備與應變的計畫與程序，特別是在事故或緊急狀況發生之後。

　　如實際可行，組織應定期測試這些應變程序。

4.5　檢查與矯正措施

4.5.1　績效量測與監督

　　組織應建立並維持適當的程序，以定期監督與量測安全衛生績效。這些程序應提供：

(1)適合組織需求之定性與定量的量測。

(2)監督組織安全衛生目標之達成程度。

(3)主動性的績效量測以監督安全衛生管理方案、作業準則及適用之法令規章要求的符合性。

(4)被動性的績效量測以監督意外事件、疾病、事故（包括虛驚事件）及其他以往安全衛生績效不足的事證。

(5)足夠之監督與量測的資訊與結果之記錄，以進行後續矯正與預防措施的分析。

　　如監督設備係用於績效的量測與監督，組織應建立並維持適當的程序以校正和維修該設備。校正和維修活動之紀錄與結果應加以保存。

4.5.2　意外事件、事故、不符合、矯正及預防措施

　　組織應建立並維持適當的程序以界定權責，以便：

(1)處理與調查：
　　(a)意外事件。

(b)事故。

(c)不符合狀況。

(2)採取行動以減輕任何因意外事件、事故或不符合狀況所造成的後果。

(3)展開並完成矯正與預防措施。

(4)確認採取之矯正與預防措施的有效性。

這些程序應要求所有提出的矯正與預防措施,在實施前藉由風險評估的過程加以審查。

採取任何矯正或預防措施以消除造成實際或潛在之不符合狀況的根本原因時,應根據問題的大小和安全衛生風險的程度採取適當的做法。

由於矯正與預防措施所產生的書面程序之變更,組織應實施並記錄之。

4.5.3 紀錄與紀錄管理

組織應建立並維持適當的程序,以進行安全衛生紀錄的鑑別、維護及處置。這些紀錄應包括稽核與審查的結果。

安全衛生紀錄應清楚易讀、可辨識,並可追溯到相關的活動。安全衛生紀錄的保存與維護應做到容易檢索、保護其不受到損壞、變質或遺失,而且應規定並記錄其保存期限。

紀錄應以適合於系統與組織的方式維護,以展現其符合本規範。

4.5.4 稽核

組織應建立並維持一個稽核方案與適當的程序,俾能定期執行安全衛生管理系統之稽核工作,以

(1)判斷安全衛生管理系統是否——

(a)符合安全衛生管理的各項規劃事項,包括本規範的要求

在內。

(b)已妥善地實施與維持。

(c)有效地符合組織的政策與目標。

(2)審查以往的稽核結果。

(3)將稽核結果之資訊提交管理階層。

　　稽核方案包括時程，應以組織活動的風險評估結果與以往的稽核結果為依據。稽核程序中應包括範圍、頻率、方法與能力，以及執行稽核工作與結果報告的責任與要求。

問題與討論

一、國內目前職災發生率較美、日等先進國家高出許多，依您的
看法，其主要原因為何？應如何改善？

二、有些事業主認為安全衛生是花錢且無利可圖的工作，您有何
好方法可讓雇主改變對安全衛生工作的刻板印象，使其樂於
投入與支持？

三、試說明 ISO 9000、ISO 14000 及 OSHAS 18001 主要異同處，
其主要實施精神又為何？

四、您認為減少職災發生率是否為降低企業經營成本的利器之
一？試說明之。

五、假如您所服務的公司已通過 ISO 9002 及 ISO 14000 認證，目
前計劃準備推行 OSHAS 18001，但又為提早因應職安衛管理
系統，如果您是規劃者，該如何整合三系統，使其符合公司
需求及成效？

六、您在考慮重新全盤性地建立公司職業安全衛生管理系統時，
除經濟性與可行性的因素外，還會注意與考量到哪些要因？
試說明之。

七、假如您是一員工三百人事業單位的負責人，依法應聘僱安全
衛生人員，您是否會為節省每月三萬元薪水支出而不願僱
用？如果會，請說明理由？

八、試說明您對企業安全衛生工作「制度化」的看法？

九、事業單位推行安全衛生工作，除要符合相關法令的要求最低標準
外，其對企業永續經營與未來發展有何助益，試說明您的見解。

十、「安全第一」、「品質第一」、「生產第一」皆是事業單位所追求
的目標，但三者兼顧不易，您有何好方法可同時顧及三者而
不至於流於形式？試說明之。

第二章
安全衛生政策

2-1　前　言

　　一項實踐比一百個理論要好，光說不練，僅是紙上談兵而已。而安全衛生管理工作亦是如此，雖然建立一套完整的書面安全衛生管理規劃，但缺乏安全衛生政策作為推行的指導方針，管理人員及基層員工不瞭解自己應負的責任與義務，且無明確的目標供遵循，這樣的安全衛生管理工作只是虛有其名卻無實質。所謂確立安全衛生政策，就是事業主首先對安全衛生管理工作建立起如企業經營般的理念，有一定的工作目標與期望，有決心要把安全衛生工作做好，而且要使所有員工週知。而全體員工都在安全衛生政策指導之下努力從事安全衛生工作，這樣才能順利地推展下去，當安全衛生工作成為一種深植的思想後，即產生推動工作的力量，使安全衛生工作能達成既訂成效，有了明確的安全衛生政策之後，接下來便是擬訂周密的計畫，運用有效的手段，達到維護企業財產、生產及各種資源的目的，同時使損失減至最低，因此安全衛生政策可說是企業內部安全衛生管理工作的最高指導準則。

2-2　安全衛生政策擬訂原則

　　事業單位要達成安全衛生管理的目標，首先需訂定安全衛生管理政策，政策為安全衛生管理的指導原則，其包括下列原則：

　　(1)確定長期目標。

(2)各管理階程的參與，並於平日工作或會議決策中實施這項長期目標。

(3)授與基層管理人員之安全衛生管理職責。

至於事業單位訂定安全衛生政策的理由為：

(1)有了安全衛生政策，則在執行安全衛生工作時，將較為容易推動。

(2)生產線上之管理人員有所遵循。

(3)作業員工便於遵守各項規定之安全衛生事項，較能注意安全與衛生。

(4)維護及採購機械設備時，較能考量到安全與衛生因素。

(5)達到節約能源與減廢之目標。

安全衛生政策必須簡潔扼要，使員工瞭解管理階層對安全衛生工作之態度與執行決心。安全衛生政策必須公告週知，其原因是安全衛生是每一個人的事，不是某些人的事，需要每一個人參與，上至董事長，下至基層員工。公告安全衛生政策使所有員工週知有下列益處：

(1)說明公司很願意遵守安全衛生法令規定。

(2)公司竭力避免意外事故的發生，員工的安全衛生問題為公司最重視的問題之一，公司有防止意外事故發生的責任，員工亦負同樣相等的責任。

(3)任一員工，自進公司開始，即處於安全衛生的工作環境中，他（她）必須養成良好的安全衛生工作習慣，且必須遵守公司各項為防止災害發生所訂定之相關事項。使員工瞭解這是一個他（她）可以全心全力貢獻心智精力的地方，無傷害發生之虞。

(4)意外事故防止與有效生產不可分割，安全為生產作業的要素，為達成有效的生產，必須隨時注意安全衛生，避免任何財務、人力、物力之損失，甚至對環境生態之破壞與衝擊。

而安全衛生政策的內容，隨事業單位性質、規模而異，安全衛生政策包含了一些規章和實施程序，辦法以及管理階層的意願。政策無一定形式，只要適合公司的需要即可。以下為安全衛生政策應涵蓋的範圍：

(1)最高管理階層的希望與要求？
(2)安全衛生工作的範圍？政策涵蓋了工作時間內的安全衛生行為、公餘時間的安全、交通安全、防火消防、財產損失防止與產品安全。
(3)責任範圍？誰該負哪些責任。
(4)考核辦法？考核方式與項目。
(5)安全衛生單位與人員。這個單位或人員在組織裏的地位是如何？職責又為何？
(6)安全衛生委員會。委員會的權責、組成、任期、地位為何？
(7)權限。各部門或某人的權力及範圍為何？
(8)標準。即公司制定必須遵守的各種安全規章、工作守則等。

安全衛生政策大多由安全衛生管理單位（人員）擬訂，必須由最高管理人員核准，並公告實施，公司每一位員工都應週知。各部門的公告欄應各貼一張，並利用時間宣導，使各員工明瞭自己的安全衛生職責。

2-3 安全衛生管理規章製作要領

依「勞工安全衛生組織管理及自動檢查辦法」第 10 條：「事業單位僱用勞工人數在一百人以上者，雇主應訂定勞工安全衛生管理規章，要求其各級主管、指揮、監督有關人員執行下列勞工安全衛生事項。」

(1)職業災害防止計畫事項。

(2)安全衛生管理執行事項。

(3)定期檢查、重點檢查、檢點及其它有關檢查督導事項。

(4)定期或不定期實施巡視。

(5)提供改善工作方法。

(6)擬訂安全作業標準。

(7)教導及督導所屬依安全作業標準方法實施。

(8)其他雇主交辦有關安全衛生管理事項。

安全衛生管理規章的擬訂，可依事業單位實際狀況，或參酌其它相關產業之事業單位的成功經驗，來做為草擬政策之資料，當安全衛生管理規章完成並公布施行之後，亦需不定期加以修改規章內容，以確保符合事業單位現況與需要。如果您是事業單位的安全衛生管理人員，即將準備擬訂安全衛生管理規章的話，以下建議事項，希望對您有所助益：

(1)廣泛地蒐集資料：

    (a)有關安全衛生之法令、書籍、雜誌。

    (b)相關事業單位的優良安全衛生管理規章。

(c)與經驗豐富的安全衛生專家討論，吸收資訊且擷取經驗。

(d)本身事業單位之過去安全衛生工作紀錄。

(e)中央主管機關及檢查機構之相關資料與政府新頒布的法令。

(2)瞭解事業單位安全衛生狀況：

(a)管理階層對安全衛生工作的認知。

(b)安全衛生管理工作實施與問題解決情形。

(c)歷年的安全衛生計畫檢討。

(d)安全衛生委員會會議紀錄。

(e)員工對安全衛生工作的參與性。

(f)勞資關係及年度安全衛生經費預算及各部門工作性質。

當資料蒐集完整與大致瞭解本身事業單位安全衛生狀況之後，即可著手撰寫安全衛生管理規章初稿，安全衛生管理規章並無一定的格式，但建議落筆時言簡意賅，使所有員工能輕易地瞭解規章內容，當初稿完成後，由雇主或其代理人召集各單位部門主管及員工代表，經充分的討論、修正、研議訂定後，即可公告週知。實施之後，主管人員應率先以身作則，才能得到員工的合作與認同。安全衛生管理規章所要宣達的是事業單位對所有員工的安全極為重視，「員工的生命安全是企業最重要資產」，安全衛生工作是要預先籌劃，而不是一時權宜，規章中每一措施皆為減少意外事故的發生而建立。因此安全衛生管理規章攸關事業單位推行安全衛生管理工作之成敗，所以如何擬訂完善的安全衛生管理規章當是身為安全衛生管理人員該深入研究之課題。

2-4 結　論

　　在當前勞工意識抬頭之際，安全衛生管理已不再是為應付勞工安全相關法令規定及政府檢查機構要求即可滿足的工作，而是關係到事業單位永續經營與興亡成敗。自動自發地確立安全衛生政策，並訂定事業本身之安全衛生管理規章，以此為指導方針，逐步建立安全衛生管理組織體系，健全安全衛生管理制度，訂定安全衛生工作計畫，並確實執行，以達防止職業災害、保障勞工安全與健康的目的。

附件一　安全衛生政策參考範例

ＸＸ公司　勞工安全衛生政策

壹、安全衛生政策

一、確保生產過程安全，並可安全處理使用及處置。

二、降低產品生產儲存、經銷、使用及處置、棄置過程的危險性。

三、主動進行環境保護工作，並且將「環保」視為公司對社會責任之一。

四、主動與民眾溝通，並與專家與相關單位合作，以降低對社會之危險性與危害。

貳、公司對員工之安全衛生責任

一、提供安全衛生的工作環境。

二、執行合理的安全衛生管理。

三、提供醫護及急救服務。

四、定期舉辦安全衛生訓練。

五、提供執行安全衛生管理及加強安全設施所需經費。

六、遵循政府主管機關要求及法令之相關規定。

總經理：＿＿＿＿＿＿＿＿＿

附件二　美國杜邦公司安全衛生政策理念（僅供參考）

一、確信事故意外是可預防及避免發生的。

二、防止員工因事故造成之傷害，係管理者的責任。

三、防止事故發生，儘可能從設備、環境等安全裝置著手。

四、為了減少因事故造成之直接與間接損失及善盡公司之責任，
　　應落實員工安全教育訓練，使員工具有安全作業知識。

五、事故災害的發生，不僅罹災者本人及其家人受累，公司的損
　　失更大。

　　以上為美國杜邦公司為世人所皆知的「杜邦安全工作五大理
念」，同時也是該公司的安全衛生政策，總括其要義，即為「安全
第一」與「零事故」。其推動的主要動力來自最高管理決策者的全
力支持，而明確且適當的安全衛生政策為推行的標的及方向，加
上全體員工高度配合，終究獲致傲人之成效。

附件三　安全衛生管理規章

壹、依據

依「勞工安全衛生法」及「勞工安全衛生組織管理及自動檢查辦法第 10 條」與本公司對安全衛生管理之政策。

貳、目的

為建立各部門從業人員正確之安全衛生觀念，進而降低職業災害所造成的人員傷亡及財產損失，達到零災害、零傷亡、零損失的目標，因而釐定本公司安全衛生政策（安全衛生管理規章）。本規章明確地劃分各級人員所應付的安全衛生責任，經由「總經理」同意認可後正式公布施行，公司全體員工皆必須遵守，各級管理人員更需以身作則，並負起監督之責。

參、各級人員的安全衛生職責

一、「總經理」

1.綜理有關本公司勞工安全衛生管理事項。

2.擔任安全衛生委員會主任委員。

3.災害緊急應變總指揮官。

4.其它。

二、各部門最高主管

1.協助總經理處理在所屬管轄範圍內之安全衛生管理事項。

2.釐定管轄部門之安全衛生工作計畫。

3.主持部門安全衛生會議。

4.實施部門安全衛生檢查，並對所屬員工實施安全訪談。

5.協助安全衛生管理部門對事故調查提供資料。

6.綜理所轄部門各項工作安全分析,督導製作標準作業程序及執行。

7.鼓勵員工提出改善部門安全衛生建議,並維持部門安全衛生紀律。

8.走動式安全觀察,發現不安全狀況或環境,應立即改善。

9.接受管理人員的安全衛生教育訓練。

10.其它依勞工安全衛生法施行細則第 29 條規定之事項。

三、安全衛生管理部門

1.依勞工安全衛生法施行細則第 27 條規定辦理之事項:

(1)釐訂職業災害防止計畫,並指導有關部門實施。

(2)規劃、督導各部門之安全衛生管理。

(3)規劃、督導安全衛生設施之檢點檢查。

(4)指導、監督有關人員實施巡視、定期檢查、重點檢查及作業環境測定。

(5)規劃、實施安全衛生教育訓練。

(6)規劃健康檢查、實施健康管理。

(7)督導職業災害調查及處理,辦理職業災害統計。

(8)向總經理提供有關安全衛生管理資料及建議。

(9)其它有關安全衛生管理事項。

2.經常觀察員工的安全行為,並確實記錄。

3.對安全衛生有關問題及事故之防止提供諮詢服務,並提出防止危害的看法。

4.安全衛生工作守則之擬訂,並定期檢討修正。

5.公司內各項工程開工前,召集相關部門開協調會,做好各項安全措施。

6.定期辦理安全衛生活動,活動績效整理後呈報總經理。

7.與工務部門及監工部門協調,以加強對承包商之安全衛生管

理。

8.新裝置或設備之安全檢查，檢視其是否合乎安全標準、安全防護是否適當，會同使用部門共同檢查，並提出檢查報告。

9.對購置之安全裝置及防護器具實施安全審核。

10.安全衛生法令宣導，使全體員工週知。

11.員工安全衛生訓練教材之編寫。

12.提供各部門相關安全衛生資訊。

13.公司內部安全衛生刊物之製作。

14.事故緊急應變之演練規劃，並與相關協力單位協調聯繫。

15.維護安全衛生工作環境。

16.童工與女工的安全衛生特別保護。

17.其它安全衛生管理工作事項。

四、基層主管、領班

1.負責轄區內人員安全。

2.確實執行並監督所屬遵守安全衛生守則。

3.教導所屬正確操作方法及安全作業程序，使其養成良好的安全衛生工作習慣。

4.協助部門主管實施工作安全分析。

5.對所屬員工實施安全觀察，並糾正其不安全動作與行為。

6.負責轄區事故調查及撰寫調查報告。

7.督導、實施自動檢查，支持公司安全衛生工作計畫。

8.整理、整頓轄區工作環境。

9.激發所屬員工安全衛生工作興趣，並率先以身作則。

10.防護具之檢查，督導所屬員工實施防護器具之保養、維護。

11.其它安全衛生工作職責。

五、現場工作人員

1.確實遵守安全衛生工作守則及安全作業程序。

2.依規定接受健康檢查及教育訓練。

3.自護、互護及受管理人員監護（工安三護措施）。

4.特殊工作場合使用安全防護器具。

5.意外事故通報。

6.提供對該部門安全衛生改善建議。

7.參加公司舉辦的各項安全衛生活動。

8.與公司合作，一同推動安全衛生工作。

9.維持工作現場整潔及各種防護設施的正確使用。

10.協助新進員工瞭解安全衛生的工作方法。

11.發現不安全狀況、設備及作業方式，應立即通報所屬主管。

12.維持良好的工作習慣。

13.上下班或執行公務駕駛或騎乘汽機車時，應確實配戴安全
帶（帽）。

14.其它安全衛生事項。

六、醫療衛生單位

1.員工健康教育及衛生指導策劃與實施。

2.職業傷病及一般傷病之診治與急救有關事項。

3.員工預防接種及保健事項。

4.協助選配員工適當工作。

5.健康檢查及體格檢查相關事宜。

6.職業衛生之研究報告，傷害、疾病紀錄之保存。

7.協助實施工作環境改善。

8.提供員工家庭計畫服務諮詢。

9.提供員工健康諮詢並進行必要之健康訪談。

10.其它相關事項。

肆、實施

1. 經「總經理」核准後，公告施行。

2. 本安全衛生政策（安全衛生管理規章）分發至每一級單位並公布。

3. 各級人員應按本身的安全衛生職責確實執行與遵守，成效列入年度績效考核計算。

4. 為符合未來實況及需要，本政策將不定期修正公布。

附件四　勞工安全衛生政策暨安全衛生管理規章制訂流程

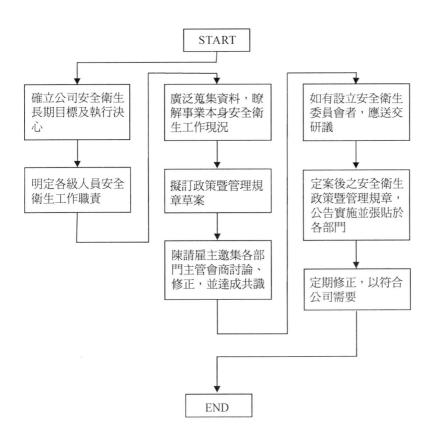

START

| 確立公司安全衛生長期目標及執行決心 | 廣泛蒐集資料，瞭解事業本身安全衛生工作現況 | 如有設立安全衛生委員會者，應送交研議 |

| 明定各級人員安全衛生工作職責 | 擬訂政策暨管理規章草案 | 定案後之安全衛生政策暨管理規章，公告實施並張貼於各部門 |

| 陳請雇主邀集各部門主管會商討論、修正，並達成共識 | 定期修正，以符合公司需要 |

END

問題與討論

一、試說明安全衛生政策的重要性。其應包括哪些項目？

二、安全衛生管理規章的法令依據為何？

三、安全衛生政策擬訂之目的與原則為何？

四、試製作擬訂一份符合您服務之事業單位的安全衛生政策及管理規章。

五、安全衛生政策與管理規章，沒有一定之格式，但要做到最充實完善，一個完整的安全衛生政策與管理規章，其架構及內容必須包括哪些項目？

六、您在製訂事業單位之安全衛生政策與管理規章時，應蒐集哪些資料？資料又該如何取得？

七、假如您目前正計劃重新擬訂服務公司的安全衛生政策與管理規章，您如何規劃擬訂程序與步驟流程？

八、試說明事業單位擬訂公告安全衛生政策與管理規章，對公司本身有哪些助益與好處。

九、假如您是某事業單位的安全衛生管理人員，該用何種方法，使公司安全衛生政策與管理規章能傳達給每一位員工週知，並使其瞭解公司對安全衛生工作的重視？

十、請寫出您所服務的事業單位安全衛生政策內容，並仔細研析目前公司安全衛生現況是否與政策規定內容相符，有無強化之必要。

第三章
安全衛生管理組織及人員

3-1 前　言

　　我國政府有鑑於各事業單位安全衛生管理體制之不健全與其
重要性，特於「勞工安全衛生法」第 14 條中明文規定：「雇主應
依其事業單位之規模、性質，實施安全衛生管理，並應依中央主
管機關之規定，設置勞工安全衛生組織、人員。」其主要目的是
藉由法令之強制規定，以使事業單位依其規模與性質，設置符合
法令規定之最低標準的管理組織體系，使其真正落實安全衛生管
理。而其組織及人員之設置規定，政府亦制訂了「勞工安全衛生
組織管理及自動檢查辦法」以供遵循。而該法所稱之勞工安全衛
生組織及人員，其設置標準皆依事業單位之規模、性質做為設置
之考量標準，但安全衛生的推動必須要有足夠的人力與相當的權
責授予，因此事業單位在容許的情況下，其設置應比法令更為優
厚，以符合企業實際之需要，並能確實作好安全衛生工作。

3-2　建立安全衛生管理組織考量因素

　　企業規模依員工人數大略可分為下列幾種類型：

(1)小型工廠：人數在 30 人以下。

(2)中小型工廠：人數在 30-100 人。

(3)中型工廠：人數在 100-300 人。

(4)中大型工廠：人數在 300-500 人。

(5)大型工廠：人數在 500 人以上。

本初步規劃是針對中小企業為主，即員工人數在 100-500 人之間之企業，因此下列就中小企業設置安全衛生管理組織及人員做原則性說明。

通常可基於以下幾個因素來考量所屬事業單位該採用何種安全衛生組織及人員。

一、行業別

依八十七年六月二十九日第三次修正公布「勞工安全衛生組織管理及自動檢查辦法」第2、3條之規定，不同行業別之安全衛生管理人員設置規定要求亦有差異。例如製造業中的紡織業與營造業，僱用勞工人數在一百人以上、未滿三百人者，其應設置勞工安全衛生業務主管及勞工安全衛生管理員一人，而製造業中的食品製造業及餐旅業中的飲食、旅館業，其僱用人數在三百以上、未滿五百人者，才需設置上述之安全衛生管理人員。

二、危害性

事業單位若屬於危害程度較高者，如石化產品製造業或石油及煤製品製造業，因其製造過程對於安全要求較高，則應特別強化安全衛生組織及人員，以確保安全。

三、事業規模

就部門、人員、廠區等之多寡及大小來考量。

四、以往安全紀錄

由事業單位過去所發生的意外事故，即大致可看出其在安全衛生管理上是否達到一定水準與安全要求，這些亦是在設置安全衛生管理組織及人員的考量因素。

五、員工對安全衛生的認知

事業單位內員工如果對安全衛生知識均有概括性認識，則可採取能讓員工抒發己見、集思廣義之組織（例如集議式安全衛生組織）。若員工缺乏安全衛生知識，除給予適當的工作安全衛生教育訓練外，可採行幕僚式組織型態，將安全衛生工作重心交予安全衛生專門技術人員辦理。

六、財務狀況

安全衛生管理組織及人員是為執行各項安全衛生工作計畫而設置，而要推動安全衛生亦需有財務上的配合，因此沒有所謂不用花錢就能做好安全衛生工作的論調。因此事業單位本身應衡量目前財務狀況，儘量配合各項安全衛生計畫的實施，以最經濟之方式，編列足夠預算。

3-3　安全衛生管理單位形式

關於安全衛生管理單位大約可分為三種型態，即幕僚式、生產式與綜合式，目前一般中小企業僅注意到幕僚式與生產式組織，而對綜合式組織多數未予以重視。以下就這三種型式做概要性介紹：

一、幕僚式組織

這類幕僚型組織又稱為「職能型」，設有掌管安全衛生管理的專責部門，為企業之一級單位，配置有安全衛生業務主管及安全

衛生人員若干名，為雇主的安全衛生業務的幕僚，進行有關安全衛生管理之規劃、督導及執行等相關事項。幕僚型原為管理大師泰勒（F. W. Taylor）所提倡，高度利用分工原則，責任與權限作職責上的分權，各部門主管及監督人員必須依據安全衛生幕僚的計畫來推動工作現場的安全衛生管理工作。此種管理組織型態的優缺點為：

(一)優點

(1)藉由安全衛生專門幕僚的指導，最新且有效的安全衛生活動才能得以推展，因此即使生產線的管理監督人員對安全衛生活動尚未熟練，也可藉由安全衛生幕僚的指導規劃，一面培養一面推動安全衛生活動，逐漸使安全衛生管理業務落實標準化、制度化。

(2)安全衛生幕僚輔佐雇主統籌規劃一切的安全衛生事宜，依計畫、步驟進行，易收成效。

(3)幕僚人員皆學有專精，對於安全衛生各項工作計畫的擬定與推動實施較能周密詳實，立場亦較為客觀。

(4)安全衛生幕僚人員可以在實務工作中不斷吸取安全衛生知識及經驗，可瞭解新方法及技術，保持相當技能水準，對安全衛生管理工作上有莫大助益。

(二)缺點

(1)第一線生產的作業員工可能會未認清自身的安全衛生責任，處處表現被動。

(2)生產與安全衛生命令分別來自兩個管理系統，形成現場的秩序容易混亂，緊急應變處置困難。

(3)易使各級生產主管認為安全衛生工作是安全衛生幕僚的責

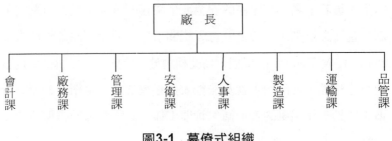

圖3-1　幕僚式組織

任，而發生忽視安全衛生的心理傾向。

(4)小規模事業單位如設置專責單位及人員，需增加人事費用，形成負擔。

由上述可知，幕僚式的安全衛生管理體系的工作執行是否有成效，皆有賴於安全衛生幕僚人員之專門知識能力及各主管間配合，另雇主充分的授權亦是關鍵。中小企業中較具規模，其員工人數在一百人以上者，均適合採用此種管理體系。

二、生產式組織

生產式組織是由生產線的主管或雇主本身擔任綜理安全衛生業務工作。如果員工人數不滿一百人的事業單位，在法令規定應設置勞工安全衛生業務主管，但其勞工人數未滿三十人者，得由事業經營負責人或代理人擔任，此種類型的安全衛生管理是以生產體系為主，逐級均需負責安全衛生工作之推行，部門主管及基層領班兼任安全衛生管理及監督工作，辦理各項安全衛生管理事宜，員工亦遵行法令及事業單位訂定之安全衛生相關規定。其優缺點如下：

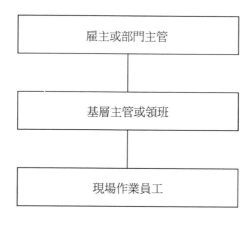

圖3-2　生產式組織

(一)優點

(1)將安全衛生責任分配於各階層，使安全衛生體系與生產體系能密切配合、指揮統一，如能確實推行當可收預期成效。

(2)安全衛生工作與生產合而為一。

(二)缺點

(1)雇主或部門主管因公務繁忙，時間與精力有限，可能常無暇兼顧。

(2)安全衛生管理者可能因缺乏事故防範的觀念或安全衛生管理的專門知識，使工作推動困難，成效有限。

　　也因上述原因，事業單位僅靠本組織，會常因管理者缺乏安全衛生管理的知識與技能，很難建立完善的安全衛生管理制度，此類組織僅適用小企業，僱用員工人數在三十人以下者，或工作危害性較小之事業單位。

三、綜合式組織

綜合式可說是生產線與幕僚式的綜合體，亦是由生產線與安全衛生幕僚單位共同負責全廠之安全衛生工作，幕僚部門負責全廠的安全衛生計畫的擬訂、實施、考核與評估，而生產部門則負有個別的安全衛生責任，以便與幕僚單位相互配合。其優缺點如下：

(一)優點

(1)對於安全衛生具有專業知識的幕僚單位與實際執行安全衛生工作的生產單位能緊密結合，安全衛生工作少有流於形式之弊端。

(2)生產單位推行安全衛生工作不力時，則安全衛生幕僚單位考核其成效時即可發現，提出糾正，該生產單位面臨壓力自不能敷衍了事。

(3)各部門將不再忽視其安全衛生紀錄及成效。

(4)安全衛生工作較易推行。

(二)缺點

(1)安全衛生幕僚單位不具對生產部門之命令權，只處於建議的地位，當幕僚單位建議與生產部門的命令相衝突時，有導致工作現場秩序混亂之虞。

(2)責任歸屬容易變得不明確。

(3)安全衛生幕僚的權力過大，會形成越權干涉生產部門；權力太小，又變得有名無實。

綜合式組織適合中、大型企業，若員工人數在一百至三百左

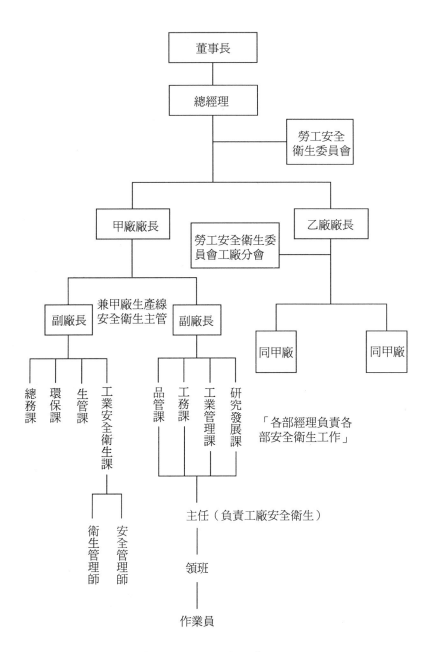

圖3-3 綜合式之企業組織

右之事業單位，如果其體制與內部管理制度健全者，亦建議採用此種組織型態。因企業規模愈大，安全衛生管理工作也愈複雜，事業主若能得到安全衛生幕僚的建議與報告，以決定施行方針，交由生產部門徹底遵行，才能使企業內的安全衛生工作有效地推行，此外，也應顧及安全衛生幕僚與生產線的關係，安排最適當的平行關係，這是很重要的。

3-4 安全衛生委員會的設置

事業單位除了應設置安全衛生管理單位外，為了集思廣益起見，僱用員工人數達法令規定以上者，還需要設置勞工安全衛生委員會。依勞工安全衛生法施行細則第 21 條規定，「勞工安全衛生委員會為事業單位內研議、協調及建議勞工安全衛生有關事務之機構」。又依「勞工安全衛生管理組織及自動檢查辦法」第 11 條規定，適用第 2 條規定之事業單位，應設置勞工安全衛生委員會。也就是說，依規定應設置安全衛生管理單位者，亦需設置安全衛生委員會。勞工安全衛生委員會的組織成員，依「勞工安全衛生管理組織及自動檢查辦法」第 12 條規定，委員會置委員七人以上，除第 6 款規定者外，由雇主視該事業單位之實際需要指定下列人員組成：

(1)事業經營負責人或其代理人。

(2)勞工安全衛生人員。

(3)事業內部各部門之主管、監督、指揮人員。

(4)與勞工安全衛生有關之工程技術人員。

(5)醫療人員。

(6)工會或勞工選舉之代表。

委員任期為二年，並以雇主為主任委員，綜理會務。委員會由主任委員指定一人為秘書，輔助其綜理會務，工會或勞工選舉之代表應佔委員人數三分之一以上。又依同法第 13 條之規定，委員會應每三個月開會一次，研議下列事項，並應加以記錄：

(1)研議安全、衛生有關規定。
(2)研議安全、衛生教育實施計畫。
(3)研議防止機械、設備或原料、材料之危害。
(4)研議作業環境測定結果應採取之對策。
(5)研議健康管理事項。
(6)與該事業單位有關雇主交付之勞工安全衛生管理事項。

當依法設置安全衛生委員會後，為了使委員會能順利且效地運作，可參酌下列注意要點：

(1)委員必須具備有相關安全衛生知識，且對自己所屬部門的作業狀況與公司安全政策有充分的瞭解，尤其是勞工代表的委員，必須是對安全衛生有充分理解與熱忱的人，並是值得信賴且頗得人緣者。
(2)委員會應以精簡有效為原則，廠內凡與安全衛生特別有關的部門，應有人參加委員會，俾便執行安全衛生計畫。
(3)委員會會議不可流於形式，也不可小題大作，委員會議應基於主任委員對目標的領導才能與委員們的意見一致來運作。
(4)為了防止委員會流於形式，於設置之初，詳細擬定委員會組織章程，明定委員會職責、目標、權力、人數、任期及各委員責任義務、會期及委員產生方式，另註明會議進行

程序及紀錄等事項。

(5)主任委員在會議上必須對自己的方針有明確表示，同時對會議各項決議表示重視與關心。

(6)會議相關資料應儘早發給各委員，使會議召開時能效律化。

(7)委員會之決定事項，應儘速交送相關部門執行或計畫，決定預定實施日期與負責實施者，付諸實行，將實施結果在下次委員會中報告，並檢討缺失。

(8)對於無法實施之事項，主任委員必須明確告知委員，並說明理由。

(9)委員會所決定之事項付諸實行時，各委員只有分擔監督之責，委員會不應具有實行機構之特性，切勿有將安全衛生管理之責任轉嫁給委員會之虞。

(10)攸關各項勞工安全衛生權益事項，不能僅靠委員會來決定。

(11)應給予各委員有發言陳訴意見機會，為避免勞資對立情勢，必須在事前或事後進行協調。

(12)為防止委員會千篇一律化，應適時更換一定比例委員，以謀求委員知識與經驗的普遍化。

3-5　相關報表之製作

依「勞工安全衛生組織管理及自動檢查辦法」之規定，事業單位依法設置勞工安全衛生組織及人員時，應將所設置之勞工安全衛生管理單位（人員）之相關資料，填寫「勞工安全衛生管理單位（人員）設置報備書」（如附件一），向所轄之勞工檢查機構

報備並備查。而事業單位也應將所設置之安全衛生委員會之委員，製作「勞工安全衛生委員會委員名冊」（如附件二）留存備查。至於「勞工安全衛生管理單位（人員）設置報備書」之填寫方式、企業內部委員會組織章程參考範例及委員會議紀錄表的範例，可參考附件三至附件五。

3-6　結　論

　　當事業單位完成安全衛生管理組織體系之設立，可說是完成了安全衛生管理工作的初步輪廓了。安全衛生工作係屬雇主之責任，但憑雇主一人是無法親自辦理專業的安全衛生管理工作，必須分工授權有關單位及人員來辦理。安全衛生組織的設置是為了法令的要求與實際之需要，故欲推展安全衛生管理工作首先必須要有健全的管理體系。安全衛生管理係為企業經營中重要的一環，且與生產管理具有密不可分的關係。目前一般中小企業由於熱衷於迅可顯見利益之生產，而忽略無形利益的安全衛生，然而災害雖不至於經常發生，但一旦發生卻可能阻礙生產，甚至斷送企業之經營，故排除阻礙生產所必要的安全衛生管理工作，自不應被中小企業主們所輕視。

附件一　勞工安全衛生管理單位（人員）設置報備書

勞工安全衛生管理單位（人員）設置報備書（第一聯：報備聯）

<table>
<tr><td rowspan="6">雇　主</td><td rowspan="3">事　業　主</td><td>法　人　事　業
（　名　稱　）</td><td colspan="4"></td></tr>
<tr><td>非法人事業名稱
及（或）姓名</td><td colspan="4"></td></tr>
<tr><td colspan="5"></td></tr>
<tr><td rowspan="3">事業經營負責人</td><td>法人事業</td><td colspan="2">代　表　人　職稱：
或其代理人　職稱：</td><td colspan="2">姓名：
姓名：</td></tr>
<tr><td rowspan="2">非法人事業</td><td colspan="2">事　業　主　姓名：</td><td colspan="2"></td></tr>
<tr><td colspan="2">或其代理人職稱：</td><td colspan="2">姓名：</td></tr>
<tr><td colspan="2">僱　用　勞　工　人　數</td><td colspan="6">男　　　人，女　　　人，童　　　人，（計　　　人）</td></tr>
<tr><td colspan="8" align="center">適用勞工安全衛生組織管理及自動檢查辦法之條款</td></tr>
<tr><td>管理
單位</td><td>第　二　　條
第　一　　項</td><td colspan="2">・　　　　款</td><td colspan="2">　目</td><td colspan="2">號</td></tr>
<tr><td rowspan="3">管
理
人
員</td><td>第
三
條</td><td>第一項列
第三項</td><td>事業編號（上欄）（　）
是</td><td colspan="2">規模編號
（中欄）（　）</td><td>管理人
員編號（　）
否</td><td></td></tr>
<tr><td rowspan="2">第
四
條</td><td>第一項</td><td>是　　　否</td><td colspan="2">但　書</td><td>是　　　否</td><td></td></tr>
<tr><td>第二項</td><td>是　　　否</td><td colspan="2">但　書</td><td>是　　　否</td><td></td></tr>
<tr><td colspan="2">勞工安全衛生管理單位名稱</td><td colspan="6"></td></tr>
<tr><td colspan="2">勞工安全衛生業務主管</td><td colspan="6">職稱：
姓名：　　　　　　　　　　　　　（具資格時應填具下欄）</td></tr>
<tr><td rowspan="7">勞
工
安
全
衛
生
人
員</td><td>名　　稱</td><td>姓　　名</td><td>性別</td><td colspan="2">身　分　證　號　碼</td><td colspan="2">資料證明文件
（名稱及文號）</td></tr>
<tr><td>勞工安全衛
生業務主管</td><td></td><td></td><td colspan="2"></td><td colspan="2"></td></tr>
<tr><td>勞工安全管理師</td><td></td><td></td><td colspan="2"></td><td colspan="2"></td></tr>
<tr><td>勞工衛生管理師</td><td></td><td></td><td colspan="2"></td><td colspan="2"></td></tr>
<tr><td>勞工安全管理員</td><td></td><td></td><td colspan="2"></td><td colspan="2"></td></tr>
<tr><td>勞工衛生管理員</td><td></td><td></td><td colspan="2"></td><td colspan="2"></td></tr>
<tr><td>勞工安全衛生
管　理　員</td><td></td><td></td><td colspan="2"></td><td colspan="2"></td></tr>
</table>

依勞工安全衛生組織管理及自動檢查辦法第八十一條規定，陳報設（置）勞工安全衛生管理
單位（人員），請備查。　此　致

_____（檢查機構全銜）

陳報人：事業主名稱（或姓名）：
　　　　事業經營負責人：（事業主代表人或其代理人）：　　　　　　　　簽章

※備註：填報時一式兩份

附件二　安全衛生委員會委員名冊格式

雇主	事業主	法人事業(名稱			
		非法人事業名稱及（或）姓名			
	事業經營負責人	法人事業	代表人	職稱	姓名
			或其代理人		
		非法人事業	事業主		
			或其代理人		
僱用勞工人數		男　　人，女　　人，童　　人（計　　人）			

勞工安全衛生委員會委員名冊

依勞工安全衛生組織管理及自動檢查辦法第十二條第一款至第五款所置者	職　稱	姓　名	現任職務	擔任工作	備　註
	主任委員				代表人
	委員				
	委員				
	委員				
	委員				
	委員				
依勞工安全衛生組織管理及自動檢查辦法第十二條第一款至第五款所置者	委員				
	委員				
	委員				
	委員				
	委員				
	委員				
	委員				
	委員				

附件三 「勞工安全衛生管理單位（人員）設置報備書」填表說明

一、本報備書一式兩聯（報備聯與備查聯）應複寫填報，並附上相關人員資格證明文件（技術士證影本、在職證明），報備聯與備查聯（連同公司發文公函）一同寄送當地檢查機關報備，檢查機關核准同意備查後，會將備查聯與同意備查公函寄回，事業單位應將備查聯與公函留存備查。

二、報備書雇主欄：

所稱之事業主，係指事業之經營主體，在法人組織時為該法人。在個人企業（非法人事業）為該企業主。所稱事業經營負責人，係指對該事業之經營上依該法規定應辦理事項具有權限並負有義務之人，於法人事業為其代表人或法人代表人授權之代理人。於非法人事業為其事業主或授權之代理人，而代理人之是否代理，應視其是否具有權限並負義務而定。

三、僱用勞工人數欄：

男：為男工，女：為女工，童：為童工（15 歲以上未滿 16 歲受僱從事工作者），計：為全部員工合計人數。

四、適用「勞工安全衛生組織管理及自動檢查辦法」之條款欄中管理單位欄：係指適用勞工安全衛生組織管理及自動檢查辦法第二條第一項中各款（一、二、……）、目（（一）、（二）、……）、號（1.、2.、……）之事業。

五、管理人員欄：

(一)第三條第一項表列欄，係指達一定規模以上而設置之安全衛生管理人員適用條款，其所稱事業編號欄〔　〕係指為上欄事業之壹、貳……，規模編號欄〔　〕，係指中欄中

之一或二，管理人員編號欄（　）係指下欄應置之管理人員中(1)或(2)或(3)。管理人員第三條第三項欄，係指化學製品製造業中從事爆竹煙火或火藥之製造事業及營造業是否依該項設置管理人員，如是圈是，如不是圈否。

(二)第四條第一項欄，係指其管理人員是否依第四條第一項所置之勞工安全衛生業務主管，如是圈是，不是圈否。後面但書欄為是否事業規模在三十人以下，是圈是，不是圈否。第四條第二項欄係指其管理人員是否依第四條第二項規模在一百人以上所置勞工安全衛生業務主管，是圈是，不是圈否，後面但書欄為適合但書規定時圈是，不是圈否。

六、勞工安全衛生管理單位名稱欄：

依您業服務之事業單位之安全衛生管理單位之名稱填寫，如安全衛生課、組、處、室……等。

七、其它：

勞工安全衛生人員欄中之資料證明文件，請填寫資料或證明文件名稱、文號等。本報備書凡本法適用範圍內之事業，其規模達三十人以上者，於其設勞工安全衛生管理單位或置安全衛生管理人員時，應填寫報備書，呈報設置所在地之檢查機構備查，變更時亦同。

附件四　安全衛生委員會組織章程參考範例

XX 公司勞工安全衛生委員會組織章程

壹、依據

依「勞工安全衛生法」及「勞工安全衛生組織管理及自動檢查辦法」之規定辦理。

貳、目的

本公司藉由安全衛生委員會的設置，以求全體員工對安全衛生工作的理解與合作，使公司的安全衛生管理業務能順利推展。

參、功能

一、本安全衛生委員會為「總經理」對安全衛生管理方面諮詢機構。

二、安全衛生委員會就提高安全衛生水準所需要與承認之事項，可經過研商後向「總經理」建議。

肆、編制

一、主任委員一人，由總經理或其指定代理人擔任。

二、委員人數除主任委員與秘書外，另遴選七至十名委員。

三、委員半數由主任委員指定，另半數由員工經選舉產生。

四、其它依相關法令規定為準。

伍、任期

一、除主任委員外，其它委員任期以一年為原則，連選得連

任。

二、委員缺額時，必須迅速依規定補足。

陸、會議召開

　　本安全衛生委員會每月開會一次，如因特殊情況得順延，必要時得召開臨時會議。

柒、安全衛生委員會與委員之職責：

一、委員會就下列事項諮詢、研議：

　　(一)防止職業災害與健康危害之基本對策。

　　(二)職業災害發生原因與防止再次發生對策。

　　(三)安全衛生方面規定之擬定。

　　(四)安全衛生教育訓練實施計畫的擬訂。

　　(五)新購入使用機械、器具、設備或原料方面之危害防止
　　　　對策。

　　(六)作業環境測定結果應採取之對策。

　　(七)健康管理事項。

　　(八)年度安全衛生工作計畫草案。

　　(九)與本公司有關及總經理交付之安全衛生管理事項。

　　(十)其它法令規定之事項。

二、主任委員就下列事項對委員會報告：

　　(一)發生職業災害（包括重要的無失能傷害事故）的發生
　　　　情況、原因及防止對策。

　　(二)安全衛生方面的實施近況及缺失。

　　(三)作業環境測定結果。

　　(四)健康管理實施近況。

　　(五)上次會議決定的改進措施進行情形。

　　(六)上次議而未決事項之重新考慮。

(七)年度安全衛生工作計畫實施狀況。

(八)其它安全衛生事項。

三、委員職責：

(一)定期或不定期巡視廠區，將巡視結果予以記錄，呈報主委。

(二)對職業災害的發生原因提出防止對策之建議。

(三)促進勞資雙方對安全衛生工作的協調合作。

(四)其它相關職責。

捌、會議紀錄

一、委員會設置秘書一人，由主委指定，另置文書員乙名。

二、秘書由主委從安全衛生管理單位中遴選指派。

三、秘書負責提供相關資料予主委，文書員須將委員會議中重要事項及決議事項作成紀錄，並建檔保存三年。

四、秘書須執行主委交辦之事項。

五、其它相關規定事項。

玖、其它

一、除了「勞工安全衛生法」及相關法令與本組織章程規定事項外，委員會得視公司或委員會本身運作狀況，依需要增訂其它規定。

二、主任委員因公務繁忙不克參加會議時，得由秘書暫代主持會議。

三、會務之聯繫由安全衛生管理單位負責。

四、其它新增事項，將不定期公布。

附件五　安全衛生委員會會議紀錄表

XX 公司　XX 年度第□□季　安全衛生委員會會議紀錄					
會議時間：　年　　月　　日　　時　　分				會議地點	
出席人員簽章					
主委		委員		記錄	
秘書		委員			
委員		委員			
委員		委員			
委員		委員			
會議研議事項					
上次會議交辦事項執行情形					
主委交辦事項					
委員建議事項					
備註					

附件六　XX公司勞工安全衛生組織、人員設置及運作情形
（僅供參考）

一、勞工安全衛生管理單位組織表

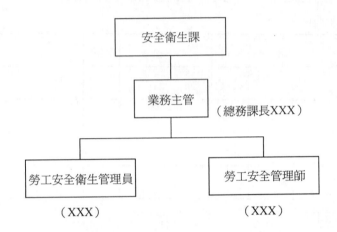

二、各課安全衛生組織表

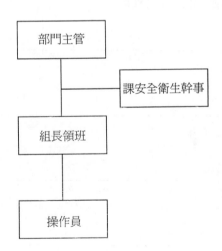

三、勞工安全衛生管理人員設置情形

<table>
<tr><td rowspan="3">雇主</td><td>事 業 主</td><td colspan="2">法人事業（名稱）</td><td colspan="3">XX 興業股份有限公司</td></tr>
<tr><td rowspan="2">事業經營
負責人</td><td rowspan="2">法人事
業</td><td>代表人</td><td colspan="2">職稱：XXX</td><td>姓名：XXX</td></tr>
<tr><td>或其代理人</td><td colspan="2"></td><td></td></tr>
<tr><td colspan="3">勞工安全衛生管理單位名稱</td><td colspan="4">勞工安全衛生課</td></tr>
<tr><td colspan="3">勞工安全衛生業務主管</td><td colspan="4">總務課長 XXX</td></tr>
<tr><td rowspan="12">勞工安全衛生管理人員</td><td colspan="2">名　　稱</td><td>姓　名</td><td>性別</td><td colspan="3">資格證明文件
（名稱文號）</td></tr>
<tr><td colspan="2">安全衛生業務主管</td><td>XXX</td><td>男</td><td colspan="3">安瑞勞訓第 xxxxx 號</td></tr>
<tr><td colspan="2">安全管理師</td><td>XXX</td><td>男</td><td colspan="3">安全管理甲級 xxx-xxxxxx</td></tr>
<tr><td colspan="2">安全衛生管理員</td><td>XXX</td><td>男</td><td colspan="3">嘉藥（8x）專字 xxxxxx</td></tr>
<tr><td colspan="2">XX 課
安全衛生幹事</td><td></td><td></td><td colspan="3"></td></tr>
<tr><td colspan="2">XX 課
安全衛生幹事</td><td></td><td></td><td colspan="3"></td></tr>
<tr><td colspan="2">XX 課
安全衛生幹事</td><td></td><td></td><td colspan="3"></td></tr>
<tr><td colspan="2">XX 課
安全衛生幹事</td><td></td><td></td><td colspan="3"></td></tr>
<tr><td colspan="2">XX 課
安全衛生幹事</td><td></td><td></td><td colspan="3"></td></tr>
<tr><td colspan="2">XX 課
安全衛生幹事</td><td></td><td></td><td colspan="3"></td></tr>
<tr><td colspan="2">XX 課
安全衛生幹事</td><td></td><td></td><td colspan="3"></td></tr>
<tr><td colspan="2">XX 課
安全衛生幹事</td><td></td><td></td><td colspan="3"></td></tr>
<tr><td colspan="2">XX 課
安全衛生幹事</td><td></td><td></td><td colspan="3"></td></tr>
</table>

四、勞工安全衛生委員會組織表

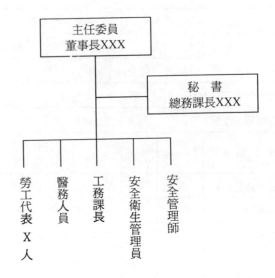

主任委員
董事長XXX

秘　書
總務課長XXX

安全管理師

安全衛生管理員

工務課長

醫務人員

勞工代表　X　人

五、勞工安全衛生委員會名冊

<table>
<tr><td rowspan="6">雇
主</td><td rowspan="2">事業主</td><td>法人事業
（名稱）</td><td colspan="4">XX 興業股份有限公司</td></tr>
<tr><td>非法人事
業名稱及
（或)姓名</td><td colspan="4"></td></tr>
<tr><td rowspan="2">事業經
營負責
人</td><td rowspan="2">法人事業</td><td>代表人</td><td>職稱：XXX</td><td colspan="2">姓名：XXX</td></tr>
<tr><td>或其代理人</td><td></td><td colspan="2"></td></tr>
<tr><td rowspan="2">非法人事
業</td><td>事業主</td><td></td><td colspan="2"></td></tr>
<tr><td>或其代理人</td><td></td><td colspan="2"></td></tr>
<tr><td colspan="2">僱用勞工人數</td><td colspan="5">男：200 人；女：299 人；童：0 人（計 499 人）</td></tr>
<tr><td colspan="7" align="center">勞工安全衛生委員會委員名冊</td></tr>
<tr><td colspan="2" rowspan="7">依勞工衛安全組織生織及管理自動檢查辦法第十二條第一款至第五款所置者</td><td>職稱</td><td>姓名</td><td>現任職務</td><td>擔任工作</td><td>備註</td></tr>
<tr><td>主任委員</td><td>XXX</td><td>XXX</td><td></td><td>代表人</td></tr>
<tr><td>委員</td><td>XXX</td><td>XX 課長</td><td>兼任安衛主管</td><td>秘書</td></tr>
<tr><td>委員</td><td>XXX</td><td>安管師</td><td>安衛規劃管理</td><td>專任</td></tr>
<tr><td>委員</td><td>XXX</td><td>安管員</td><td>安衛工作推展</td><td>兼任</td></tr>
<tr><td>委員</td><td>XXX</td><td>XX 課長</td><td>工務部門主管</td><td>技術代表</td></tr>
<tr><td>委員</td><td>XXX</td><td>廠護</td><td>專任護士</td><td>醫護代表</td></tr>
<tr><td colspan="2" rowspan="9">依勞工衛安全組織生織及管理自動檢查辦法第十二條第一款至第五款所置者</td><td>委員</td><td>XXX</td><td>XX 組長</td><td>織機保全</td><td>勞工代表</td></tr>
<tr><td>委員</td><td>XXX</td><td>XX 廠長</td><td>機械廠主管</td><td>勞工代表</td></tr>
<tr><td>委員</td><td>XXX</td><td>總務助理</td><td>全廠總務專責</td><td>勞工代表</td></tr>
<tr><td>委員</td><td>XXX</td><td>稽核員</td><td>全廠作業稽核</td><td>勞工代表</td></tr>
<tr><td>委員</td><td>XXX</td><td>課長</td><td>部門主管</td><td>勞工代表</td></tr>
<tr><td>委員</td><td></td><td></td><td></td><td></td></tr>
<tr><td>委員</td><td></td><td></td><td></td><td></td></tr>
<tr><td>委員</td><td></td><td></td><td></td><td></td></tr>
</table>

附件七　勞工安全衛生組織體系設置流程

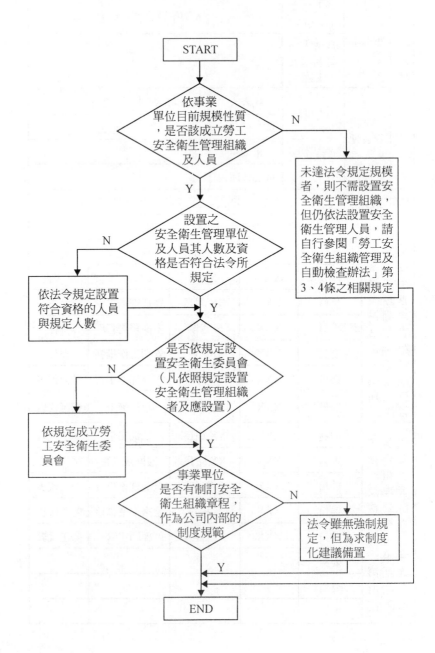

問題與討論

一、假設您是目前剛進中小企業服務任職「安全衛生管理員」，依公司現在的安全衛生管理組織，研判是屬於何種型式，並請繪製組織系統圖。

二、承上題，您認為目前這種安全衛生管理組織型式，是否有利於安全衛生工作之推展？

三、假如您認為目前安全衛生管理組織體系不良或有修改必要時，你該如何說服最高主管同意，重組新的體系？而你又該如何著手進行規劃，並提出計畫書？

四、試寫一份你認為最適合公司現況的安全衛生管理單位組織章程。

五、你認為安全衛生委員會應如何設置？如何實施才能使委員會發揮應有功能？

六、甲乙股份有限公司位於台南縣，廠長李丙丁為負責人，其公司主要生產食品，共有勞工 290 人（男工 190 人，女工 100 人），因業務需要，增加暑期工讀生，男生 36 人（其中未滿 16 歲 3 人），女生 15 人（其中未滿 16 歲 4 人），而工讀生年齡皆滿 15 歲，請填寫一份勞工安全衛生管理單位（人員）設置報備書。

七、為防止您服務之事業單位所召開的安全衛生委員會會議流於形式，身為安全衛生管理人員的您，該如何規劃委員會會議進行流程、會前準備與會後整理等工作？

八、試寫出您服務之事業單位目前的安全衛生組織的優缺點為何？您如何改善這些缺點？

九、依據法令規定，勞工安全衛生委員會的成員中，應包括哪些人員？其中工會或勞工選舉之代表應佔全部委員人數的幾分

之幾？

十、勞工安全衛生委員會會議中，您認為應研議之事項有哪些？

第四章
職業災害防止計畫

4-1　前　言

　　在勞工安全衛生法第 14 條第 1 項中規定,「雇主應依其事業規模、性質,實施安全衛生管理,並應依中央主管機關之規定,設置勞工安全衛生組織、人員」。至於設置了安全衛生組織、人員之後,事業單位要如何來實施安全衛生管理呢?應「釐訂職業災害防止計畫,並指導有關部門實施」,可見釐訂職業災害防止計畫在整體的安全衛生管理制度中佔非常重要的地位,有安全衛生管理專家認為,職業災害防止計畫的擬訂,為安全衛生工作之第一要務。根據前章的程序步驟建立安全衛生管理組織體系之後,接著就有賴於擬訂妥善的職業災害防止計畫了,任何工作都是先要訂定工作計畫,然後依照計畫執行,並隨時追蹤、考核,最後檢討缺失,這樣才易獲得實效,而安全衛生工作亦不例外。職業災害防止計畫由事業單位依據本身需要及法令各項規定所訂定,因此沒有一套職業災害防止計畫能適用於所有的事業單位,所以職業災害防止計畫需靠自行擬訂,才最能符合本身需求,而如何擬訂一套合乎需要及可行的職業災害防止計畫,下一節將做精簡介紹。

4-2　職業災害防止計畫製作程序

　　事業單位可依循下列程序,進行職業災害防止計畫之製作:

一、蒐集資料，瞭解現況

欲製作職業災害防止計畫前，必先具體瞭解事業單位本身的安全衛生管理實際狀況，依需要來訂定出切合事實的計畫，這樣才能有助於未來計畫之推行。而廣泛地蒐集相關資料亦是必須的，所蒐集的資料應包括：

(一)事業單位所發生的職業災害分析資料

依職業災害統計分析資料數據與報告，可瞭解事業本身職業災害實況及發生原因，進而擬訂出防止策略。職業災害分析資料包括：(1)歷年職業災害率統計；(2)每件職業災害的調查報告；(3)各部門職業災害發生率；(4)職業災害類型與媒介物。

(二)各部門安全衛生工作紀錄

明瞭各部門推動安全衛生工作情況，針對發現之缺失進行檢討改進，例如，各部門的教育訓練、自動檢查、安全衛生活動辦理等情形。

(三)工作現場的危害因素

要瞭解工作現場之危害因素，可從下列資料尋得：

(1)職業災害統計分析資料。

(2)工作安全分析單。

(3)自動檢查紀錄。

(4)安全觀察紀錄表。

(5)勞檢機構的檢查結果通知書。

(四)上年度職業災害防止計畫之檢討

先瞭解上年度職業災害防止計畫內容有那些完成，那些項未

完成，完成後獲得什麼效果，那些工作需繼續進行的，那些工作又需加強或改進，需新增那些工作等，做為本年度職業災害防止計畫之參考。

(五)其它

其它有關的安全衛生資料收集並加以研究，可使職業災害防止計畫製訂更加完善與周詳，其包括：

(1)勞工安全衛生有關法令規章，尤以新修定者為重。
(2)中央主管機關每年度發佈之勞動檢查方針。
(3)其它相關事業單位的重大職業災害實例。
(4)有關的報章、雜誌、論文、期刊等。
(5)其它事業單位安全衛生工作優良事蹟。

二、基本方針及計畫目標之決定

於每一年度開始前，依據過去一年有關安全衛生工作情況，及上述所蒐集到的資料，由雇主邀集有關部門主管會商，決定本年度職業災害防止計畫的基本方針及計畫目標。

三、職業災害防止計畫草案之撰寫

各部門依決定的基本方針及計畫目標，草擬該部門之職業災害防止計畫，部門的職業災害防止計畫應包含：

(1)計畫項目。
(2)實施細目。
(3)實施要領。
(4)實施單位及人員。
(5)預定工作進度。

(6)需用經費。

撰寫完成後，送交安全衛生管理單位彙整成整體計畫草案初稿。

四、定案實施

整體之職業災害防止計畫草案完成後，應請雇主邀集各部門主管會商定案，如設置有安全衛生委員會者，亦需送交研議，確定後，應就計畫各項工作，由各有關部門擬訂細部計畫，呈請雇主核定後實施（例如，自動檢查實施計畫、教育訓練實施計畫）。

除上述四點外，建議事業單位也應有一套完整的計畫替代方案，以因應突發事故、狀況造成的計畫無法推行。

4-3 職業災害防止計畫架構

職業災害防止計畫並無一定的格式，如欲構成完整的計畫架構必須包含下列要項：

一、計畫期間

計畫可分為長期、中期與短期計畫，視實際執行狀況與成效而定，一般中小企業宜擬訂短期（一年）計畫最為適當。

二、基本方針

訂定計畫之前，必先確立基本方針，即計畫重點所在，使計畫執行有所依據，進而達成目標。以下舉幾個基本方針實例，以

供參考：

    (1)提升全體人員安全衛生意識。

    (2)向零災害挑戰。

    (3)消弭職業災害，促進員工健康。

    (4)重視交通安全，消除通勤災害。

    (5)機械設備本質安全化。

    (6)徹底達到無事故、無災害、無公害之目標。

    (7)加強各階層安全衛生管理，促使安全衛生現場化。

    (8)落實全天候的安全衛生理念（包括假日或不在工廠之時段）。

三、計畫目標

基本方針確立後就應訂定計畫欲達成之目標，每一個人希望達成它就必須盡力去作，因此計畫才容易徹底完成。計畫目標最好要具體明確，切勿空洞或不可能達成，以下實例可供參考：

    (1)保持五年無災害紀錄。

    (2)保持本年度無災害發生。

    (3)達成職業病為零。

    (4)達成零交通事故。

    (5)不安全、不衛生的行為完全消弭。

    (6)舒適的工作環境全部完成。

    (7)安全作業標準徹底實施。

四、計畫項目

確立基本方針與目標後，下一步驟即是擬訂各項計畫項目，

這些計畫項目就是為達成基本方針與目標而訂，例如：

(1)強化安全衛生組織。

(2)加強安全衛生管理。

(3)實施全面自動檢查。

(4)推行零災害運動。

(5)充實員工安全衛生教育訓練。

(6)實施工作安全分析，訂定安全作業標準。

(7)實施作業環境測定。

(8)加強員工健康檢查與管理。

(9)安全衛生活動（零災害運動，預知危險運動……）。

五、實施細目

計畫項目訂定之後，在每一個大項目下應按事業單位實際作業及實際機械設備情況，依需要分別訂定若干應實施的具體細目，例如在「充實員工安全衛生教育訓練」項目下就可分為：

(1)職前安全衛生教育訓練。

(2)廠內一般安全衛生訓練。

(3)特殊作業安全衛生訓練。

(4)急救人員訓練。

(5)專家學者演講。

(6)工餘安全衛生教導。

六、實施要領

所謂的實施要領就是完成該項工作的：

(1)實施方法步驟。

(2)實施標準程序。

(3)實施頻率週期。

例如急救人員訓練，假使目前事業單位依規定需有五名急救人員，實際受訓合格者只有三位，則應依規定再遴選二人參加訓練，而此項訓練在事業單位無法自行舉辦，則應派員赴訓練機構繳費受訓。每一項實施細目要訂定其實施要領，依照要領來完成工作。

七、實施單位及人員

每一項實施細目要規定由何部門及何人負責執行，因為事先規定專責人員、部門，他們必須負責完成，計畫因此才能落實並避免互相推諉延宕。

八、預定工作進度

每一項實施細目需規定其工作完成時間，促使負責實施之部門及人員知所遵循而如期達成任務。

九、需要經費

任何計畫工作均需經費支應，因此大致上每一個實施細目均得列出其經費預算，如果該項實施細目不需要經費，當然就不需編列。

十、備註

凡在前述各欄內無法詳述或有特殊情況時，可在此欄補充說明。

4-4 結　論

　　職業災害防止計畫的擬訂，不僅需考量事業單位現況與運作
情形，另需充分評估計畫的可行性與機動性，因唯有可行且具彈
性的計畫才是值得去推展的計畫。擬訂計畫者應具前瞻性的理
念，能隨著時代的脈動與企業的成長，確切地擬訂符合需要的職
業災害防止計畫。計畫除必要的文字敘述外，建議儘可能採圖表
方式顯現計畫整體架構，除可增進其可讀性外，並簡化其複雜性，
使繁雜的計畫更易於瞭解與掌握。好的計畫需靠有眼光、方法、
技巧的管理人員去執行，才易收成效，如何提升管理人員的能力，
除靠本身知識的累積外，唯有從經驗中不斷地學習，從失敗中獲
得教訓，才是提升專業技能的不二法門。

附件一　職業災害防止計畫參考範例

XX 公司○○年度職業災害防止計畫

壹、基本方針

　　本公司為達成防止職業災害，保障員工安全與健康，藉由明確的安全衛生政策與周密的職業災害防止計畫，運用有效且合乎人性的管理手段，以求達到維護員工生命及公司財產為目的，並防止事故及災害的發生。以完成本公司經營的本質「以最低成本輸入，獲得最大效益輸出」的理念，本年度基本方針為：

一、安全衛生活動現場化。

二、完成無事故、無災害、無公害。

三、加強各階層的安全衛生管理，全員參加安全衛生工作。

四、向零災害挑戰。

五、確實實施危險預知活動，徹底消除危害因素。

六、協調承攬廠商加強安全衛生管理。

七、消弭職業災害，防止職業病發生。

八、提升員工安全衛生意識，培養安全衛生觀念。

九、健全員工健康管理。

十、機器設備本質安全化。

十一、加強工餘安全衛生教育。

十二、宣導交通安全教育，消弭交通意外。

十三、強化安全衛生教育訓練。

十四、TPM（全員參加之生產力保養）觀念之建立。

為完成既定目標，希望全體員工建立一定的概念與信心，齊心戮力，共同為本公司安全衛生工作盡一份心力。

貳、計畫目標

一、達成重大災害發生率為零。

二、保持一百萬工時無災害紀錄。

三、達成無職業病發生。

四、保持本年度無災害發生。

五、無交通違規及傷亡事故。

六、安全作業標準徹底施行。

七、達成職業災害頻率在 0.2 以下。

八、建立舒適、安全工作環境。

九、不安全、不衛生的行為完全消滅。

參、本年職業災害防止計畫項目

一、健全安全衛生管理組織。

二、加強員工安全衛生管理。

三、充實員工安全衛生教育訓練。

四、實施工作安全分析，訂定安全作業標準。

五、全面實施安全衛生自動檢查。

六、作業環境測定。

七、強化員工健康管理。

八、推行全員參加安全衛生活動。

九、意外事故防止。

肆、計畫期間

本年度職業災害防止計畫期間，自 xx 年 xx 月 xx 日起，至 xx 年 xx 月 xx 日止。

伍、評估與檢討

實行三個月後，進行計畫成效評估檢討，由總經理邀集各相關部門主管針對缺失與執行之困難進行會商。結論交由安全衛生管理單位進行研究，提出改善方案提交總經理批示。

陸、實施

一、整體職業災害防止計畫經總經理核定後，授權安全衛生管理單位負責督導各部門確實執行。

二、由安全衛生管理單位依整體職業災害防止計畫之計畫項目與期間，訂定每月工作預定進度表，以供追蹤監督工作進行。

三、定期檢討每月工作是否照預定進度完成，若有未如期完成事項，安全衛生管理單位應立即通知迅速改善並完成。

柒、考核獎懲

一、每一年度結束後，由總經理召集各部門主管召開檢討會議。

二、安全衛生管理單位負責各部門安全衛生工作考核，各部門主管負責該所屬單位員工之考核。

三、經考核為優良之部門及個人，予以獎賞以資鼓勵。

四、安全衛生考核列入年度個人績效考核成績。

捌、其它

如有增列之事項，將不定期公告。

附件二　職業災害防止計畫進度表格式

○○股份有限公司職業災害防止計畫
○○年度（○○○年○○月起至○○年○○月止）

填表人：○○○

計畫項目	計畫目標	實施要領	實施單位及人員	預訂工作進度（月份）												需用經費	備註
				1月	2月	3月	4月	5月	6月	7月	8月	9月	10月	11月	12月		
一、安全衛生組織及人員	1. 重設勞工安全衛生管理單位	修改組織系統成立單位並向檢查機構備查	總務課 安衛組				☆										
	2. 重設勞工安全衛生委員會	遴選委員成立委員會名冊留存備查	總務課 安衛組				☆										
	3. 遴選各部門優秀基層幹部，經訓練合格予以擔任所屬部門安全衛生管理幹事	遴選人員赴訓練機構受訓合格後任命	各單位 總務課 安衛組					☆	☆	☆							
	4. 修定各級主管權責	由安衛課修訂安全衛生管理規章權責向公司簽報實施	安衛組					☆	☆								

項目	工作內容	負責單位										
二、安全衛生管理												
1. 訂定本公司安全衛生管理體系制度並落實執行	因應未來職安衛系統建立或需要，先期建立適合公司現況與需要安衛管理體系	安衛組各單位	☆	☆	☆	☆	☆	☆	☆	☆	☆	☆
2. 安全衛生工作守則之落實執行	持續監督各單位及所屬員工是否遵守工作守則各項規定，確實實施及執行	安衛組總務課	☆	☆	☆	☆	☆	☆	☆	☆	☆	☆
3. 實施災害統計	每月10日前統計並呈報勞動檢查機構	安衛組	☆	☆	☆	☆	☆	☆	☆	☆	☆	☆
4. 實施災害調查分析	發生災害時由該單位實施調查分析並檢送安衛課核定	各單位安衛組	☆	☆	☆	☆	☆	☆	☆	☆	☆	☆
5. 召開安全衛生委員會	每季召開一次，研議相關勞工安全衛生事項	安衛組總務課	☆			☆	☆	☆	☆	☆	☆	☆
6. 女工夜間工作之安全衛生環境維護，落實女工保護	定期實施作業環境巡視，針對各項危害因子加以控制，防止職災發生	安衛組總務課	☆	☆	☆	☆	☆	☆	☆	☆	☆	☆
7. 修定承攬商安全衛生管理計畫並落實執行	由安衛組修訂後簽報核定，並落實督導執行	安衛組總務課										☆

三、安全衛生教育訓練			
1. 新進人員及調職員工之一般安全衛生教育訓練	依勞工安全衛生教育訓練規則第九條辦理	總務課 安衛組	☆
2. 實施作業主管(領班)安全衛生教育訓練	由安衛課自行規劃辦理	總務課 安衛組	☆
3. 危險物及有害物通識規則制訂及教育	公司內部危害通識制度建立後，分批實施教育訓練	總務課 安衛組	☆
4. 危險性機械設備人員安全衛生講習	每年實施定期檢查前一周辦理	總務課 安衛組	☆
5. 實施全公司消防演習及緊急逃生演練	每年實施二次，洽請本地消防隊協助	總務處 防火管理人 環保課 安衛組	☆
6. 急救人員訓練人次	派員至訓練機構受訓	總務課	☆
7. 安全衛生教育教導	各作業主管針對所轄範圍內作業員工實施教導講解	各相關單位 安衛組	☆

四、安全衛生自動檢查

項目	實施時間	負責單位
1. 鍋爐定期檢查	每年一次於有效期限屆滿之前向代行檢查機構申請檢查	工務課 總務課
2. 第一種壓力容器定期檢查	每年一次於有效期限屆滿之前向代行檢查機構申請檢查	工務課 總務課
3. 消防設備定期檢查	每季實施一次	工務課 總務課
4. 堆高機定期檢查	每月定期、每年整體檢查實施一次	工務課 總務課
5. 一般車輛定期檢查	每月安全性能、每日作業檢點一次	總務課 駕駛員
6. 鍋爐及第一種壓力容器、堆高機、其它危險性機械設備每日作業檢點	每日由操作人員實施	工務課 總務課 各操作人員
7. 有機溶劑作業檢點	每週檢點一次	有機溶劑管理人員
8. 局部排氣裝置定期檢查	每月實施一次	工務課 安衛組
9. 局部排氣裝置重點檢查	修理、拆卸時實施檢查	工務課 安衛組

項目	實施內容	負責部門
10. 放電設備定期檢查	高壓每六個月實施一次（新修正），低壓每六個月實施一次，並報請當地政府機關及當地供電機構備查	工務課 安衛組
11. 安全衛生環境狀況之一般檢查	每月實施一次	廠內各部門 總務課
五、作業環境測定 1. 噪音作業場所	每六個月實施一次 洽請合格環境測定機構實施	總務課
2. 粉塵作業場所	每六個月實施一次 洽請合格環境測定機構實施	總務課
3. 有機溶劑作業場所	每六個月實施一次 洽請合格環境測定機構實施	總務課
4. 其它作業環境測定	依法令規定，實施周期、頻率洽合格環境測定機構辦理	總務課
六、安全作業標準工作及安全分析 1. 增訂安全作業標準工作指導書	由各生產部門安全作業標準送安衛組簽報公司核定	各相關部門 總務課
2. 實施安全觀察	每月觀察 5 人次，尤以新進員工優先	各單位主管

項目	說明	負責單位
3. 實施安全巡視	由各部門主管每月就所轄部門實施巡視	各部門主管
4. 實施工作安全分析	就各部門彙送之安全作業標準，再進行安全確認並改善	總務課　安衛組
5. 實施安全作業標準教導	由各部門領班實施教導並訓練	各相關單位　安衛組
七、檢查儀器及個人防護具 1. 購置氣體檢知器（缺氧場所）	洽廠商採購	總務課
2. 購置必須之安全衛生防護器具、設備	洽廠商採購	總務課　安衛組
3. 儀器之定期檢查、保養及校正	洽廠商定期實施檢查校正及保養	總務課　各使用單位
4. 防護具之定期檢查、保養及維護、使用與方法教導	每月定期實施性能檢查並加強維護管理及使用人保養	各相關部門　安衛組

項目	實施內容	負責單位
八、員工健康保護管理	1. 實施新進人員新體格檢查	新進人員入公司前即赴指定醫院實施規定項目之體格檢查	總務課 安衛組 人事組
	2. 實施在職員工健康檢查	洽檢查醫院至公司實施，每年一次；30歲以下共　人；30歲以上至未滿45歲共　人；45歲以上共　人	總務課 安衛組
	3. 實施特殊作業員工特定項目健康檢查	粉塵作業　人；噪音作業　人；有機溶劑作業　人；高溫作業　人	總務課 安衛組
	4. 重設醫療衛生單位並更新或補充必備藥品及器材	兼任醫師一名、專任護士一名、醫療室建立、法令規定必備之醫療衛生設備、急救人員三班共八名	總務課 安衛組
九、安全衛生活動實施	1. 配合政府加強實施安全衛生宣導活動	配合政府實施	安衛組
	2. 推動全廠零災害活動	由安衛組擬訂實施、計畫書報請總經理簽核後公布實施	安衛組

（實施進度：各項目於各月份以☆標示）

項目	實施方法	負責單位												
3.張貼安全衛生標語、海報與公司安全衛生資訊並經常更新	張貼於各作業場所及公司內明顯處所	總務課 安衛組										☆	☆	☆
4.工作安全提案制度提高獎勵活動	修訂提案制度計畫並及提高獎勵規定落實執行	總務課 安衛組	☆	☆	☆	☆	☆	☆	☆	☆	☆	☆	☆	☆
5.獎勵安全衛生工作推行優良單位及人員	每年於廠慶時實施表揚	安衛組 總務課	☆				☆					☆	☆	☆
十、其它安全衛生事項 1.全面預防保養 TPM 先期推行計畫	由總務課安衛組研擬先期實施方案並推行	安衛組	☆									☆	☆	☆
2.職安衛管理系統 OH&S 先行規畫	依ISO9002與14000架構及推行經驗建立本公司安全衛生管理架構制	安衛組	☆	☆	☆	☆	☆	☆	☆	☆	☆	☆	☆	☆

附件三　職業災害防止計畫年終執行成果檢討報告表範例

○○股份有限公司

職業災害防止計畫○○年度年終執行成果檢討報告

○○年度（○○年○○月起至○○年○○月止）

填表人：○○○

事業單位 名稱		負責人	
事業單位 地址		勞工人數	男：　　人 女：　　人　共：　　人

年別 　類別	年	年	年	平　　均　　值
災害頻率	（　　）	（　　）	（　　）	（　　）
嚴重率	（　　）	（　　）	（　　）	（　　）

職業災害防止計畫實施情形

計畫項目	計畫目標	預訂工作進度（月份）												進度差異理由	執行成果
		1月	2月	3月	4月	5月	6月	7月	8月	9月	10月	11月	12月		

檢　討　分　析		
優點		
缺點		
改進意見	事業單位應改事項	
	建議政府機關事項	
	其它	
備註		

附件四　年度職業災害防止計畫製作流程

```
                    ┌─────────────────────┐
                    │        START        │
                    └─────────────────────┘
                               │
┌──────────────────────────────────────────────────────────────┐
│        收集資料：(1)職業災害統計分析資料                       │
│                  (2)現場危害因素                               │
│                  (3)各部門安全衛生活動資料                     │
│                  (4)上年度職業災害防止計畫之檢討               │
│                  (5)其它相關資料                               │
└──────────────────────────────────────────────────────────────┘
                               │
┌──────────────────────────────────────────────────────────────┐
│  每一年度開始前，依上年度相關工作情形及所收集的資料，由安      │
│  全衛生管理單位或擬訂本年度職業災害防止計畫的基本方針及計      │
│  畫目標草案。                                                  │
└──────────────────────────────────────────────────────────────┘
                               │
┌──────────────────────────────────────────────────────────────┐
│  由雇主邀集有關部門主管會商，決定本年度職業災害防止計畫的      │
│  基本方針及計畫目標。                                          │
└──────────────────────────────────────────────────────────────┘
                               │
┌──────────────────────────────────────────────────────────────┐
│  各部門主管依決定之基本方針及計畫目標，草擬該部門職業災        │
│  害防止計畫，送交安全衛生管理單位進行彙整。                    │
└──────────────────────────────────────────────────────────────┘
                               │
┌──────────────────────────────────────────────────────────────┐
│  彙整之各部門職業災害防止計畫草案，由雇主邀集各部門主管研      │
│  商定案。                                                      │
└──────────────────────────────────────────────────────────────┘
                               │
┌──────────────────────────────────────────────────────────────┐
│  職業災害防止計畫定案後，依各計畫項目規定，由相關部門訂定      │
│  實施的細部計畫，呈請雇主核定，開始執行。                      │
└──────────────────────────────────────────────────────────────┘
                               │
                    ┌─────────────────────┐
                    │         END         │
                    └─────────────────────┘
```

附註：1.如依規定不需設置安全衛生管理單位者，由事業單位安全衛生
　　　　業務主管或人員依實際需要訂定職業災害防止訂定計畫。
　　　2.如有設置安全衛生委員會，則需將整體計畫草案送交研議。

問題與討論

一、試說明勞工安全衛生業務之主管機關為何。

二、如果您是事業單位的安全衛生管理人員,在釐訂年度職業災害防止計畫的具體內容之前,應蒐集哪些相關資料?

三、您認為一套完整的年度職業災害防止計畫,應包括哪些項目?

四、試說明年度職業災害防止計畫之製作程序為何。

五、試依您服務之事業單位現況,擬訂一份年度職業災害防止計畫草案。

六、一份完備的職業災害防止計畫,應具「可行性」與「前瞻性」,在以此為前題下,您該如何著手進行規劃、設計?

七、試調出您服務之事業單位歷年的年度職業災害防止計畫,從中找出哪些計畫項目尚未達成目標,哪些工作遇到阻力最大,應再加強哪些工作……等,並比較歷年職業災害防止計畫是否都大同小異(萬年可行計畫)。

八、您服務公司的年度職業災害防止計畫所編列之預算是否足夠?最高層主管是否願意全力支持?對於預算編列,您是否有一套完善的預算編列程序?

九、請列出您目前服務公司今年度的職業災害防止計畫基本方針內容,並與工作計畫項目作比較,檢視其計畫工作項目是否能完全符合基本方針之要求。

十、試製作您認為最可行的年度職業災害防止計畫實施流程。

第五章
安全衛生教育訓練

5-1　前　言

　　為了使作業員工瞭解其工作內容與環境中有那些潛在危害，並知道如何防範、避免意外事故的發生，必須予以適當的教育訓練。意外事故之發生，主要是由於不安全的行為與環境所引起，而要避免以上兩種不安全狀況，需由廠內之機械設備、製程、防火防爆及廠房建築等設計著手，其次再加強員工的安全衛生教育訓練，使其明瞭工作環境中不安全的因素。致使員工產生不安全行為動作的原因有：缺乏安全知識與技能、不安全的機械設備及環境、不當的態度等，因此欲消除上述不利因素，教育訓練是不可缺少的一環。員工的安全衛生教育訓練之目的，主要在提高員工的安全衛生知識與技能，並培養其對安全衛生作業的正確態度，進而養成習慣。而安全衛生教育訓練需有計劃性的實施，方可見其功，所以，事業單位最好將安全衛生教育訓練納入「年度職業災害防止計畫」內，俾使其能有效地實施。

5-2　相關法令規定

一、勞工安全衛生法

　　(1)第 15 條：經中央主管機關指定具有危險性機械或設備之操作人員，雇主應僱用經中央主關機關認可之訓練或經技能檢定之合格人員充任之。

(2)第 23 條：雇主對勞工應施以從事工作及預防災害所必要之安全衛生教育、訓練。勞工對於安全衛生教育、訓練，有接受之義務。

(3)第 35 條：勞工對於安全衛生教育、訓練，有接受之義務，如勞工違反規定者，處新臺幣三千元以下罰鍰。

二、勞工安全衛生教育訓練規則

中央主管機關為規範必要的安全衛生教育、訓練事項，以茲遵循所訂定，共分為 4 章 30 條（行政院勞工委員會八十六年六月二十五日第二次修正版本）：

第一章：總則

第二章：教育訓練之種類

　　1.勞工安全衛生人員

　　2.安全衛生相關作業主管

　　3.危險性機械、設備操作人員

　　4.特殊作業人員

　　5.一般作業人員

第三章：教育訓練之實施

第四章：附則

對於各種安全衛生教育訓練，詳訂實施的對象、課程內容及訓練時數，俾使欲推行教育訓練之事業單位有所遵循。此外，對欲舉辦各式訓練活動之非營利事業或財團法人，在訓練規則中也訂定有舉辦單位之各項資格、條件、設備及標準，以確保教育品質。

5-3 安全衛生教育原則

一、實施安全衛生教育訓練的原則

實施安全衛生教育訓練時，必須考量、理解下列原則：

(一)「考量立場」

教育訓練的目的在於讓受教者學習知識及技能，若無法將內容傳達給對方，則對方的知識技能與態度將不能達到預期成效，教育訓練將徒勞無功，此時應檢討教學方法與教學上的缺失，並確實改進。

(二)「賦予動機」

受教者如無學習意願，是無法達到學習效果。因此必須讓其瞭解為什麼要學習、對他（她）有何益處，提高受教者學習興趣，以增加學習成效。

(三)「由易到難」

以既有基礎配合受教者程度，逐步提高教導內容難度，增進其學習信心和成就感，更能提高學習意願。

(四)「反覆教導」

反覆地耐心講授、操作、示範給受教者聽、看，讓他們反覆複習，藉由不斷地教導，讓受教者自然學會。

(五)「一次一事」

如果把教育所有內容一次教完的話，會使受教者不堪負荷，

應以一次教導一事的原則，配合受教者的能力和吸收速度，使理解與學習能發揮應有成效。

(六)「加深印象」

根據事實與事物，具體且符合實際狀況加以說明，以加深學習者的印象，不可摻雜無關內容，否則重點將會模糊不清。

(七)「五官活用」

著重視覺的傳達，以視聽媒體與教材講義相互配合，活潑運用，對受教者的理解與印象的加深非常有助益。

(八)「自然理解」

講師於講授前需先研究決定主要的關鍵、理由與作業程序要領，必須使受教者自然而然地理解為何非這麼做不可。關鍵的條件為：(1)不這麼做就無法順利進行工作；(2)這樣做才安全；(3)這麼做才容易做，不會疲勞等。但必須注意，千萬不可因標準作業程序或法令如此規定就強制要求員工去做，應使員工基於危害認知，使其瞭解唯有如此才能保障自身安全與健康。

二、安全衛生教育訓練內涵及訓練目的

(一)教育訓練內涵

(1)「知識教育」：重點在將安全衛生知識等教材內容灌輸入受教者記憶中。

(2)「技能教育」：將安全衛生技能與動作傳授，並教導其安全衛生作業方法。

(3)「態度教育」：安全衛生工作貴在能確實執行，僅有知識與技能而不劍及履及地施行仍形同枉然，因此將所習得之知

識與技能付諸執行，必須改變其態度，並賦予動機，增加誘因與激勵，促使實踐力行而習慣化。

(二)教育訓練目的

「安全的工作環境」是每一個事業單位追求的目標，因此工作安全為每一個人之責任，從雇主到作業員，都需要有適當的安全衛生教育訓練。除了促進正確的安全衛生工作態度，養成良好的安全衛生習慣，並健全工作安全的知識與技能外，尚有下列幾項：

(1)防範意外事故發生，減少意外事故直接與間接損失。

(2)保護作業員工，避免失能傷害發生。

(3)減少管理監督人員的負擔。

(4)改善工作方法及程序，使其作業更加安全。

(5)減少學習時間，增加生產力及產品之品質。

(6)增加作業員工安全感，並激勵士氣，提高員工向心力。

5-4　安全衛生教育訓練計畫擬訂原則及內容

一、安全衛生教育訓練計畫擬訂原則

(一)確立教育訓練目標

在安全衛生教育訓練計畫訂定前，首先應有明確的計畫目標，使其執行實施有一目標可供遵循。目標的訂定可依據事業單位對安全衛生工作的重視程度與教育訓練對象等需求，使得在教育訓練的課程設計上有所根據，目標的訂定應考量下列幾項原則：

(1)目標必須是可達到的，且是事業單位能力所及。

(2)目標必須與實際需要相互配合。

(3)目標的達成最大受益者是事業單位與全體員工。

(4)目標的終極是零災害、零傷亡、零損失。

(二)選定教育訓練對象

法令規定者包括五大類：

(1)勞工安全衛生人員。

(2)危險性機械、設備操作人員。

(3)特殊作業人員。

(4)一般作業人員。

(5)其他經中央主管機關指定人員。

其中安全衛生人員及危險性機械、設備人員或特殊作業人員
（包括作業主管、作業勞工）等教育訓練，為執行業務上資格限
制。一般在事業單位所辦理之安全衛生教育訓練之對象，泛指一
般作業人員，包括各級主管及管理、指揮、監督相關人員接受主
管人員安全衛生教育，新僱員工或在職人員變更工作前，應使其
受適於各該項工作所需要之一般安全衛生教育訓練。若涉及製
造、使用、處置危險物及有害物之工作者，尚需接受該項作業的
通識課程教育。事業單位選定教育訓練對象，除依法令規定者外，
依下列原則優先選列：

(1)從事危險、有害作業與法令規定應具資格者。

(2)中、高齡員工。

(3)女工、童工。

(4)季節工或臨時工。

(5)具有災害頻發傾向員工。

(6)健康狀況異常者。

(7)新進與變更調職員工。

(8)新升任之主管人員。

(9)長期契約兼職人員。

(10)承攬廠商作業員工。

二、安全衛生教育訓練計畫內容

除法令規定應具資格者教育訓練外，事業單位自行舉辦的教育訓練內容，一般應包括下列幾項：

(一)依據
依據「勞工安全衛生法」第 23 條及「勞工安全衛生教育訓練規則」之有關規定辦理（視訓練種類而定）。

(二)目的
依事業單位「安全衛生教育訓練目標」訂定。

(三)教育訓練種類
依所需而訂，如基層主管教育訓練、一般員工安全衛生教育訓練、新進員工教育訓練……等。

(四)實施方式

可分為講解、團體討論、分組討論、實例研究、實地操作示範等。

(五)教育訓練時間及地點
包括實施日期、迄止時間、各科課程時數、上課及實習地點等。

(六)實施對象

依需要選列，並附參訓人員名冊。

(七)教育訓練課程及大綱

依據「安全衛生教育訓練規則」及實際需要排定課程與編寫教授大綱，並附課程表。

(八)使用教材

使用適當教材，並準備教學所需教具（包括教學設備及實物）。

(九)訓練輔導員及講師

設置專任人員辦理相關事宜，且規定講師應具資格者擔任。專任人員及講師應製備相關資料及資格文件。

(十)測驗及其他規定

依規定辦理。

安全衛生教育訓練不可因一時興起而實施，缺乏整體規劃與周密計畫時，將無法充分使受訓員工瞭解及理解相關安全衛生知識及技能，因此安全衛生教育訓練計畫應納入事業單位「年度職業災害防止計畫」內實施，另外，新進人員絕不可先安置再以說教方式教導。

5-5 結 論

安全衛生教育訓練必須是持續性的，透過此種知識與經驗的分享過程，達到防止意外事故發生之目的。不管員工工作知識多

麼豐富，工作技能如何純熟，但缺乏安全衛生的工作態度仍屬枉然。安全衛生教育訓練是推動工作安全衛生的首要工作，不管是基層員工、領班、各級主管，均有必要接受有關的安全衛生教育，而雇主也應遵照相關法令規定，積極推動事業單位內之安全衛生教育訓練計畫，以確保員工的安全與健康。

附件一　安全衛生教育訓練實施規則參考範例

ＸＸ公司　安全衛生教育訓練實施規則

壹、依據

依「勞工安全衛生法」及「勞工安全衛生教育訓練規則」與其它相關法令規定辦理。

貳、目的

防止職業災害及預防災變，提升本公司員工安全衛生知識與技能。

參、適用實施對象

一、新僱用員工。

二、臨時工、季節工及合作承攬事業單位之員工。

三、作業內容變更時之調職員工。

四、基層主管、領班。

五、從事危害性業務之員工（相關法令認定者）。

六、生產部門技術員工。

七、安全衛生管理人員。

八、其它依法令規定及公司需要者。

肆、教育訓練實施時間：（由年度職業災害防止計畫排定）

一、新僱員工及調職人員於到職三日內實施。

二、臨時工、季節工、承攬單位員工，依契約規定動工前，由本公司安全衛生管理單位擬訂計畫，辦理教育訓練。

三、從事危害性業務之員工，於僱用到職前或公司排定至主

管機關認可之訓練機構參加訓練。

四、基層主管、領班（除安全衛生管理單位主管及特殊作業
　　主管外），升任或現職主管人員，每年依排定期間參加主
　　管人員安全衛生教育訓練。

五、生產部門技術人員依排定時間參加教育訓練。

六、安全衛生管理人員依需要遴選人員參加政府機關或相關
　　訓練機構所辦之講習或研討會。

七、一般在職員工安全衛生教育訓練，於公司各部門舉辦之
　　安全座談會中實施。

八、其它事項依相關法令規定辦理。

伍、教育訓練地點及教育方式

一、地點：

(1)學科：本公司教育訓練專用教室。

(2)術科：至實地或術科專用教室。

二、教育方式：講解、分組討論、案例探討、實地參觀、測
　　驗、其它。

陸、教育訓練課程

依教育理由、業務範圍及實施人員之不同，由安全衛生管理
單位排定教育訓練課程，課程規劃需符合相關法令規定。

柒、講師及輔導員

一、講師：

(1)外聘：相關專家學者或政府主管機關人員。

(2)符合資格之本公司員工。

(3)其他。

二、輔導人員：由安全衛生管理單位派員擔任。

捌、教材、教具

一、教科書籍。

二、輔助教材。

三、講義。

四、幻燈機（片）。

五、電視（放影機）。

六、投影機（片）。

七、圖表。

八、電腦。

九、其它教育訓練所需之器具。

玖、測驗與成效評估

一、本公司舉辦之教育訓練課程結束前，需實施測驗以評量
　　成效。

二、測驗題目以是非、選擇題為主，由教育訓練主辦部門製
　　訂試驗題目，測驗結束後存檔備查。

三、測驗成績優良者，予以公開獎勵，成績不及格者得再參
　　加訓練。

四、其它：意見徵詢、感想報告、訓練心得、個人面談……等。

拾、其它事項

一、教育訓練所需經費，於年度職業災害防止計畫中編列。

二、排定受訓人員因故不克參加者，應事前提出理由證明，
　　經核准後延期再訓。

三、教育訓練之主辦單位於訓練前，擬訂該教育訓練計畫。
　　訓練結束後，備置訓練實施紀錄、課程表、受訓人員名
　　冊及簽到簿及其它相關資料，建檔保存備查。

四、本實施規則為本公司安全衛生教育訓練工作指導準繩，
各項規定以符合法令相關規定為原則，優於法令為目標，

五、如本規則與法令抵觸（低於最低規定標準），以法令規定
為準。

六、其它安全衛生教育訓練規定，依本公司實際需要予以修
定並公告。

附件二　安全衛生教育訓練成效評估參考範例

○○股份有限公司 ○○年度第○季○○人員安全衛生教育訓練成效評估表				
教育訓練課目名稱：○○人員安全衛生訓練				
訓練日期：○○年○○月○○日				
項　目	優	尚　可	劣	您評為劣的理由為何？
1.講師的講授能力				
2.訓練教材內容				
3.教具、教材				
4.教育訓練時間配置				
5.實習及觀摩				
6.總體評價				
請依實際情形填寫下列問題： 7.您認為最具價值和最無價值之教育訓練科目為何？ 8.您認為本次教育訓練有何缺點？有哪些課程有再加強之必要？ 9.本次教育訓練對您在往後從事工作上有何助益？ 10.其它建議事項：				
填表者簽名：_____				

附件三　一般作業員工安全衛生教育訓練計畫參考範例

○○股份有限公司

一般作業員工安全衛生教育訓練計畫

壹、訓練種類

新進作業人員安全衛生教育訓練。

貳、訓練依據

依「勞工安全衛生法」及「勞工安全衛生教育訓練規則」與本公司安全衛生教育訓練實施規則之相關規定辦理。

參、訓練時間

自　年　月　日　　時起

至　年　月　日　　時止

肆、訓練對象

本公司之新進作業人員，共計□名（並備製參訓員工名冊）。

伍、訓練場所

本公司教育訓練專用第一教室（會議室）。

陸、教材

一、中華民國安全衛生協會編印之安全衛生法規。

二、XX興業股份有限公司呈報核准備查之「安全衛生工作守則」。

柒、訓練輔導員

安全衛生課：○○○　一名

捌、課程

日期	時　間	時　數	課　程	講　師	備註
年 月 日		10 分鐘	總經理致詞	總經理 ○○○	
		25 分鐘	勞工安全衛生法規 （員工所需認知條文）	總務課長 ○○○	
		50 分鐘	標準作業程序及作業 前、中、後之檢查（檢 點）注意事項	相關部門 領班	
		90 分鐘	緊急應變處置與避難 之相關規定事項	環保課長 ○○○	
		15 分鐘	總結及填寫教育訓練 成效評估表	輔導員 ○○○	

玖、其它有關事項

一、所有參訓人員應依規定時間出席，並確實簽到，不可代
　　簽。

二、如因故未參訓者，應於下梯次訓練優先參訓。

三、無故拒不參訓者，除以曠職論處外，必須於下梯次優先
　　參訓。

四、本訓練計畫呈請總經理核准後，公告施行。

附件四　安全衛生教育訓練測驗表參考範例

部門：　　　　姓名：

是非題

1.（　）所有從業人員必須遵守安全衛生工作守則及安全工作方法，其設置之設備不得任意拆卸或使其失去效能。

2.（　）作業人員發現設備被拆卸或喪失其應有效能時，作業員可自行修護或組裝，亦可不需報告單位主管或領班。

3.（　）同事間應相護勸勉，遵守各項安全衛生守則。

4.（　）上、下班途中應遵守交通規則，並注意車輛之往來。

5.（　）如意外事故發生，必須保持鎮靜，而作有效之處理，切勿慌張逃避，造成混亂，導致災害擴大。

6.（　）工作場所嚴禁煙火，但因工作需要可自行實施明火作業。

7.（　）不得將工具、機械、材料等散置於通道上或容易墜落及傷及他人之處所。

8.（　）工作場所應經常保持清潔、衛生、整齊，若偶患病或精神欠佳人員應注意休息或求醫。

9.（　）登高或落地坑內工作時，上、下應有人聯絡，不可單獨作業。

10.（　）為謀取捷徑，可跨越迴轉軸或穿越轉動機械之操作區域。

11.（　）油類或化學藥物溢於地面或工作檯上，應立即擦拭乾淨或沖洗。

12.（　）非本身經管之機械設備，切勿擅自啟動或操作。

13.（　）為避免意外事故發生，工作服應合身，但可配戴領帶、手飾等飾品。

14.（　）已標明「禁止非相關人員進入」之區域，一般人員為求方

便亦可進入。

15.（　）在工作場所走道通行時，應注意地面及周圍環境，不可快
跑亂撞。

16.（　）儘量避免走過滑溜之處，如工作需要可小心慢行通過。

17.（　）上下階梯時，應小心慢行，雙手不可插入口袋。

18.（　）在物料堆進行搬運工作時，需提高警覺注意預防物料崩坍。

19.（　）　工作人員應隨時防範自身的安全及維護自己經管之機械
設備的操作安全。

20.（　）個人防護具應經常保持清潔，並維持性能，但可與人共用。

21.（　）注意機械、工具之保養工作，使機械、工具經常保持最佳
狀態及性能，提高使用效率，並可避免危險狀況發生。

22.（　）工作中可進行保養、維修、更換零件等作業。

心得感想：

_____

_____

_____

_____

附件五　安全衛生教育訓練制度發展流程

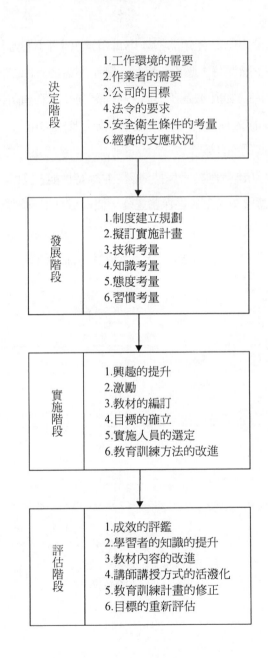

決定階段
1.工作環境的需要
2.作業者的需要
3.公司的目標
4.法令的要求
5.安全衛生條件的考量
6.經費的支應狀況

發展階段
1.制度建立規劃
2.擬訂實施計畫
3.技術考量
4.知識考量
5.態度考量
6.習慣考量

實施階段
1.興趣的提升
2.激勵
3.教材的編訂
4.目標的確立
5.實施人員的選定
6.教育訓練方法的改進

評估階段
1.成效的評鑑
2.學習者的知識的提升
3.教材內容的改進
4.講師講授方式的活潑化
5.教育訓練計畫的修正
6.目標的重新評估

問題與討論

一、事業單位辦理安全衛生教育訓練的目的為何？

二、您認為工餘安全衛生訓練重要嗎？其理由為何？

三、安全衛生教育訓練之法令依據為何？

四、評估安全衛生教育成效有哪些？

　　（提示：1.安全衛生知識、態度改變。2.安全衛生技能增進與
　　行為之改變。3.職災發生率的改變。）

五、您認為事業單位安全衛生教育訓練的推行，該用何種方式才
　　易達到成效？

六、依法令規定安全衛生教育訓練的對象與內容為何？

七、試製作一份貴公司的一般作業員工安全衛生教育訓練計畫。

八、一份完整的教育訓練計畫應包括哪些項目？實施教育訓練時
　　應注意哪些事項？

九、您認為哪些員工應列為最先實施教育訓練之人員？

十、您所服務之事業單位，是否對承攬廠商的作業員工實施工作
　　前教育訓練或安全衛生注意事項講解？如果沒有，身為安全
　　衛生管理人員的您，該如何規劃此項工作呢？

第六章
安全衛生工作守則

6-1 前　言

目前我國中小企業在勞工安全衛生工作守則訂定上，大多未臻完備或尚未訂定，而安全衛生工作守則的製訂是基於建立一套符合安全衛生之操作規範與工作準則，以供所有員工做為安全衛生工作依據，藉此來防止不安全動作或行為的發生，以盼將意外災害事故發生降至最低。如果各事業單位能對該單位各項作業活動分別訂定出安全工作守則，並與員工充分溝通，讓員工能參與並瞭解工作守則的重要性，另與「安全作業標準」相互配合實施，使員工確實遵行，必能避免因工作中不安全衛生的工作動作、行為所造成的職業災害。

6-2 訂定依據與相關法令規定

一、安全衛生工作守則訂定依據

政府有鑑於勞工安全工作守則的重要性，勞工安全衛生法第 25 條即明定，雇主應依該法及有關規定會同勞工代表，訂定適合其需要之安全衛生工作守則，報經勞動檢查機構備查後，公告實施。並規定勞工對安全衛生工作守則應確實遵行，於勞工安全衛生法第 35 條訂定罰則。

二、相關法令規定

(一)勞工安全衛生法施行細則第 27 條

安全衛生工作守則之內容，參酌下列事項訂定之：

(1)事業之勞工安全衛生管理及各級之權責。

(2)設備之維護與檢查。

(3)工作安全與衛生標準。

(4)教育與訓練。

(5)急救與搶救。

(6)防護設備之準備、維持與使用。

(7)事故通報與報告。

(8)其它有關安全衛生事項。

（二）勞工安全衛生法施行細則第 28 條

安全衛生工作守則得依事業單位之實際需要，訂定適用於全部或一部分事業，且得依工作性質、規模分別訂定，報經勞動檢查機構備查。事業單位所訂定安全衛生工作守則，其適用區域跨兩個以上檢查機構轄區時，應報經中央主管機關指定之檢查機構備查。

6-3 工作守則製作程序及製作前應注意事項

一、訂定安全衛生工作守則程序

事業單位可依下列程序訂定安全衛生工作守則：

(一)擬訂初稿

事業單位在準備擬訂安全衛生工作守則初稿前，草擬者應廣泛收集相關資料，並瞭解單位內各部門安全衛生實況。

(二)研議討論

初稿完成後，應呈請雇主邀集各部門主管及員工選出之代表，共同就初稿內容進行討論研議（如有設立安全衛生委員會，亦可在開會時進行討論），如無異議即可定案。

(三)報請備查

事業單位定案之安全衛生工作守則，應報經當地主管機關備查。

(四)公告實施

報備備查後，將安全衛生工作守則張貼於員工經常出入之明顯場所，使員工便於閱覽，建議製成印刷品（小冊子）分發各員工。

二、事業單位製作安全衛生工作守則前應注意事項

(1)詳細列出事業單位之各項作業名稱：事業單位在製作工作守則前，先列出事業單位所有生產之機械設備或作業名稱，以瞭解單位內所有工作性質，使用哪些機械設備，涵蓋哪些作業項目，例如一般電器設備、危險性機械設備、車輛、有機溶劑作業、鉛作業……等，以便能針對每一項機械或設備之操作，訂定出標準安全操作方法及工作守則。

(2)列出與本事業單位相關的安全衛生法令：包括各行業通用法令、有害物質危害預防法規、危險性機械設備法規、分

業適用法規，以瞭解本事業單位在工作上應符合哪些法令規定，以便訂定出符合需要之工作守則。

(3)過去事業單位職業災害發生情況：研判本事業單位職災發生率是否偏高，並找出發生主因及預防職災發生之方法。

(4)工作安全分析與觀察：找出事業單位哪些作業場所、機械設備及作業方式發生災害的比例較偏高，提出預防對策，列入安全衛生工作守則中。

(5)由各部門訂定標準作業方法，並檢討該方法有無需要改進之缺失，有哪些不安全因素，應採取哪些安全措施，以防止不安全的因素，將這些安全措施納入工作守則之中。

(6)蒐集同業中安全衛生工作守則訂定較為完善的資料，以作為本單位訂定之參考。

(7)屬於雇主之責任者，不能藉工作守則的訂定，將責任轉嫁給員工，因此訂定工作守則時，必須會同員工代表訂定，一定要符合工作的實際需要，在訂定過程中，可以參考同業已經核定過之工作守則，但切記不可照本宣科，因每個事業單位之情況不可能完全相同，應配合自身需要來訂定。

(8)安全衛生工作守則經事業單位訂定後，一定要報勞動檢查機構備查，並公告讓全體員工週知。

(9)所有員工對安全衛生工作守則有遵守之義務，員工如不遵守，依法得予以處罰，因此應教育員工確實遵守。

6-4　如何訂定適合需要之安全衛生工作守則

以下就一般中小企業訂定安全衛生工作守則之內容予以說

明：

一、依據與目的

就事業單位推行安全衛生工作之政策、目標、訂定守則之目的及要求全體員工共同遵守事項訂定之。

二、安全衛生管理與宣導守則

主要是規定安全衛生管理人員及各級主管人員應負責辦理及執行有關之安全衛生事項。

三、一般性安全衛生工作守則

就所有員工共同使用設備、工作場所環境等事項訂定之，如手工具、個人防護器具、個人行為動作、服裝、安全標誌、環境安全衛生與發現不安全狀況之通報……等。

四、特殊作業安全衛生工作守則

事業單位根據自身製程、加工、修繕保養、危險性機械設備、倉儲各種特殊有害物質作業、物料搬運、電器作業……等訂定之，如各種機械作業守則、物料搬運裝卸守則、倉儲作業守則、各種生產製程安全操作守則、危險性機械設備操作守則、各種特殊有害作業或場所守則……等。

五、安全衛生教育訓練之實施暨相關規定守則

依據勞工安全衛生法之規定，員工有接受安全衛生教育訓練之義務，因此事業單位宜就安全衛生管理人員、一般作業人員、各級主管、特殊作業人員、危險性機械設備操作人員、特殊作業主管人員、急救人員及其它經中央主管機關指定需接受安全衛生

教育訓練之人員。

六、急救與搶救守則

宜就急救之一般須知及搶救要項訂定之。

七、防護設備之準備、維持與使用

防護具之準備應足夠員工之使用，隨時保持防護具之性能，且要教導員工正確之使用方法，平時要保持清潔，放置於員工在需要時容易取得之處所，對防護具之保養及使用，應列入守則供員工遵守。

八、事故通報與報告

事故通報與報告之工作應交由相關人員執行，並就通報與報告程序及應注意事項訂入工作守則中，以建立事業單位之通報體系，如此便於發生災害時人員得以迅速疏散，並立即採取必要之措施，以防止職業災害之擴大或再度發生。

九、附則

安全衛生工作守則報經勞動檢查機構備查後公告實行，日後若有所修訂時亦需報經備查。

另外事業單位所製訂之安全作業標準應附於工作守則之中，以便於工作人員隨時可閱讀，加深其印象。

6-5 結 論

安全衛生工作守則之擬訂,雖然只是安全衛生工作的一小部分,但若經審慎地擬訂與規劃,足以發展為安全衛生作業的標準,配合安全衛生教育訓練,以使全體員工明瞭安全衛生工作守則之作用,並瞭解各項防護措施的意義,一方面不但可防止自身遭受傷害,同時亦可避免因自己或其他員工不安全行為動作所引起之事故,造成生命、健康的危害。然而不論安全衛生工作守則之訂定如何審慎,思慮如何周詳,但亦需所有員工的確實遵守,方能發揮其功效,因此其執行應確實,如發現員工違反時,應即採取行動——如規勸、說明、警告,否則,一旦形成不良習慣,極易導致事故發生。又由於科技之發展,安全衛生工作守則之內容亦應配合法令之進展及事業單位之性質及規模適時修正,如此之安全衛生工作守則才能符合事業單位之需要。

附件一　安全衛生工作守則參考範例

ＸＸ公司　安全衛生工作守則

勞動檢查機構同意備查文號：○○○○○○

○○年○○月第○○次修正

壹、依據

依「勞工安全衛生法第 25 條」及「勞工安全衛生法施行細則第 27 條」與本公司各項作業安全衛生注意事項之規定辦理。

貳、目的

為確保員工能於安全、衛生的動作與環境下工作，需經由適當的管理、監督、訓練與控制各種不安全及衛生的動作與環境所產生之危害，以達成防止職業災害、保障員工安全的健康之目標。

參、各級人員的安全衛生職責

一、總經理綜理本公司所有安全衛生工作事務。

二、依本公司安全衛生組織章程，設置安全衛生管理組織，負責協助總經理處理安全衛生工作。

三、安全衛生管理部門為本公司內一級單位，統籌規劃、督導及推行員工安全衛生相關事務，其職掌如下：

1.釐訂職業災害防止計畫，並指導有關部門實施。

2.規劃、督導各部門之安全衛生管理。

3.規劃、督導安全衛生設施之檢點檢查。

4.指導、監督有關人員實施巡視、定期檢查、重點檢查及

作業環境測定。

5.規劃、實施安全衛生教育訓練。

6.規劃健康檢查、實施健康管理。

7.督導職業災害調查及處理，辦理職業災害統計。

8.向總經理提供有關安全衛生管理資料及建議。

9.其它有關安全衛生管理事項。

四、各級主管安全衛生職責：

1.擬訂各部門職業災害防止計畫。

2.執行安全衛生管理事項。

3.定期檢查、重點檢查、檢點及其它有關檢查之督導。

4.定期或不定期地巡視各部門。

5.提供改善工作之方法。

6.擬訂安全作業標準。

7.教導及督導所屬依安全作業標準方法實施。

8.督導使用防護具及安全防護設施。

9.其它有關安全衛生管理事項之執行。

五、一般員工安全衛生工作守則：

1.經常保持工作場所之整潔，建立工作場所之安全基礎。

2.工作時應著適當之工作服及防護裝備。

3.自護、互護及受管理人員監護。

4.嚴禁用手觸摸機械之轉動部分。

5.工作場所內嚴禁抽煙、吃檳榔與隨地吐痰。

6.從事機械之清掃、上油、調整、檢修時應先停機。

7.可能有物體飛落之場所，應戴安全帽、著安全鞋。

8.工作中不得有嬉戲或妨礙秩序之行為。

9.維持工作現場整潔及各種防護設施的正確使用。

10.進入工作場所時，應先瞭解工作環境中有無不安全衛

生之情況，並注意主管人員特別叮嚀的安全衛生事項。

11.發現不安全狀況、設備及作業方式，應立即通報所屬
主管。

12.工作場所內使用之揮發性有機溶劑，應隨時加蓋並封
緊。

13.上下班或執行公務駕駛或騎乘汽機車時，應確實配戴
安全帶（帽），並於啟動前檢視左／右後視鏡。

14.物料、工具應妥善放置，不得任意堆置於樓梯、通道，
以免發生危險。

15.機械之防護設備不得任意拆除，因修理、調整而取下
之防護設備應於修理、調整完畢後立即裝回。

16.必須遵守所屬部門所訂定之安全衛生注意事項。

17.必須接受工作本身有關之安全衛生教育訓練。

18.必須接受規定之體格及健康檢查。

19.其它安全衛生事項（依公司實際需要，自行列訂）。

肆、本公司各種特殊作業安全衛生工作守則

一、鍋爐室（房）安全衛生工作守則：

1.每班值班人員須按操作規定步驟校對水位計一次。

2.每日定時測試操作安全閥一次。

3.蒸氣送入管線之前，先排送微量蒸氣預熱管路。

4.發現水位不足時，應即停車，待鍋爐冷卻或確知水位高
度，查明原因後，予以修正。

5.鍋爐開車期間或停車後，鍋爐尚未降溫時，切勿加入冷
水。

6.每月就下列事項規定，定期檢查乙次：

(1)鍋爐本體有無損傷。

(2)燃燒裝置：包括油加熱器、燃料輸送裝置、噴燃器、過濾器、燃燒器瓷質部及爐壁、加煤機與煙道。

(3)自動控制裝置之檢查。

(4)附屬裝置及附屬品：包括給水裝置、蒸氣管、空氣預熱器、水處理裝置機等之檢查。

7.管線漏氣，若管內有壓力時，不得修理。

8.鍋爐停修時，應注意事項（依標準作業程序進行）如下：

(1)關閉主供氣閥，並掛安全掛簽。

(2)關閉進水閥，並掛安全掛簽。

(3)除去爐內及管道中殘留之氣體。

二、空氣壓縮機安全衛生工作守則：

1.馬達傳動三角皮帶或轉軸等部位，應以適當護罩加以保護。

2.壓力計及安全閥應經常檢查確認合格後方可使用。

三、焊接作業安全衛生工作守則：

1.注意作業場所環境有無易燃物或揮發性氣體。

2.作業場所必須通風良好，且有強光遮避物。

3.作業人員需穿戴防護衣、護目鏡、防護手套及絕緣良好之膠鞋。

4.更換焊條時，不得赤手拿焊條置於電焊夾上。

5.電焊作業時接地必須良好。

6.高架電焊作業時，必須穿上吊掛勾確保安全。

7.電焊時嚴禁於潮濕或有漏電之虞的環境作業。

8.電焊作業時檢視接頭有無漏氣，軟管有無龜裂、老化現象。

9.氣焊作業時噴嘴必須清潔，保持通暢，並確定氧氣、乙

炔存量。

10.氣焊作業時隨時注意週遭環境有無易燃物，場地必須保持通風良好。

11.氣焊作業時先開乙炔點火，再開氧氣助燃，注意火星掉落。

四、搬運倉儲安全衛生工作守則：

1.倉庫內嚴禁煙火。

2.倉庫內應保持整潔、乾燥、通風良好。

3.易燃物、易爆物或反應性不相容之物品應儲存於單獨之隔離倉庫。

4.物料應適當地堆積，以免崩落傷人。

5.物料儲存不得阻礙通道。

6.物料儲存不得阻礙滅火器的使用或阻礙安全出入口、電器開關。

7.不可用拋擲方式傳遞物品。

8.堆積的物料不得從下部抽出。

9.物料堆放不可過高，且不得妨礙機械設備之操作。

10.搬運物料人員應戴用安全帽、手套等個人防護具。

11.搬運物料儘量減少扭轉身體方向，切忌扭轉腰背，以免扭傷。

12.搬運物料時應先清除通道上之一切障礙物。

13.圓筒（如55加侖桶）之維護以不超過雙層為限。

（依事業單位之工作性質、使用之機械設備、環境設施等視需要自行訂定）

伍、教育與訓練

1.新僱員工或在職員工於變更工作前，應接受適於各該工

作所必要之一般安全衛生教育訓練。

2.對擔任安全衛生管理人員者，應使其接受勞工安全衛生人員訓練。

3.對擔任危險性機械、設備之操作人員，應使其接受危險性機械、設備操作人員安全訓練。

4.對擔任工作場所急救人員之員工，應使其接受急救人員訓練。

5.各級主管及管理、指揮、監督有關人員，應使其接受主管人員安全衛生教育。

陸、急救與搶救

1.救護人員任務編組：

(1)醫務室醫護人員：負責事故現場傷患救助與救護指揮工作。

(2)事故單位：單位主管負責指揮事故搶救，其他人員分工合作擔任事故搶救及傷患救護工作。

(3)安全衛生管理人員：指導事故搶救、傷患救護及防護具、救生器具調派供應，並輔導使用。

(4)支援救護人員：提供適當之支援。

2.凡意外事故發生，需救護傷患，救護人員須迅速趕赴事故現場執行任務。

3.各單位應派適當人員，接受急救人員訓練，以利辦理傷患救護事宜。

4.火災、有毒害物質洩漏或有洩漏之虞時，搶救人員須著適當之防護具，並備測定器。

5.傷患救護程序：

(1)事故發生，人員受傷時，事故單位應指派部分員工

搶救傷患,脫離危險地區,移至安全地帶,以急救
技術並充分利用急救器材,進行施救。

(2)立即通知公司緊急應變處置(理)中心,並通知當
地協助單位(消防局、醫院、環保單位),並利用廣
播系統通知其他救護人員馳救。

(3)救護車或醫護人員未到達前,急救人員應繼續施
救,不得離開。

(4)未指派擔任救護工作之人員,應加入事故搶救工作。

6.醫務室應設置必要之醫療衛生設備與急救藥品、器材。

7.醫務室應選定設備完善之醫院,做為本公司之醫療急救
特約醫院。

8.安全衛生管理單位得按實際需要,建議醫務室增添急救
藥品與器材。

9.急救路徑指示與演練,排入緊急應變處理訓練進行。

柒、防護設備之準備、維持與使用

1.工作時應穿著工作服及安全鞋。

2.為確保工作人員頭部安全,減少意外事故發生,凡進入
頭部有受落下、飛落物體或碰撞危害之虞及高架作業場
所之工作人員均應戴安全帽。

3.粉塵作業之員工,應戴防塵眼鏡及防塵口罩。

4.工作人員戴用安全帽應確實戴好,並扣緊下顎繫帶,以
免因碰撞而脫落。

5.焊接作業時,應戴安全防護眼鏡及面罩。

6.電器作業時必須戴絕緣手套。

7.高架作業必須繫安全帶。

8.有機溶劑作業應戴防護面罩。

9.上述各項安全防護器具，由安全衛生管理單位向總務課
領取，分發各工作人員使用，各單位應指定專人保管與
維護。

捌、事故通報與報告

1.事故現場之自動火災警報系統或氣體偵測警報系統發
出警報時，現場人員先經確認後，立即採取行動。若有
人員先行發現，應先撥 119 火警電話通報消防局再通報
緊急應變處置中心。

2.緊急應變處置中心應循公司通報系統和廠外通報系統
負責通訊與聯絡事宜，並利用緊急廣播系統，立即緊急
廣播，使全體員工皆知，參與支援搶救。

3.事故發生時之緊急應變處理程序如下：

(1)事故發現與確認。

(2)採取先行緊急應變措施。

(3)緊急廣播。

(4)緊急應變人員佈屬。

(5)成立救護站。

(6)緊急應變處置中心開始運作。

(7)廠外緊急聯繫與通報。

4.其它緊急應變措施，依本公司所訂之緊急應變計畫執
行。

玖、附則

1.本工作守則報經勞動檢查機構備查後，公告實施，變更
時亦同。

2.本守則未規定之事項，依相關規定辦理。

附錄：安全作業標準

1. 強酸溶液作業之工作步驟、標準工作方法，可能之不安全因素，應採取之安全措施及事故發生時之處理，如安全作業標準（一）。

2. 儲槽清洗作業之工作步驟、標準工作方法，可能之不安全因素，應採取之安全措施及事故發生時之處理，如安全作業標準（二）。

3. 搬運物料作業之工作步驟、標準工作方法，可能之不安全因素，應採取之安全措施及事故發生時之處理，如安全作業標準（三）。

4. 高架作業之工作步驟、標準工作方法，可能之不安全因素，應採取之安全措施及事故發生時之處理，如安全作業標準（四）。

5. 鍋爐操作作業之工作步驟、標準工作方法，可能之不安全因素，應採取之安全措施及事故發生時之處理，如安全作業標準（五）。

6. 衝剪機械作業之工作步驟、標準工作方法，可能之不安全因素，應採取之安全措施及事故發生時之處理，如安全作業標準（六）。

（請各事業單位依目前所有作業自行列入，以上僅供參考）

附件二　工作許可制度參考範例

○○股份有限公司工作許可制度

壹、目的

為確保本公司各項工作及作業環境能達到安全衛生之要求，對於某些易引起職業災害或意外事故之作業加以管制及核定，以防止災害發生，保障全體員工或承攬商生命安全。

貳、工作許可範圍

下列作業開始前，需提報安全衛生管理單位核准後才可作業，且工作時需有監督人員在場。

一、廠內動火作業。

二、氧濃度未達 18 vol.%以上之缺氧作業。

三、離地高度達 2M（公尺）以上之高架作業。

四、高壓配線、維護、保養及歲修作業。

五、危險性機械設備重點檢查作業。

六、其它經公司認定有需要工作許可之作業。

參、申請程序

肆、其它配合事項

一、需經許可，作業未經同意許可不得自行動工作業。

二、違反工作許可之相關規定者，依本公司各項管理規章懲
　　處。

附件三　承攬商安全衛生管理計畫參考範例

○○股份有限公司

承攬商安全衛生管理計畫

壹、依據

依「勞工安全衛生法」及本公司安全衛生管理各項相關規定辦理。

貳、目的

為使承攬商能安全執行本公司所交附之承攬工作，避免發生意外事故，本公司應於交附承攬作業前，告知承攬商有關本公司工作環境之狀況，可能之危害因素，及需注意之相關安全衛生規定應採取之措施。並協助及要求承攬商對其員工實施必要之安全衛生教育、訓練，以期達到本公司及承攬商之「零災害」、「零傷亡」之目標。

參、適用實施對象

一、合作承攬事業單位之員工。

二、承攬商之再承攬作業員工。

肆、承攬商之安全衛生基本要求

一、承攬商於開工前，應向本公司安全衛生管理單位提出有關承攬工作之安全衛生管理計畫，包括作業員工之教育訓練、自動檢查及現場安全衛生監督事項。

二、承攬商應指派特定安全衛生管理之指定人員，從事作業現場之安全衛生管理、監督、巡視之工作，並與本公司

之安全衛生管理單位保持聯繫。

三、承攬商應確實遵守本公司及相關安全衛生法令之工作規
　　定及相關安全衛生措施。

伍、承攬商施工前、施工中之安全衛生要求

一、施工前：承攬商應完成下列工作事項後，始能開始施工：

　　1.參加本公司所舉辦之安全衛生說明會。

　　2.承攬商應定期與其安全衛生人員舉行安全會議。

　　3.承攬商應舉辦其員工安全衛生訓練，並備記錄供本公司
　　　安全衛生管理單位備查（本公司安全衛生管理部門可提
　　　供相關協助）。

二、施工中：

　　1.承攬商進行下列作業前，應先取得本公司安全衛生管理
　　　單位工作許可，才能開始進行作業：

　　　(1)動火作業。

　　　(2)入槽。

　　　(3)高溫作業。

　　　(4)高架作業。

　　　(5)挖掘作業。

　　2.承攬商所指定之工安人員負責現場之安全衛生事項之
　　　監督與管理，並填寫本公司提供之安全衛生工作日誌，
　　　針對承攬商所發現之現場安全衛生缺失及其它建議事
　　　項，本公司會協助並提供相關之改善。

　　3.本公司應配合承攬商執行工作場所之巡視、監督及指
　　　導。

陸、承攬商違反本辦法及其它工作安全衛生相關規定之罰則及處理

　　1.於承攬契約中詳訂有關本公司安全衛生管理事項之罰

則。

2.對於本公司對其處罰有異議之承攬商可逕向安全衛生
管理部門提出申訴要求。

3.違反本公司安全衛生規定第一次先予以警告，第二次發
現即以罰則之規定辦理。

4.其它規定事項視公司現況另訂定後。

柒、其它事項

視實際狀況另行訂定。

○○股份有限公司承攬商工作安全衛生日誌

承攬工程名稱		日期	
承攬商名稱			
安全衛生狀況：			
建議配合事項：			
本公司意見：			
安全衛生業務主管：	承辦人員：		承攬商工安負責人：

附件四　安全衛生工作守則製作流程

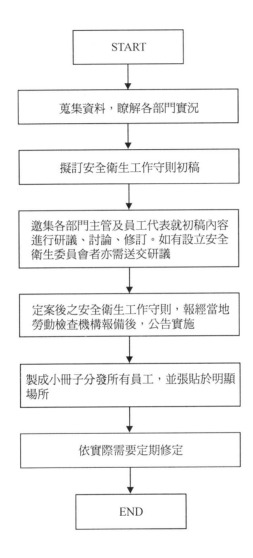

START

↓

蒐集資料，瞭解各部門實況

↓

擬訂安全衛生工作守則初稿

↓

邀集各部門主管及員工代表就初稿內容
進行研議、討論、修訂。如有設立安全
衛生委員會者亦需送交研議

↓

定案後之安全衛生工作守則，報經當地
勞動檢查機構報備後，公告實施

↓

製成小冊子分發所有員工，並張貼於明顯
場所

↓

依實際需要定期修定

↓

END

問題與討論

一、事業單位訂定安全衛生工作守則之程序為何？其內容可參酌哪些事項？若雇主及員工違反規定時，罰則為何？

二、您若是事業單位之安全衛生管理人員，欲擬訂安全衛生工作守則，而您如何訂定適合事業單位之工作守則呢？

三、假如您認為目前安全衛生工作守則不符現況，你該如何說服最高主管同意，修訂工作守則？而你又該如何著手進行規劃，並提出計畫書？

四、事業單位在訂定安全衛生工作守則時，需會同勞工代表共同訂定，您認為其理由為何？

五、試說明事業單位訂定安全衛生工作守則，對其推展安全衛生工作有何助益？

六、當員工不遵守安全衛生工作守則之規定時，除報請處罰外，您是否有更好的方法，使其心悅誠服地接受各項安全衛生之規定事項？

七、除法令規定之安全衛生工作守則參酌事項外，您認為適合您事業單位之工作守則，為使其更為完善，應再增加哪些項目？

八、事業單位製作安全衛生工作守則前應注意事項為何？

九、您認為適合您服務公司需要之安全衛生工作守則應如何訂定？並試製作其訂定草案、流程。

十、請拿出您公司現行的安全衛生工作守則，花一點時間仔細研讀後，請列出一些不合時宜、低於法令規定、不可行、太過嚴苛……等之條文，之後再想想您應如何著手進行修正工作。

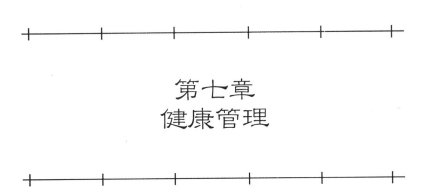

第七章
健康管理

7-1　前　言

　　於勞工安全衛生法之立法宗旨「防止職業災害，保障勞工安全與健康」已明確講到，事業單位實施安全衛生管理的目的，不僅在防止事故發生，而且亦需注重員工的健康保護。「健康管理」係指事業單位為預防員工的健康危害，瞭解員工的健康狀況，有效管理健康資料及配工，增進員工的職業衛生知識及技術，以及辦理員工傷害病歷醫療照顧及急救事宜，所採取的健康保護及管理措施，透過指定團隊或人員的努力，以達到保障員工健康與安全的目標。

　　事業單位如何建立「員工健康管理制度」，首先應有一套合法、可行、完整的健康管理計畫，並依據計畫執行，確實評估與檢討，另外改善作業環境狀況，提供安全衛生的工作環境，再加上員工對危害有所認知及瞭解，三管齊下，真正做到零職業病的目標。

7-2　相關法令介紹

　　有關勞工健康管理的相關法令包括：

(1)「勞工安全衛生法」（法源依據）：第 5、12、13 條。

(2)「勞工安全衛生法施行細則」（界定）：第 16、17、18 條。

(3)「勞工健康保護規則」（實施規範）。

(4)特殊有害物質危害預防：

(a)特定化學物質預防標準。

(b)四烷基鉛中毒預防規則。

(c)有機溶劑中毒預防規則。

(d)鉛中毒預防規則。

(5)特殊工作場所危害預防：

(a)粉塵危害預防標準。

(b)缺氧症預防標準。

(c)異常氣壓危害預防標準。

(6)其它：

(a)勞工作業環境測定實施辦法。

(b)勞工作業環境空氣中有害物質容許濃度標準。

7-3 如何建立健康管理制度

以下就如何建立「健康管理制度」做簡要介紹：

一、訂定明確的目標

員工健康管理實施後，欲達到何種目標，如預防職業病、瞭解員工健康狀況、增進員工職業衛生知識技能、員工的健康保護與醫療保健制度化等，有了明確的目標後，計畫才有所依循。

二、醫療衛生單位的設置

有了明確的目標之後，即可確定醫療衛生單位之編制。如果事業單位規模達法令規定需設置醫療衛生單位，即依法令相關規定事項辦理。如無需設置（僱用人數 300 人以下或特別危害健康

作業員工人數 100 人以下）者，建議視事業單位本身需要，設置
保健中心，以備緊急時發揮其功能。

三、編列預算或核撥經費

設置醫療衛生單位、聘僱醫護人員、訓練急救人員、購置醫
療衛生器材設備及藥品等均需要經費，健康管理制度的建立亦需
經常性的經費支出，才能持續下去。

四、醫療衛生單位佈置規劃

注意事項如下：

(1)應位於安靜地區，員工容易找到。
(2)有足夠空間，且光線充足、通風良好。
(3)充分的隱私性，令人感覺舒暢。

五、醫療衛生設備及急救藥品器材之購置

依「勞工健康保護規則」附表一、二之規定購置。

六、健康管理計畫之擬訂

健康管理計畫是事業單位推動健康管理措施準繩及依據，因
此健康管理計畫之製作優劣，將攸關健康管理的成敗。

七、健康管理分級之實施

「勞工健康保護規則」附表四上欄規定之作業勞工，其健康
管理劃分依「勞工健康管理規則」第十五條分三級管理（如圖 **7-1**
所示）。

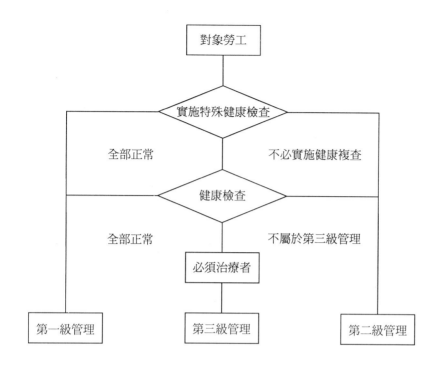

圖7-1 特別危害健康作業分級管理

八、計畫的執行

依據健康管理計畫執行,並應確切評估及檢討,方能發揮保護員工健康的功能。

7-4 健康管理計畫製作原則

「員工健康計畫」是事業單位推動員工健康管理措施之準繩依據,因此健康管理計畫之製作,攸關健康管理之成敗。而一項

好的健康管理計畫必須合乎哪些條件，又該如何製作，實是健康管理之主因。

一、健康管理計畫之條件

一項好的健康管理計畫之條件：

(一)合法性

由於事業單位必須遵守所有的勞工安全衛生法令，因此健康管理計畫之目標，自然應達法令規定之最低標準之上，著手製作計畫時，必須蒐集相關法規，如「勞工安全衛生法」及其「施行細則」、「勞工健康保護規則」及於 7-2 節所述之相關法令，並且將事業單位須遵循的法條列出並整理，供計畫製作時之依據參考。

(二)完整性

由於健康管理計畫所包含內容極為廣泛，且因事業單位之特性不同而有所不同，內容中各有關聯性，則使得計畫製作不易，因此計畫之各要素──管理對象、執行管理者、各管理內容之掌握，必須周全且縝密，計畫中的管理內容之流程必須完整順暢，雇主與員工及被授權執行計畫者之權力、義務及責任，也必須明載於計畫中，方不致計畫不易推動執行。

(三)可行性

計畫縱使完整，然而在人力、財力、物力、員工之水準、健康檢查指定醫院之水準，以及事業單位負責人之決策等條件未能配合下，則計畫徒然只是幾張紙，不能落實。因此計畫製作者需考量各方面之狀況及條件，做出可行性較高之計畫。

(四)可調整性

計畫必須具相當的可塑性及可調整性，以適應法規修改、製

程的改變、人事的變動、經費的寬緊變化。

二、計畫之製作

健康管理計畫之製作可分為下列兩個步驟：

(一)準備階段

事業單位應先將健康管理之要素——對象、執行者、內容、目標，先行整理或決定，以易計畫書之撰擬。例如事業單位中有多少作業種類與該作業勞工之人數、要不要設醫療衛生單位、工作內容有多少，這些均得依事業單位之實際情況來決定或整理。

(二)計畫書之撰擬階段

計畫書之內容主要是處事之依據及權利義務之分配與歸屬，內容包括：

(1)「政策」：宣示推行健康管理制度是事業單位之政策，因此全體員工均應遵循計畫所訂之權力與義務，同時指定計畫之負責人。

(2)「編制」：授權給法令指定之單位及人員，編制之大小須顧及事業單位之預算負荷及合法性。

(3)「設施」：為執行計畫所需之一切設施，其品質、規模 (大小) 、設計、位置均需適當且合法，並應寫於計畫書中。

(4)「器材」：為執行計畫所需之一切器材，其品質、標準、放置處所、保養維護及更新、檢查等需詳細規定並寫在計畫書中。

(5)「內容」：健康管理之各項內容，其工作分配、辦理之程序，均應於計畫書中明確指出。

(6)「評估」：健康管理計畫如何檢討、評估以及實施期間，均

可寫在計畫書上。

7-5　職業病防治

一、何謂職業病？

　　廣義的職業病泛指所有職業災害，勞工安全衛生法中對「職業災害」之定義為：勞工就業場所之建築物、設備、原料、材料、化學物品、氣體、蒸氣、粉塵等或作業活動及其它職業上原因引起之勞工疾病、傷害、殘廢或死亡，如墜落、爆炸、職業性皮膚炎等皆屬之。而狹義的職業病則指由職業上原因所引起之疾病，如：

(1)電子工廠脫脂清洗作業員工三氯乙烯中毒。

(2)電鍍工廠鉻所引起之鼻穿孔。

(3)印刷工廠清潔劑四氯化碳急性中毒。

(4)運動器材工廠使用碳纖維、玻璃纖維、環氧樹脂及丁酮溶劑所造成之過敏性皮膚炎。

(5)巴拉刈農藥工廠員工罹患皮膚原位癌。

(6)皮革工廠之急性鉻中毒。

(7)煉油工廠、化學工廠、廢水處理廠所引起硫化氫急性中毒。

(8)鉛回收及鉛蓄電池工廠的員工鉛中毒。

(9)石綿作業引起之肺癌、鍋爐間作業引起之熱衰竭。

　　目前國內也陸陸續續發生因職業上的原因而罹患職業病之案例，根據現在的科技，絕對有辦法可預防的，只要作業場所能有

效地防護及管理，與作業員工穿戴防護器具及設備，職業病及職業中毒事故即可消弭於無形。

二、職業病及中毒發生之可能原因

職業病及中毒發生之可能原因包括：

(1)標準作業程序未訂定。

(2)自動檢查制度及檢點未落實。

(3)未瞭解使用化學物質之特性。

(4)操作人員缺乏作業上應有之訓練及應變能力訓練。

(5)作業管理監督人員未盡到責任，監督工作未確實。

(6)未瞭解處置、使用化學物質之毒性、進入人體之途徑，並忽略了慢性毒性作用。

(7)廢棄物管理、儲存、棄置方式不當。

(8)應具備之安全裝置、控制設備、警報裝置、檢測裝置缺乏。

(9)缺乏通風裝置設備與噪音、震動之防護設備。

(10)員工健康檢查管理制度未確切執行。

三、職業病防治方法

防治職業病之方法很多，但其原則上不外下列方法：

(一)工程管理

工程管理是公司保護員工的第一線，即是提供一個安全衛生且舒適的工作環境，其方法如下：

(1)「取代」：作業所需之原料以較低毒性物質取代毒性較高物質，以較低危害之作業方式取代危害性較高之作業方式。

(2)「密閉」：將有可能產生危害物質之場所密閉，以免其擴散。

(3)「工程自動化」：高危害之工作場所，以自動化或機械人處理，人只要在控制室監控，以免暴露於其中，尚可以機械搬運重物。

(4)「隔離」：將危害物質與員工工作場所隔離，使員工免於遭到污染，並將污染源予以遮蔽，以降低其濃度。

(5)「濕式作業」：會產生粉塵、煙霧之作業，可以水濕潤，以免作業時之污染。

(6)「通風、換氣」：良好的通風不但可提供作業者新鮮空氣，亦可降低污染物之濃度，其方法有局部排氣及整體換氣（局部排氣：在污染源將污染物捕捉並移走，以免污染物擴散；整體換氣：在污染物未到達員工呼吸帶前，利用乾淨空氣予以稀釋，以降低其濃度，達到保護員工效果）。對於該選用何種整體換氣或局部排氣，必須依作業性質、條件與法令之規定，在「勞工作業環境空氣中有害物質容許濃度標準」中對於各種污染物之濃度，有明確之規定。

(二)行政管理

工程管理無法完全使員工免除受污染物之危害部分，則必須以行政管理補其所不足。

(1)輪班制度：在兼顧經濟利益與員工健康時，可用輪班作業方式，以免少數人受高劑量污染物之暴露。

(2)減少暴露時間：處在高危害工作環境之員工，可縮短其工作時間，如依「高溫作業勞工作習標準」規定，高溫作業人員一天工作時間不能超過六小時。

(3)標示：對於危險物及有害物以不同圖形、文字、顏色標示，以提醒員工注意。

(4)訂定安全衛生工作守則：規範員工安全衛生的作業規定，

員工有遵守之義務。

(5)危害通識制度之建立：讓所有員工瞭解身處之危害物質之特性與毒害。事業單位並對危害物質採取有效之管制措施。

(6)緊急應變處置：一旦發生意外，毒性物質極易擴散，不僅危害員工生命健康，甚至波及附近民眾與環境，故平時人員的急救訓練、意外處理與任務編組等應做審慎規劃。

(7)良好的個人安全衛生習慣：工作場所不吸煙、飲食、嬉戲，並依安全衛生工作守則與標準作業程序從事工作。

(8)使用防護器具：防護器具之使用，對於健康之保護非常重要，但會帶來工作上的不方便與不舒適感，但安全衛生管理者應使員工瞭解防護器具之使用，是為了保障作業時之安全與身體健康。

(三)健康管理

健康管理包括體格檢查、健康檢查及選工、配工三項：

(1)體格檢查：員工尚未到職從事該項工作前之身體檢查，稱為體格檢查，其檢查內容在「勞工健康保護規則」有明訂，可作為選工、分派工作之參考。

(2)健康檢查：在職員工依作業類別、危害性與作業者年齡，所做的身體檢查。其詳細規定請參閱「勞工健康保護規則」。

(3)選工、派工：根據體格檢查結果，選擇適合該項工作之人員（在職員工之健康檢查一旦發現健康狀況異常，應立即予以處理，是該休息治療或調任其它工作或縮短工時，視其嚴重性而定）。

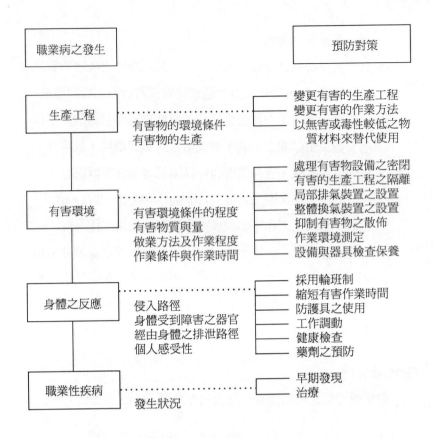

職業病之發生		預防對策

生產工程
有害物的環境條件
有害物的生產

變更有害的生產工程
變更有害的作業方法
以無害或毒性較低之物
質材料來替代使用

有害環境
有害環境條件的程度
有害物質與量
做業方法及作業程度
作業條件與作業時間

處理有害物設備之密閉
有害的生產工程之隔離
局部排氣裝置之設置
整體換氣裝置之設置
抑制有害物之散佈
作業環境測定
設備與器具檢查保養

身體之反應
侵入路徑
身體受到障害之器官
經由身體之排泄路徑
個人感受性

採用輪班制
縮短有害作業時間
防護具之使用
工作調動
健康檢查
藥劑之預防

職業性疾病
發生狀況

早期發現
治療

圖7-2　職業病之發生與預防對策

7-6　結　論

　　我國勞工政策之推行目的在於保護勞工的健康、促進勞工福利、改善勞動條件、提高勞工生活水準、確保人力資源並提高生產力。目前國內工業發展雖不若以往迅速，但勞工人數仍達八百萬之眾，使國家經濟蓬勃發展，邁向工業化國家之林。然而，勞

工的健康保護雖有明文規定，但卻未得到應有之重視，不但使勞工易受到傷害及職業病之侵襲，也增加了事業主的經營成本，導致「雙輸」局面。因此在提升生產力與產品競爭力之時，事業單位也應該思考，如何建立維護員工健康的管理制度。

附件一　健康管理計畫書參考範例

XX 公司　健康管理計畫書

壹、依據

依「勞工安全衛生法」及「勞工健康保護規則」及其它法令相關之規定辦理。

貳、目的

本公司藉由推行健康管理，以求全體員工對職業衛生的知識技能有所認知、理解與合作，使公司的員工健康管理業務能順利推展。全體員工均應遵照計畫所定之權利及義務，以確實達到零職業病發生及職業病防治，確保公司員工身體健康與安全。總經理為本計畫之綜理負責人，並授予相關單位主管執行。

參、編制

本公司為有效推動員工健康管理，依「勞工健康保護規則」第 3 條之規定，設置醫療衛生單位，為使員工享受到最好的醫療照顧與治療，將優於法令規定擴大編制，設置醫療保健中心，並由該中心醫師及護士負責執行。本公司醫療保健中心編制如下：

一、特約兼任醫師一名。

二、專任護士二名。

三、急救人員（由現有員工遴選，受訓合格後擔任）。

肆、設施

本公司醫療保健中心之設置：

一、位置：管理大樓一樓，人事課旁。

二、佔地：約 40 平方公尺。

三、設計：遴請專家負責設計，各部門依權責區分交付執行。

四、原則：以符合法令規定為最低品質標準，完善醫療品質
　　　　　為目標。

伍、醫療保健中心設備

一、法令規定必備之醫療衛生設備：血壓計、身高體重計、
　　體溫計、注射筒針、壓舌板、攜帶電筒、視力表、聽診
　　器、色盲表、音叉、叩診器、洗眼受水器、擔架、高壓
　　蒸汽消毒器、出診用醫療器械箱、靜脈點滴注射器及注
　　射台、胃灌洗器、氧氣及氧氣吸入器、小型外科縫合手
　　術必備器械、其它必要器材。

二、依需要而設置之醫療衛生設備：冰箱、輸血器、診療用
　　桌、診查檯、診療用迴旋椅、衣架子、洗臉盆及檯子、
　　污物扔入器、消毒盤、衛生痰罐、消毒器把持鉗子、洗
　　瓶器、灌腸器、酒精燈、病床、消毒用噴霧器、消毒液
　　瓶架、腰椎穿刺器、其它眼耳鼻喉科必要器械、其它外
　　科手術用器械、婦產科必備器械、血液及尿液檢查用藥
　　品及器材、藥劑科必備藥品及器材、救護車、其它需要
　　器材。

陸、器材

一、藥品及器材：消毒紗布、消毒棉花、止血帶、膠布、三
　　角巾、普通剪刀、無鉤攝子、夾板、繃帶、安全別針、

必備藥品。

二、品質標準：符合法令規定為標準，其品質必須合乎國家安全衛生要求。

三、放置處所：

(1)行政部門。

(2)生產部門，依設計規劃位置放置，並準備備用器材一套。

(3)其它依原規劃地點放置。

四、維護保養：遴選專責維護保養人員，依各類器材維護規定，定期實施維護保養。

五、檢查：各維護保養人員應定期巡視，不足或缺少時，申請補充、更換。

柒、健康管理相關規定

一、醫療保健中心辦理事項（保護規則第6條）：

二、一般員工健康管理：

(1)新僱員工：於到職前三日內實施體格檢查。

(2)在職員工：依年齡與作業性質，按法令規定實施健康檢查。

(3)其它：特別危害作業員工健康檢查及管理（員工作業符合勞工健康保護規則第2條之規定者），由醫療保健中心依相關法令規定予以辦理。

三、醫療保健中心負責建立所有員工健康檢查手冊，並發給員工保存。

四、員工檢查記錄由醫療保健中心保存十年。

五、檢查發現員工有異常狀況，應立即告知並予以適當治療。

六、員工健康檢查或體格檢查發現不適於從事目前工作時，

中心應通知其部門主管，適當調換工作。

七、急救人員之遴選，應符合（勞工健康保護規則第 6 條第 2項）資格規定，訓練合格後准予擔任急救員，人數不足時立即補齊。

八、工作現場發生事故時，在醫護人員未到達前，應由合格急救人員施以必要急救處理。

九、新僱人員體格檢查、在職人員健康檢查、特殊健康檢查之費用，由公司全額支付，員工有接受之義務。

十、因工作關係導致罹患職業病者，公司依令法規定予以補償其必要之醫療費用，醫療中未能到班時，按其原領工資全數予以補償發放，其它有關規定依「勞動基準法」、「勞工保險條例」辦理。

十一、體格（健康）、特殊體格（健康）檢查之指定醫療機構如下〔請參閱行政院勞工委員會認可辦理勞工特殊體格（健康）檢查指定醫療機構名單〕：

(1)○○市立○○醫院。

(2)○○市○○醫院。

(3)○○綜合醫院。

(4)○○市○○綜合醫院。

(5)○○紀念醫院。

醫療保健中心應與該機構密切配合、聯繫。

十二、無故拒不接受檢查者，除予以行政告誡外，履勸不聽者，報本地主管機關予以處罰。

十三、其它有關事項，將不定期公告。

捌、實施

一、實施期滿一季後，由醫療保健中心提出工作績效報告，

呈報總經理，並於安全衛生委員會議中討論。

二、實施期滿一年後，依實施成效與可行性、合法性，適時修正。

玖、其它

一、年度健康管理所需經費，依實際需要予以編列。

二、本計畫經總經理批准後，公告實施。

附件二　勞工保險預防職業病健康檢查媒體申報作業說明

一、媒體申報請一併檢送「勞工保險預防職業病健康檢查申請書」。

二、媒體規格：

　　(1)磁片：3 1/2 英吋 2HD，為 IBM 及其相容 PC 使用 MS/DOS
　　　　所產生者。

　　(2)磁片資料內碼需為 ASCII CODE，中文部分請用 BIG-5 碼。

　　(3)若以 EXCEL 軟體製作，請直接存檔（檔案類型為*.xls），
　　　　以其他軟體製作，請存成文字檔（檔案類型為*.txt）。

　　(4)以 EXCEL 軟體製作者，資料格式如下：

欄位	欄位定義	資料說明
A	姓名	中英文字靠左，至多鍵入 12 個 BYTE。
B	身分證統一編號	外籍人士請鍵入加保時之證號。
C	出生年月日	年、月、日各二位，不足二位者前一位補 0，例：55 年 5 月 5 日此欄存 550505。出生年請以民國年鍵入。
D	最近加保生效日期	年、月、日各二位，不足二位者前一位補 0，例：80 年 6 月 6 日此欄存 800606。加保年請以民國年鍵入。
E	實際擔任工作內容	十個中文字以內，靠左。
F	申請檢查類別代號	請依被保險人實際從事工作內容及性質，參照申請名冊背面「勞工保險預防職業病健康檢查類別代號表」選填，如申請 02、23 二種檢查類別，此欄存 0223，靠左，至多鍵入 8 個 BYTE。

G	保險證號	數字共 7 位【第一碼代表投保單位類別，工字為 1，職字為 2，漁字（及海字）為 3，勞字為 4，商字為 5，自字為 7，新字為 8，訓字為 9。第二碼起六位為流水號，不足六位者前補 0】。 例：工字 356 號此欄存 1000356，職字 47 號此欄存 2000047。 *漁字及海字第一碼均為 3，但第二碼漁為 0、海為 1，例：漁字 81 號此欄存 3000081，海字 81 號此欄存 3100081。

(5)以其他軟體製作者，資料格式如下：

項次	欄位名稱	起訖位置	欄位屬性	資料說明
1	姓名	1-12	中文 6 個字	六個中文字靠左，不足補中文空白。
2	身分證統一編號	13-22	英文及數字 10 位	外籍人士請鍵入加保時之證號。
3	出生年月日	23-28	數字 6 位	年、月、日各二位，不足二位者前一位補 0，例:55 年 5 月 5 日此欄存 550505。出生年請以民國年鍵入。
4	最近加保生效日期	29-34	數字 6 位	年、月、日各二位，不足二位者前一位補 0，例：80 年 6 月 6 日此欄存 800606。加保年請以民國年鍵入。
5	實際擔任工作內容	35-54	中文 10 個字	中文 10 個字靠左，不足補中文空白。
6	申請檢查類別代號	55-62	數字 8 位	請依被保險人實際從事工作內容及性質，參照申請名冊背面「勞工保險預防職業病健康檢查類別代號表」選填，如申請 02、23 二種檢查類別，此欄存 0223，靠左，最右四位空白。

| 7 | 保險證號 | 63-69 | 數字 7 位 | 第一碼代表投保單位類別，工字為 1，職字為 2，漁字（及海字）為 3，勞字為 4，商字為 5，自字為 7，新字為 8，訓字為 9。第二碼起六位為流水號，不足六位者前補 0。
例：工字 356 號此欄存 1000356，職字 47 號此欄存 2000047。
*漁字及海字第一碼均為 3，但第二碼漁為 0、海為 1。
例：漁字 81 號此欄存 3000081，海字 81 號此欄存 3100081。 |

三、磁片請粘貼標籤，標籤格式如下：

```
                申請勞工保險預防職業病健康檢查

投保單位名稱：

保險證號：_____號

電話：

聯絡人：

申請人數：

中華民國      年      月      日
```

四、媒體申報如有疑義，請洽勞保局給付處職災醫療給付科，聯絡電話：02-23961266 轉 2876、2912，網址：www.bli.gov.tw（路徑：勞保業務／給付業務／預防職業病健康檢查）

勞工保險預防職業病
健康檢查申請書

勞保局	受理日期	
	受理編號	

※填表前請先詳閱背面注意事項

投保單位
名　　稱＿＿＿＿＿＿＿＿＿＿＿＿＿＿　保險證字　號：＿＿＿字第＿＿＿＿＿號

通訊地址＿＿＿＿＿＿＿＿＿＿＿＿＿＿＿＿　電話＿＿＿＿＿＿

　　　本單位依據「勞工保險預防職業病健康檢查辦法」為連續加保滿一年，且實際從事工作之內容及性質與申請「檢查類別」（請閱勞工保險預防職業病健康檢查申請名冊背面檢查類別代號表）有關之被保險人共＿＿＿＿＿＿人（如附申請名冊）申請參加預防職業病健康檢查，請 惠予受理。
　　　　　此　致
　　勞工保險局

投保單位章戳 [　　　] 　　負責人章戳 [　　]

中華民國　　　　　年　　　　月　　　　日

勞保局審核欄	複核	申請受檢被保險人數：計＿＿＿＿＿＿人
		符合受檢資格被保險人數：計＿＿＿＿＿＿人
	審核	不符合受檢資格被保險人數：計＿＿＿＿＿＿人

※業務查詢請洽 02-23961266 轉 2876　　　　　（健檢 2）

附表二　勞工保險預防職業病健康檢查之對象及項目

號	檢查對象	檢查項目
1	從事高溫作業勞工作息時間標準所稱高溫作業之勞工	1.作業經歷之調查。 2.高血壓、冠狀動脈疾病、肺部疾病、糖尿病、腎臟病、皮膚病、內分泌疾病、膠原病及生育能力既往歷之調查。 3.目前服用之藥物，尤其著重利尿劑、降血壓藥物、鎮定劑、抗痙攣劑、抗血液凝固劑及抗膽鹼激素劑之調查。 4.心臟血管、呼吸、神經、肌肉骨骼及皮膚系統（男性加作睪丸）之物理檢查。 5.飯前血糖（sugar AC）、血中尿素氮（BUN）、肌酸酐(creatinine) 與鈉、鉀及氯電解質之檢查。 6.血色素檢查。 7.尿蛋白及尿潛血之檢查。 8.肺功能檢查〔包括用力肺活量（FVC）、一秒最大呼氣量（FEV1.0）及 FEV1.0/FVC〕。 9.心電圖檢查。
2	從事噪音在八十五分貝以上作業之勞工	1.作業經歷之調查。 2.服用傷害聽覺神經藥物（如水楊酸或鏈黴素類）、外傷、耳部感染及遺傳所引起之聽力障礙等既往歷之調查。 3.耳道物理檢查。 4.聽力檢查（audiometry）（測試頻率至少為五百、一千、二千、三千、四千及六千赫之純音，並建立聽力圖）。
3	從事中央原子能主管機關指定之游離輻射線作業之勞工	1.作業經歷之調查。 2.血液、皮膚、胃腸、肺臟、眼睛、內分泌及生殖系統疾病既往歷之調查。 3.頭、頸部、眼睛（含白內障）、皮膚、心臟、肺臟、甲狀腺、神經系統、消化系統、泌尿系統、骨、關節及肌肉系統之物理檢查。 4.心智及精神檢查。 5.胸部X光（大片）攝影檢查。 6.甲狀腺功能檢查（T3.T4.TSH）。 7.肺功能檢查〔包括用力肺活量（FVC）、一秒最大呼氣量（FEV1.0）〕。 8.血清丙胺酸轉胺脢（ALT 或 SGPT）及肌酸酐（Creatinine）、膽固醇及三酸甘油酯之檢查。 9.紅血球數、血色素、血球比容值、白血球數、白血球分類及血小板數之檢查。 10.尿蛋白、尿糖、尿潛血及尿沉渣鏡檢。

4	從事異常氣壓危害預防標準所稱異常氣壓作業之勞工	1.作業經歷之調查。 2.自發性氣胸、耳部手術、活動性氣喘、酒癮、毒癮、癲癇、胰臟炎、精神病、糖尿病、高血壓、開胸手術、偏頭痛、肱骨或骰骨曾有骨折及長期服用類固醇等既往歷之調查。 3.胸部X光（大片）攝影檢查。 4.肺功能檢查〔包括用力肺活量（FVC）、一秒最大呼氣量（FEV1.0）及 FEV1.0/FVC〕。 5.年齡在四十歲以上或懷疑有心臟疾病者，應做心電圖檢查。 6.耳道物理檢查。 7.關節有問題者，應做關節部X光檢查。
5	從事鉛中毒預防規則所稱鉛(lead)作業之勞工	1.作業經歷之調查。 2.抽煙、個人衛生習慣及生育狀況與消化道症狀、心臟血管症狀及神經症狀等既往歷之調查。 3.齒齦鉛緣之有無與血液系統、消化系統、腎臟系統及神經系統之物理檢查。 4.血球比容量值、血色素及紅血球數之檢查。 5.尿蛋白及尿潛血之檢查。 6.血中鉛之檢查。
6	從事四烷基鉛中毒預防規則所稱四烷基鉛（tetraalkyl lead）作業之勞工	1.作業經歷之調查。 2.神經、精神及心臟血管疾病既往歷之調查。 3.神經、精神及心臟血管系統之物理檢查。 4.尿蛋白及尿潛血之檢查。 5.尿中鉛檢查。
7	從事 1122 四氯乙烷（1,1,2,2-tetrachloroethane 之製造或處置作業之勞工	1.作業經歷之調查。 2.喝酒情形，神經及肝臟疾病既往歷之調查。 3.神經及肝臟之物理檢查。 4.尿蛋白及尿潛血之檢查。 5.血清丙胺酸轉胺酶（ALT 或 SGPT）及加瑪麩胺醯轉移酶（GGT 或 r-GT）之檢查。
8	從事四氯化碳（carbon tetrachloride）之製造或處置作業之勞工	1.作業經歷之調查。 2.喝酒情形，腎臟及肝臟疾病既往歷之調查。 3.腎臟及肝臟之物理檢查。 4.尿蛋白及尿潛血之檢查。 5.血清丙胺酸轉胺酶（ALT 或 SGPT）及加瑪麩胺醯轉移酶（GGT 或 r-GT）之檢查。

9	從事二硫化碳（carbon disulfide）之製造或處置作業之勞工	1.作業經歷之調查。 2.中樞神經、周圍神經、心臟血管、腎臟、肝臟、皮膚及眼睛疾病既往歷之調查。 3.中樞神經、周圍神經、心臟血管、腎臟、肝臟、皮膚及眼睛之物理檢查。 4.尿蛋白及尿潛血之檢查。 5.血清丙胺酸轉胺脢（ALT 或 SGPT）及加瑪麩胺醯轉移脢（GGT 或 r-GT）之檢查。 6.心電圖檢查。
10	從事三氯乙烯（trichloroethylene）、四氯乙烯（tetrachloroethylene）之製造或處置作業之勞工	1.作業經歷之調查。 2.喝酒情形與神經、肝臟、腎臟、心臟及皮膚疾病既往歷之調查。 3.神經、肝臟、腎臟、心臟及皮膚之物理檢查。 4.尿蛋白及尿潛血檢查。 5.血清丙胺酸轉胺脢（ALT 或 SGPT）及加瑪麩胺醯轉移脢（GGT 或 r-GT）之檢查。
11	從事二甲基甲醯胺(dimethylforma-mide）之製造或處置作業之勞工	1.作業經歷之調查。 2.酗酒及肝臟疾病既往歷之調查。 3.肝臟、腎臟、心臟血管及皮膚之物理檢查。 4.血清丙胺酸轉胺脢（ALT 或 SGPT）及加瑪麩胺醯轉移脢（GGT 或 r-GT）之檢查。
12	從事正己烷（n-hexane）之製造或處置作業之勞工	1.作業經歷之調查。 2.皮膚、呼吸器官、肝臟、腎臟及神經系統疾病既往歷之調查。 3.神經及皮膚之物理檢查。
13	從事聯苯胺及其鹽類（benzidine & its salts）、4－胺基聯苯及其鹽類（4－aminodiphenyl & its salts）、4－硝基聯苯及鹽類（4－nitrodiphenyl & its salts）、β－苯胺及其鹽類（β－naphthylamine & its salts）、二氯聯苯胺及其鹽類(dichloro-benzidine & its salts)、α－苯胺及其鹽類（α－ naphthy-lamine & its salts）製造或處置作業勞工	1.作業經歷之調查。 2.抽煙、喝酒、藥品服用狀況及家族史既往歷之調查。 3.尿蛋白、尿潛血及尿沈渣鏡檢。醫師認有必要時，得實施細胞診斷檢查。

14	從事鈹及其化合物（beryllium & its compounds）之製造或處置作業之勞工	1.作業經歷之調查。 2.咳嗽、呼吸困難等呼吸器官症狀、體重減輕、皮膚炎、肝及關節病變既往歷之調查。 3.身體各系統之物理檢查。 4.胸部X光（大片）攝影檢查。 5.肺功能檢查〔包括用力肺活量（FVC）、一秒最大呼氣量（FEV1.0）及 FEV1.0/FVC〕。
15	從事氯乙烯（vinyl chloride）之製造或處置作業之勞工	1.作業經歷之調查。 2.喝酒情形、肝炎、輸血、服用肝毒性藥物及接觸肝毒性之化學物等既往歷之調查。 3.肝臟、脾臟、腎臟、手部皮膚及呼吸系統之物理檢查。 4.胸部X光（大片）攝影檢查。 5.血清丙胺酸轉胺酶（ALT 或 SGPT）及加瑪麩胺醯轉移酶（GGT 或 r-GT）之檢查。
16	從事苯（benzene 之製造或處置作業之勞工	1.作業經歷之調查。 2.血液疾病、腎臟疾病、肝臟疾病、喝酒及長期服藥等既往歷之調查。 3.血液系統之物理檢查。 4.血球比容量值、血色素、紅血球數、白血球數及血小板數之檢查。
17	從事二異氰酸甲苯（toluene diiso-cyanate, TDI）、4，4 二異氰酸二苯甲烷(methylene bis-phenyl isocya-nate, MDI)、二異氰酸異佛爾酮（isophor one diiso-cyanate, IPDI）之製造或處置作業之勞工	1.作業經歷之調查。 2.氣喘、慢性氣管炎及過敏既往歷之調查。 3.呼吸器官及皮膚之物理檢查。 4.肺功能檢查〔包括用力肺活量（FVC）、一秒最大呼氣量（FEV1.0）及 FEV1.0/FVC〕。
18	從事石綿（asbestos）之處置作業之勞工	1.作業經歷之調查。 2.呼吸器官症狀既往歷之調查。 3.胸部物理檢查。 4.胸部X光（大片）攝影檢查。 5.肺功能檢查〔包括用力肺活量（FVC）、一秒最大呼氣量（FEV1.0）及 FEV1.0/FVC〕。

19	從事砷及其化合物（arsenic & its compounds）之製造或處置作業之勞工	1.作業經歷之調查。 2.呼吸器官症狀既往歷之調查。 3.鼻腔、皮膚、呼吸道、腸胃及神經系統之物理檢查。 4.胸部X光（大片）攝影檢查。 5.尿蛋白及尿潛血及尿沈渣鏡檢之檢查。 6.血球比容量值、血色素、紅血球數及白血球數之檢查。
20	從事錳及其化合物（manganese & its compounds）之製造或處置作業之勞工	1.作業經歷之調查。 2.酗酒、精神、神經、肝臟及腎臟疾病既往歷之調查。 3.肺臟、神經（含巴金森症候群）及精神之物理檢查。 4.胸部X光（大片）攝影檢查。
21	從事黃磷（phosphorus）之製造或處置作業之勞工	1.作業經歷之調查。 2.倦怠、貧血、食慾不振、胃部、肝臟、腎臟、眼睛及呼吸器官疾病既往歷之調查。 3.眼睛、呼吸器官、肝臟、腎臟、皮膚、牙齒及下顎之物理檢查。 4.血清丙胺酸轉胺酶（ALT 或 SGPT）及加瑪麩胺醯轉移酶 （GGT 或 r-GT）之檢查。 5.血球比容量值、血色素、紅血球數、白血球數及白血球分類之檢查。
22	從事聯比啶或巴拉刈（paraquat)之製造或處置作業之勞工	1.作業經歷之調查。 2.皮膚角化、黑斑及疑似皮膚癌症病變既往歷之調查。 3.皮膚及指甲之物理檢查。
23	從事粉塵作業之勞工	1.粉塵作業經歷之調查。 2.胸部X光（大片）攝影檢查。 3.胸部臨床檢查。

附件三　健康管理計畫製作流程

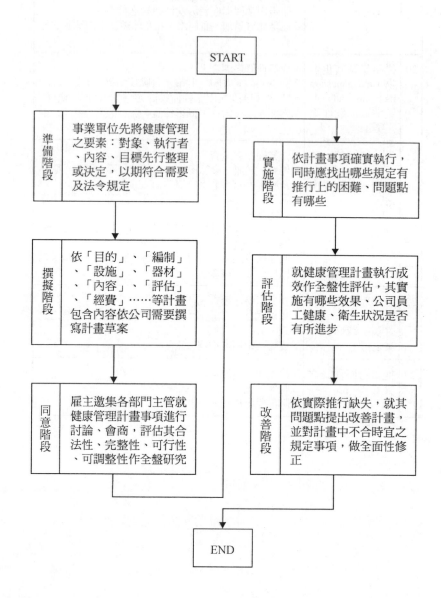

START

準備階段
事業單位先將健康管理之要素：對象、執行者、內容、目標先行整理或決定，以期符合需要及法令規定

撰擬階段
依「目的」、「編制」、「設施」、「器材」、「內容」、「評估」、「經費」……等計畫包含內容依公司需要撰寫計畫草案

同意階段
雇主邀集各部門主管就健康管理計畫事項進行討論、會商，評估其合法性、完整性、可行性、可調整性作全盤研究

實施階段
依計畫事項確實執行，同時應找出哪些規定有推行上的困難、問題點有哪些

評估階段
就健康管理計畫執行成效作全盤性評估，其實施有哪些效果、公司員工健康、衛生狀況是否有所進步

改善階段
依實際推行缺失，就其問題點提出改善計畫，並對計畫中不合時宜之規定事項，做全面性修正

END

問題與討論

一、某公司有員工 350 人，分三班工作，日班 180 人、中班 90 人、夜班 60 人，其中特別危害健康作業人員：苯 6 人、鉛 10 人、供膳人員 6 人，依勞工健康保護規則應如何設醫療、急救人員？應實施體格檢查、健康檢查之種類及頻度為何？

二、您若是某生產事業單位之安全衛生管理人員，欲擬訂「員工健康管理計畫」，而該計畫要適合該事業單位，則您應掌握哪些資料？

三、假若您目前服務一事業單位，全廠共 300 人，其中粉塵作業 12 人、鉛作業 4 人、供膳作業 4 人、有機溶劑作業 3 人、噪音作業 6 人，試製作一份員工健康管理計畫。

四、試說明如何規劃實施員工健康檢查及健康管理。

五、試說明事業單位建立員工健康管理制度之目的及其法律依據為何。

六、若您是一位安全衛生管理人員，對於職業病預防您有何高見？請擬定一份符合您公司的職業病防止計畫書。

七、對於職業病的認定，身為安全衛生管理人員的您，有無一套認定標準？是否需要求助於專家或政府相關機構？

八、請您列出您所服務的公司目前所有法令規定之特別危害作業員工名單，並調查其是否有定期接受法令規定之特定項目之健康檢查。

九、試說明職業病防治的方法有哪些。您是否有更好的方法來預防職業病的發生？

十、請找出「健康管理」之相關法令規章有哪些，並列出與您服務之事業單位需遵守有關之法令條文。

第八章
自動檢查

8-1 前　言

　　職業災害的發生並非不可避免，其發生的原因不外乎不安全狀況與不安全動作行為，作業場所中的潛在危險因素一般在災害發生之前就已存在，只是被忽略而已，因此欲謀求員工的安全與健康，便必須於事先找尋或發現所有不安全因素，並立即設法解決。而欲尋找出這些不安全衛生因素就必須實施安全衛生自動檢查，對於事業單位的各項設備及人員作業情況，經常詳細檢查並督導改進。若要防止職業災害的發生，自動檢查是一項有效的實際作法，而自動檢查之推動是否落實，有賴於事業主、管理階層、安全衛生管理人員的共同合作，加上所有員工的配合，為創造零災害、零損失的工作環境而共同努力。

8-2 法令依據及規範

一、法令依據

　　勞工安全衛生法第 14 條：「雇主應依其事業單位之規模、性質，實施安全衛生管理，並應依中央主管機關之規定，設置勞工安全衛生組織、人員。雇主對於第 5 條第 1 項之設備及其作業，應訂定自動檢查計畫實施自動檢查。前二項勞工安全衛生組織、人員、管理及自動檢查之辦法，由中央主管機關定之。」由上述規定即可知，其立法目的在規範事業單位應如何設置勞工安全衛

生組織、人員，如何實施勞工安全衛生管理及如何實施自動檢查。

二、實施規範

「勞工安全衛生組織管理及自動檢查辦法」中詳細規定了自動檢查項目、頻率、範圍、對象、檢查重點等相關事項。

三、相關法令

自動檢查相關法令包括：

(1)勞工安全衛生設施規則。

(2)「特殊有害物質危害預防」相關法令。

(3)其它相關法令。

8-3 自動檢查制度之建立

一、事業單位在建立自動檢查制度前應瞭解之事項

(一)瞭解自動檢查之義意

(1)自動檢查為事業單位自行診斷安全衛生的檢查。

(2)自動檢查是以事前防範為主的檢查。

(二)自動檢查的功效

(1)顯示雇主對員工安全與健康的關心。

(2)落實安全衛生工作人人參與。

(3)改進管理制度上之缺失。

(4)改進作業流程及作業方法。

(5)配合建立更完善的保養檢修制度。

(6)提高工作效率、增進生產、減少工時與生產成本。

(7)改進不安全衛生的工作環境。

(8)防止職業災害發生，保障員工安全與健康。

(三)自動檢查範圍、種類與項目

1.自動檢查範圍

　　勞工安全衛生法第 5 條中已明確規範了事業單位實施自動檢查所涵蓋之範圍。從上述可知，自動檢查範圍非常廣泛，實施自動檢查必須化繁為簡，方能有系統地擬訂自動檢查計畫並有效執行。

2.自動檢查種類區分

(1)定期檢查：對工作場所之機械設備，依法令要求之頻率、週期來實施檢查工作，以掌握機械設備的安全性能，確保使用安全。定期檢查另一重點為作業環境測定，係指為掌握勞工就業環境實態及評估勞工暴露狀況，所實施之規劃、採樣、分析或儀器測量。作業環境測定結果可用以提供作業環境衛生改善與否之參考依據。

(2)重點檢查：對某些特殊機械設備，在初次使用前或拆卸、改裝、修理、長期停用恢復使用前等，實施安全性能之重點式檢查。

(3)作業檢點：係由作業人員對本身所操作使用之機械設備，做簡單之檢視，以目視或簡易操作來試驗其安全性能，基本上每日作業前、作業後實施。另巡視亦是作業檢點的工作之一，巡視即定期或不定期在工作場所的一部分或全部作一般性檢查，巡視作業環境、機械設備及作業人員等是

否合乎安全衛生規定要求，如有違反規定之事物應即改正。巡視一般由單位主管實施。

3.自動檢查項目

依「勞工安全衛生組織管理及自動檢查」所規定應實施自動檢查之項目，包括設備、機械、器具及作業等檢查項目，以下做簡扼介紹：

(1)機械、車輛之定期檢查（勞工安全衛生組織管理及自動檢查辦法第 14-26 條）。

(2)設備之定期檢查（勞工安全衛生組織管理及自動檢查辦法第 27-43 條）。

(3)機械設備之重點檢查（勞工安全衛生組織管理及自動檢查辦法第 44-46 條）。

(4)機械設備之作業檢點（勞工安全衛生組織管理及自動檢查辦法第 47-58 條）。

(5)作業檢點(勞工安全衛生組織管理及自動檢查辦法第 59-73 條）。

二、自動檢查制度之建立步驟

(一)訂定事業單位之自動檢查計畫或實施辦法（規範）

其目的為使事業單位實施自動檢查工作，有所遵循及依據，以期能順利且有效地執行。

(二)年度自動檢查時間之排定

欲確實實施自動檢查，應訂定完善的自動檢查計畫。首先應將每年度應實施自動檢查之對象設備、檢查種類、檢查週期、負

責檢查單位與人員，及預定工作進度等，列入「職業災害防止計畫」中。例如固定式起重機、鍋爐、第一種壓力容器……等法令規定者，自應列入。而法令未規定實施自動檢查之機械設備，事實上為了事業單位本身安全，均需自行列入，實施定期或不定期檢查。

(三)自動檢查組織及人員之選任

事業單位於推行自動檢查工作時，需有健全的組織及適當的執行人員，才能順利地推展此項工作，並發揮其功能。在「勞工安全衛生法」與「勞工安全衛生組織管理及自動檢查辦法」中，對於實施自動檢查的組織及人員，都有明確性的規範，並明示雇主應負責安全衛生自動檢查之責任，安全衛生管理人員負責規劃、督導，而其它各級主管、現場領班及作業員工等，負責執行之責。

(四)製作各種自動檢查表格

事業單位自動檢查工作，依「勞工安全衛生組織管理及自動檢查辦法」第 75 條規定，實施時應就下列事項詳作記錄，並保存三年：

(1)檢查年月日。
(2)檢查方法。
(3)檢查部分。
(4)檢查結果。
(5)實施檢查者之姓名。
(6)依檢查結果採取改善措施之內容。

檢查表的製作人，應對該機械設備及環境因素有充分瞭解，領班或基層主管為最適當人選。自動檢查表擬訂後，應先將檢查

表彙送安全衛生管理部門或人員審核，最後由雇主批准公告實施。

檢查表大致分為二類：「詳細表格式」與「重點陳列式」。

(1)詳細表格式內容應包括：檢查日期、檢查人員、檢查項目、檢查方法、判定基準、判定結果、改善措施、備註等項。通常用於定期檢查、重點檢查。

(2)重點陳列式僅需檢查日期、檢查人員、檢查項目、檢查結果（良否），通常用於每日之作業檢點。

以下就擬訂檢查表時應注意事項加以說明：

(1)檢查表內文字宜簡潔易懂。

(2)檢查表內容應具體詳盡且明確。

(3)雖屬同樣之機械設備，但其生產作業條件不盡相同，檢查表之內容亦不同，故利用其它單位之檢查表時，不應完全照抄，而應加以修改成本單位適用之表格。

(4)擬訂前應先聽取現場作業人員、保養人員及相關人員意見。

(五)擬訂個別檢查對象之自動檢查計畫

個別的自動檢查對象設備，應由負責檢查部門擬訂計畫，其內容應包括下列幾項（目前在安全衛生工作實務上並未要求，請事業單位自行參酌）：

1.檢查對象

應先敘明檢查為何種機械設備或作業環境，而檢查對象有兩座以上，應註明編號，如第 x 號鍋爐……。

2.檢查項目

各種檢查對象設備之檢查項目在法令中已有規定者，應依照法令規定編列。除法令規定外，事業單位認為有需要之項目亦可增列。

3.檢查頻率

　　檢查對象設備按其性質及法令規定之週期，參考事業單位本身之生產、維修計畫，排定在何年何月何日實施。一般在年度安全衛生工作計畫中即應排定。

4.檢查程序

　　各種自動檢查對象設備，應先決定如何檢查、其檢查順序流程為何。

5.檢查方法

　　一般皆可用目視者，可以目視實施檢查，不能用目視檢查者，則利用儀器設備檢查。

6.檢查人員編組

　　實施自動檢查應先確定負責檢查之人員，如為較複雜或重要之機械設備的檢查工作，牽涉到停止運轉、清洗、修補、改造、檢查、安裝復原、恢復運轉等工作，最好設置臨時編組，俾使檢查工作順利且安全進行。

7.檢查期間之安全對策

　　自動檢查工作屬非經常性工作，期間極易發生安全上顧慮之事件，故應考量檢查期間各項安全對策，以防止危險情事發生，其內容應包括：檢查期間安全措施、異常狀況之緊急應變措施、安全作業事項等。

8.檢查紀錄之確認：

　　檢查完畢後，檢查人員應作成紀錄，紀錄內容如下：

(1)檢查年月日。

(2)檢查方式。

(3)檢查場所。

(4)檢查結果。

(5)缺失改善對策，今後使用、檢查等相關注意事項。

(6)下次檢查日期。

(7)檢查人員姓名。

(8)備註。

9.檢查後應採取之措施

自動檢查完畢後，應即採取適當的改善措施，始能達到防止職業災害之目標。

10.其它注意事項

自動檢查實施時間，儘量避免在傍晚或週末假日時實施。

(六)自動檢查工作之實施

當事業單位依本身所定之自動檢查規範為指導方針，並依年度職業災害防止計畫所排定之檢查項目、時間、人員等規定，按照個別對象設備之檢查計畫內容實施自動檢查，大致上已建立起事業單位之自動檢查制度。而自動檢查的實施與執行，可分為下列三個步驟：

1.檢查前之準備

(1)檢查的目的、範圍、路線。

(2)瞭解事業單位本身自動檢查實施辦法規定及法令要求。

(3)準備檢查表。

(4)攜帶必要之儀器、工具與個人防護裝備。

2.現場檢查

進入受檢工作場所地點時，應向有關人員說明檢查目的，並與會檢人員洽談檢查項目與路線，且提供有關資料，檢查如有疑問時，應即向會檢人員詢問。

3.檢查時注意事項

(1)檢查切勿草率，對檢查對象應詳細施檢。

(2)勿因時間不足而敷衍了事，因此時間的掌握很重要。

(3)應與現場工作人員商討。

(4)確定檢查路線。

(5)檢查人員之安全防護措施與投保。

(6)檢查應把握重點，檢查項目繁多，檢查人員必須把握工作場所特性、機械設備構造及過去記錄，依重點要項實施檢查，可收事半功倍之效。

(七)檢查後應採取之措施

自動檢查之實施目的，首在提早發現不安全衛生的狀況與行為，因此檢查後應對其結果提出報告與改善建議，其處理原則有：

(1)檢查結果如不明確，應再赴現場查詢確認。

(2)如發現機械設備處不安全狀態，為防止他人續用，應報請最高主管核准停止使用，並採用危險掛籤提醒現場人員。

(3)檢查結果發現應作補修、更換零件或改裝時，應按重點順序訂定實施計畫，並應立即進行。若無法即刻進行時，則必須於下一次的定期維修／停車時進行。

(4)檢查結果應改善事項，如屬高危險性者，應由專業人員處理。

(5)對於各項改善建議應詳加研究，依其重要性訂定優先順序，擬訂可行對策。

(6)對改善對策無法立即施行者，應暫時採取補救措施，選擇適當時期再作改善。

(7)改善對策及措施應確認結果無缺失，如有疑問或困擾應設

法解決。

(8)對各部門自動檢查執行成效應嚴加考核，務使其確實落實。

8-4　自動檢查表格之製作原則

　　自動檢查表格之訂定，與自動檢查計畫一樣重要，由於各事業單位作業流程和機械設備不盡相同，故其它事業單位檢查表格只能作為參考，絕不可照本宣科，如此才能符合事業單位本身之實際需要，並利於檢查人員使用。因此，事業單位應視目前實況與作業流程及使用機械設備，分別考量，再訂定製作檢查表格，方可使自動檢查工作能落實執行。而自動檢查表格之設計可靈活運用是非、選擇、填充、問答或問答敘述及計算等方式設計，應以簡單方便為原則，切勿流於形式。各種作業檢點可視檢點之實施方式及週期，設計看板或重點陳列之檢點表，至於較冗長之檢點流程且需連貫在一起完成之設備及作業檢點，則適合以檢點手冊為之。以下就自動檢查表格訂定之注意事項作簡單介紹：

(1)事業單位表格之製作，通常由執行檢查之人員負責訂定最為恰當。

(2)參考政府主管機關或相關法人機構團體等訂定之表格內容或格式（例如：勞委會、各地勞動檢查機關、中華民國工業安全衛生協會……）。

(3)檢查表之檢查內容應聽取現場作業人員、保養部門、安全衛生管理部門之意見。

(4)檢查表格之製作如相當多時，其優先順序應視災害嚴重率及災害頻率高低而定。

(5)檢查表之檢查記錄內容，應包括法令規定應注意之事項，同時還應將事業單位本身或其他有關之安全衛生注意事項納入，期能提高預防職業災害實效。依法令規定之檢查事項，如可能應與自行加入之檢查項目加以區分。作為執行自動檢查時之參考標準及資料包括：

(a)各項危險機械或設備之構造檢查標準。

(b)各項機械設備製造國之國家標準或具有權威性之學術機構或團體之相關標準與規範。

(c)設備製造廠商所提供之設備說明書、維護保養手冊或備忘錄之規定事項。

(d)該項作業之安全衛生標準作業程序。

(e)該機械設備操作人員之經驗。

(6)參考其它單位之檢查表格時，須注意雖屬同樣之設備，但因運轉速度、容量、週邊設備等生產條件不同、使用條件不同及現場環境不同，故不應完全抄襲，需視實際需要加以修改。

(7)檢查表格內容應具體明確，對於機械設備過去曾發生之國內外災害應參考事故報告、災害分析記錄等加以詳細研究後掌握重點予以列入。

(8)檢查表格製作之最重要關鍵為：內容應符合實際，文字宜淺顯易懂，不可繁雜瑣碎，不可過於簡陋，使檢查人員易於使用。

(9)作業之自動檢查表格宜視需要將作業規範、作業標準、作業程序等附件供檢查人員參考。

(10)對於員工作業行為之自動檢查，應以安全衛生觀察記錄表為之。

如貴公司欲製作更完善的檢查表格，可參考勞工主管機關、國營事業單位或民間法人機構（如：勞委會、中小企業處、中油、中鋼、中華民國工業安全衛生協會、生產力中心……）等單位所製作各檢查表格式，或洽當地勞動檢查機關，尋求極富經驗之勞動檢查員協助，相信亦可有所助益。但最重要的一點，切忌照本宣科，格式方面較無太大影響，但檢查內容應依本身實際需要而定。雖是同一種機械、設備，但因操作環境、條件、人員的不同亦有所差異。因此各事業單位除從中得其所需，亦要從執行中吸取經驗，使安全衛生工作能更進一步達成預定目標。

8-5　結　論

安全衛生自動檢查之目的，狹義而言，是在發現不安全衛生的工作環境，並設法謀求改善。然而廣義來講，則檢查的範圍除工作環境外，尚須包括管理系統、生產設計、作業標準程序及從業人員的操作方法等，凡可能造成意外傷害之直接和間接因素，均應施以檢查，以期全面改善安全衛生情況，以防止職業災害的發生。事業單位實施安全衛生自動檢查，對減少災害損失，提高工作或生產效率有莫大助益。各事業單位實應將此項工作列為日常管理、推動的重要業務，以補救政府機關檢查的不足，如此則安全衛生工作的推展將可收事半功倍、一舉數得之效，而員工的安全健康亦可獲得更好的保障。

附件一　自動檢查實施辦法參考範例

XX 公司自動檢查實施辦法

壹、依據

依「勞工安全衛生法」及「勞工安全衛生組織管理及自動檢查辦法」及其它法令相關之規定辦理。

貳、目的

發掘本公司不安全、不衛生的作業方式與作業環境，將所發現的缺失加以改善，避免職業災害發生，確保全體員工安全與健康。

參、各級人員職責

一、總經理

綜理負責本公司安全衛生自動檢查工作，並對下列事項，特別規劃及監督或托囑安全衛生管理單位執行：

(一)本公司之生產、銷售以及原料、物料、貨物囤積、儲存等是否會影響安全衛生。

(二)生產方式是否為最安全衛生，作業方式是否可改為自動化。

(三)各作業場所機械、設備等設置是否合乎安全衛生法令之要求。

(四)不定期巡視全廠安全衛生狀況，檢討是否需要改善。

(五)考核各級主管及有關人員對安全衛生的態度及其實行成效是否需檢討改進。

(六)注意各相關部門及附屬機構間相互聯絡情形。

(七)核閱安全衛生相關報表文件,確知問題所在及改進實
　　際情況。

(八)明白揭示貫徹落實自動檢查工作的決心,對於自動檢
　　查工作推動與經費予以充分支持。

(九)其它有關自動檢查事項。

二、安全衛生管理單位

　　本公司安全衛生管理單位為自動檢查之規劃、監督部
　　門,其對自動檢查之職責如下:

(一)負責本公司自動檢查工作之推動,並辦理自動檢查人
　　員之教育訓練事項。

(二)訂定年度自動檢查整體計畫,並指導、協調有關部
　　門、人員實施。

(三)規劃、督導各部門之檢點與檢查工作。

(四)指導、督導相關人員實施巡視、定期檢查、重點檢查
　　及作業環境測定事項。

(五)提供有關部門、人員安全衛生資料,以利推動自動檢
　　查業務。

(六)充分掌握各部門安全衛生現況,並瞭解其自動檢查實
　　施成效,加以分析檢討。

(七)向總經理提供相關安全衛生改進建議及自動檢查執
　　行成果。

(八)其它總經理交辦事項。

三、各部門主管

　　各部門主管應負責所轄區之所有自動檢查範圍之督導、
　　執行之工作,其職責如下:

(一)負責管轄部門本身職責範圍內之自動檢查事項。

(二)督導實施管轄部門之定期檢查、重點檢查、檢點及其它相關檢查事項。

(三)定期或不定期實施管轄部門巡視。

(四)檢討管轄部門機械設備及作業環境是否合乎安全衛生標準。

(五)研究所轄部門之機械設備操作方法及作業程序是否安全。

(六)對所屬員工所提相關自動檢查建議與疑問，應設法答覆或協調有關單位人員協助解決。

(七)定期實施所轄部門安全衛生內務檢查。

(八)實施所轄部門安全觀察，發現所屬不安全行為及動作，應予以立即糾正（安全觀察記錄表如附表一）。

(九)其它由總經理所交辦事項。

四、領班、基層主管

負責轄區所有自動檢查範圍之執行、指導，其職責如下：

(一)負責所轄範圍內自動檢查工作之督導。

(二)指導、監督管轄作業人員實施作業檢點。

(三)定期檢查所轄區之機具、設備、作業環境狀況及作業情形。

(四)對轄區機械、設備、環境、人員等有異常變動或行為隨時注意，設法改善或向上級報告。

(五)定期或不定期巡視轄區，發掘不安全衛生環境與作業方式。

(六)所轄區之機械、器具、設備之檢查表製作。

(七)其它由總經理所交辦事項。

五、作業員工

(一)負責所操作之機械設備每日作業檢點、定期檢查與重

點保養。

　　(二)建議有關安全衛生自動檢查相關改善事項。

　　(三)發現異常狀況時，立即向領班或直屬主管反應，除能
　　　　力許可外，不可勉強處理。

　　(四)經常保持警覺，謹慎使用各種機械設備工具，維持作
　　　　業環境安全衛生。

　　(五)參加公司舉辦自動檢查相關教育訓練。

　　(六)其它規定事項。

肆、自動檢查種類及檢查週期

　　本公司目前擁有使用之機械、設備、車輛、器具、作業環境、
　　場所等，依「勞工安全衛生法」、「勞工安全衛生組織管理及
　　自動檢查辦法」及其它相關法令之規定辦理自動檢查。各部
　　門列出清單送交安全衛生管理單位彙整。安全衛生管理單位
　　依法令規定週期，排入年度職業災害防止計畫內。

伍、自動檢查實施相關規定

　　一、每年度開始前，安全衛生管理單位應將本年度應實施自
　　　　動檢查之對象設備、檢查種類、檢查週期、負責檢查單
　　　　位及人員、預定工作進度、經費等，列入年度職業災害
　　　　防止計畫中。

　　二、各檢查對象設備之自動檢查計畫，由負責檢查單位人員
　　　　訂定，並製作檢查表，送交安全衛生管理單位審核。

　　三、依法應實施作業環境測定之本公司作業場所，由安全衛
　　　　生管理單位外聘合格之作業環境測定機構、化驗分析實
　　　　驗室辦理。

　　四、各項檢查對象檢查完畢後，應按檢查結果採取必要之改
　　　　善措施。

五、本公司提供給承攬單位使用之機械、設備、器具，由安全衛生管理單位負責實施自動檢查相關事項。

六、辦理自動檢查績優部門及人員予以獎勵，執行不力者除確實改善外，安全衛生管理單位應就其執行不力原因提出改進辦法，執行成效列入年度績效考核成績中。

七、各相關檢查人員應參加公司舉辦之自動檢查教育訓練。

八、自動檢查相關安全、執行、檢查事項於自動檢查教育訓練中予以教導。

九、每年度辦理之自動檢查工作記錄，由各部門送交安全衛生管理單位建檔保存。

十、其它相關自動檢查工作事項如有增訂或修正，將另行公告。

陸、其它

一、自動檢查工作所需經費，由年度職業災害防止計畫編列支付。

二、本實施辦法如與相關法令規定衝突時，以法令規定為準。

三、自動檢查所有缺失部分，應限期改善，安全衛生管理單位應確實監督其改善情形，並予以適當協助。

四、本實施辦法將不定期修正或增列。

附表一　安全觀察記錄表

員工姓名		任現職資歷		觀察日期	
所屬單位		工作名稱		工作地點	

接受安全觀察者之情況（是：打✓）

□計畫中欲觀察安全之員工　　　□身體或心智不能安全工作之員工
□以不安全出名之員工　　　　　□生病或剛到職之員工
□無經驗之員工　　　　　　　　□剛調到該職之員工
□累遭意外之員工　　　　　　　□童工或女工
□似曾情緒擾亂、有怪異行動之員工　□其它

觀察內容（觀察此員工進行工作，檢討工作關鍵性安全要點）：

一、工作步驟是否正確？工作熟練度如何？

二、該作業可能發生的意外有哪些？

三、其防止措施有哪些？又是否完善？

四、作業者對進行此工作的意見？

五、對作業者說明或糾正要點：

六、提請有關單位協辦事項：

七、不安全動作係由何種原因所致？

八、其它建議事項：

註：本表格僅供參考，各事業單位使用時請視需要自行調整編寫

主管：　　　　　　　　　　　　觀察者：

附件二　年度自動檢查計畫參考範例

○○股份有限公司○○年度自動檢查計畫

計畫期間：○年○月至○年○月

	自動檢查項目	檢查處所	實施周期	實施單位	預定工作進度											
					1月	2月	3月	4月	5月	6月	7月	8月	9月	10月	11月	12月
機械車輛定期檢查	1.固定式起重機	製程區	每月、年	設置單位	☆	☆	☆	☆	☆	☆	☆	☆	☆	☆	☆	☆
	2.升降機	製程區	每月、年	設置單位	☆	☆	☆	☆	☆	☆	☆	☆	☆	☆	☆	☆
	3.堆高機	製程區	每月、年	設置單位	☆	☆	☆	☆	☆	☆	☆	☆	☆	☆	☆	☆
	4.一般車輛	廣場	一個月	設置單位	☆	☆	☆	☆	☆	☆	☆	☆	☆	☆	☆	☆
設備之定期檢查	5.乙炔熔接裝置	製程區	每年	設置單位										☆		
	6.高壓電氣設備	變電室	每六個月	工務課	☆						☆					
	7.低壓電氣設備	變電室	每六個月	工務課	☆						☆					
	8.鍋爐	鍋爐房	每月	設置單位	☆	☆	☆	☆	☆	☆	☆	☆	☆	☆	☆	☆
	9.第一種壓力容器	製程區	每月	設置單位	☆	☆	☆	☆	☆	☆	☆	☆	☆	☆	☆	☆
	10.局部排氣裝置	製程區	每年	設置單位												☆
	11.第二種壓力容器	製程區	每月	設製單位	☆	☆	☆	☆	☆	☆	☆	☆	☆	☆	☆	☆

重點檢查	項目	檢查時期	地點	單位										
	1.局部排氣裝置	於拆卸、改裝或修理時	製程區	設置單位	☆	☆	☆	☆	☆	☆	☆	☆	☆	☆
機械設備之作業檢點	1.固定式起重機	每日作業前	製程區	設製單位	☆	☆	☆	☆	☆	☆	☆	☆	☆	☆
	2.鍋爐	作業時	鍋爐房	設製單位	☆	☆	☆	☆	☆	☆	☆	☆	☆	☆
	3.第一種壓力容器	作業時	製程區	設製單位	☆	☆	☆	☆	☆	☆	☆	☆	☆	☆
	4.一般車輛	每日作業前	車庫	設製單位	☆	☆	☆	☆	☆	☆	☆	☆	☆	☆
	5.有機溶劑作業	一週	製程區	設備單位	☆	☆	☆	☆	☆	☆	☆	☆	☆	☆
	6.粉塵作業	一週	製程區	設備單位	☆	☆	☆	☆	☆	☆	☆	☆	☆	☆
	7.清槽缺氧作業	作業時	製程區	設備單位	☆	☆	☆	☆	☆	☆	☆	☆	☆	☆
消防設備定期檢查	1.滅火器	三月	製程區	設製單位	☆	☆			☆	☆	☆	☆	☆	
	2.消防水栓	三月	製程區	設製單位	☆	☆	☆	☆		☆	☆	☆	☆	☆
	3.消防泵	一週	製程區	設製單位	☆	☆	☆	☆	☆	☆	☆	☆	☆	☆
	4.火災警報器	每月	製程區	設製單位	☆	☆	☆	☆	☆	☆	☆	☆	☆	☆
	5.緊急照明設備	每月	製程區	設製單位	☆	☆	☆	☆	☆	☆	☆	☆	☆	☆
	6.消防設備自主檢查	三月	全廠區	設置單位	☆			☆	☆			☆	☆	☆

項目		○○課	週期	代行檢查機構					
危險性機械設備定期檢查	1. ○○課 6T 鍋爐	○○課	每年	代行檢查機構			☆		
	2. ○○課 3.5T 鍋爐	○○課	每年	代行檢查機構			☆		
	3. ○○課 4T 鍋爐	○○課	每年	代行檢查機構	☆				
	4. ○○課 4T 鍋爐	○○課	每年	代行檢查機構	☆				
	5. ○○課 熱媒爐	○○課	每年	代行檢查機構					☆
	6. 筒染機（第一種壓力容器）	○○課	每年	代行檢查機構		☆			
	7. 單印蒸箱（第一種壓力容器）	○○課	每年	代行檢查機構		☆			
	8. 五噸以上固定式起重機	○○課	二年	代行檢查機構				☆	
	9. (2.2噸) 升降機	○○課	每年	代行檢查機構					☆

附件三　單項設備定期檢查計畫參考範例

ＸＸ公司化學設備及其附屬設備定期檢查計畫

壹、檢查對象設備

化學設備中之反應器、蒸餾塔、吸收塔、抽出器、混合器、分離器、熱交換器、計量槽、儲槽、流體化床、乾燥器、吸附／脫附塔等。

貳、檢查項目（法令規定項目）

一、內部有無可能造成爆炸或火災之異常物質？

二、內壁與外壁是否有顯著之損傷、變形及腐蝕？

三、蓋板、凸緣、閥、旋塞、管件等之狀況如何？

四、安全閥、易熔栓、破裂板、緊急遮斷裝置、其它安全裝置及自動警報裝置之性能？

五、冷卻裝置、加熱裝置、攪拌裝置、壓縮裝置、計測裝置及控制裝置之性能？

六、預備電源或其它代用裝置之性能？

七、其它防止爆炸或火災之必要事項？

參、檢查時間

自□□年□□月□□日□□時起

至□□年□□月□□日□□時止

肆、檢查程序

XX 年 XX 月 XX 日 XX 時停止運轉

XX 年 XX 月 XX 日 XX 時拆卸設備及附屬設備

XX 年 XX 月 XX 日 XX 時裝設盲板並確實鎖緊

XX 年 XX 月 XX 日 XX 時清掃洗淨

XX 年 XX 月 XX 日 XX 時置換氣體

XX 年 XX 月 XX 日 XX 時動火許可檢查

XX 年 XX 月 XX 日 XX 時入槽許可檢查

XX 年 XX 月 XX 日 XX 時正式檢查

XX 年 XX 月 XX 日 XX 時整修

XX 年 XX 月 XX 日 XX 時安裝設備及附屬設備

XX 年 XX 月 XX 日 XX 時恢復運轉前之安全確認

XX 年 XX 月 XX 日 XX 時恢復運轉

（僅供參考）

伍、檢查方法

一、內部檢查

可用目視檢查。

二、內壁檢查

可用目視檢查或內視鏡檢查，如發現異常時，則可用浸透探傷、磁粉探傷或超音波探傷等方法檢查。

三、外壁檢查

可用目視檢查或內視鏡檢查，如發現異常時，則可用浸透探傷、磁粉探傷或超音波探傷等方法檢查。

四、性能檢查

對於閥的開閉性能、安全部壓閥的動作性能、壓縮機的控制裝置等之性能要加以確認，並檢查閥、旋塞、管件等有無洩漏，必要時應作分解檢查。

五、再使用前確認

設備檢查後安裝復原妥當於使用前，應確認內部有無可

能造成火災、爆炸之異物殘存。

六、其它

　有時需作放射線檢查、耐壓試驗或氣密試驗等。

陸、檢查人員編組

召集人：廠務經理：XXX

成員：安全衛生管理人員：XXX

化學設備作業主任：XXX

該作業主管、領班：XXX

維修、保養人員：XXX、XXX、XXX

柒、檢查期間安全對策

一、事前檢討事項：

(一)塔槽內部作業許可實施要領。

(二)動火作業許可實施要領。

(三)設備開放作業、設備內部流程處理、洗淨、置換氣體、
　　加設盲板等措施實施要領。

(四)需要使用何種防護具。

(五)發生異常狀態時之措施要領。

二、檢查時之安全措施：

(一)使用器材之安全確認。

(二)塔槽等進入時之安全確認。

(三)高架作業之安全措施。

(四)動火作業之安全確認。

(五)檢查作業中之標示。

(六)飛散或墜落物體之防止。

(七)整理、整頓。

(八)感電、靜電之防止。

(九)防爆機械使用與靜電防止措施。

三、發生異常狀況時之緊急措施

依自動檢查異常狀況緊急應變措施辦理。

（請各事業單位依實際需要自行訂定）

捌、檢查記錄確定

檢查完畢後，檢查編組召集人應邀集小組成員共同會商檢討，確定檢查記錄（其格式內容請參閱 8-3 節）。

玖、檢查後應採措施

檢查後應採取必要措施，以確實防止職業災害之發生（其措施請參閱 8-3 節或依實際狀況自行訂定）。

拾、其它

視實際需要訂定之。

附件四　自動檢查實施流程

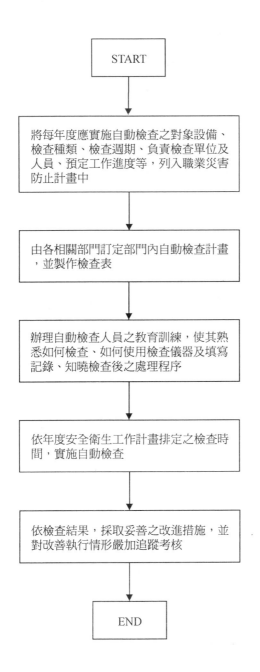

START

將每年度應實施自動檢查之對象設備、檢查種類、檢查週期、負責檢查單位及人員、預定工作進度等，列入職業災害防止計畫中

由各相關部門訂定部門內自動檢查計畫，並製作檢查表

辦理自動檢查人員之教育訓練，使其熟悉如何檢查、如何使用檢查儀器及填寫記錄、知曉檢查後之處理程序

依年度安全衛生工作計畫排定之檢查時間，實施自動檢查

依檢查結果，採取妥善之改進措施，並對改善執行情形嚴加追蹤考核

END

問題與討論

一、試說明事業單位自動檢查的項目及內容為何。

二、政府實施事業單位之安全衛生檢查之法令依據為何？

三、事業單位實施自動檢查目的為何？

四、假設您服務之事業單位尚未有一套完善的自動檢查制度，身為安全衛生管理人員的您，該如何掌握現有資料，製訂符合需要之自動檢查制度？

五、試寫一份鍋爐及其附屬設備之自動檢查計畫。

六、自動檢查表格製作應注意之事項為何？

七、試製作一份廠內消防設施檢查表。

八、您認為事業單位實施安全衛生自動檢查有哪些功效？對於防止職業災害發生會有助益嗎？

九、試說明法令規定之事業單位實施自動檢查之範圍、項目為何。

十、依您服務之事業單位工作場所、使用的機械設備……等，請擬訂一份貴公司的自動檢查實施辦法草案。

第九章
安全作業標準

9-1　前　言

　　「安全作業標準」，即是經由「工作安全分析」所建立的安全
工作程序，以消弭作業時的不安全行為、動作、設備及環境，確
保工作者安全所擬訂的一套工作標準。而「工作安全分析」是指
藉由觀察作業者的操作步驟、分析作業實況等方法，將一項工作
或作業依其操作順序，分解成若干基本步驟，再由每一步驟中，
逐步分析，找出作業中或作業場所潛在的危險及可能之危害，再
經協商、討論、修正而建立起「安全作業標準」。由此可知，一項
工作的「安全作業標準」的建立，是先由「工作安全分析」之後，
排除所有可能造成危害的因素，依最安全且有效率的工作步驟，
所建立起的工作程序。經由「工作安全分析」，將可有效地發掘作
業場所中不正確、不安全的作業方式。再由「安全作業標準」的
建立，可使作業者能依循安全作業程序工作，使因工作所產生的
可能危害減至最少，縱使不幸災害發生，亦能將意外所造成之衝
擊減至最低。

9-2　工作安全分析實施原則

　　以下就實施安全工作分析時所可能遭遇到的問題與注意事項
加以說明：

一、工作安全分析需由誰來實施？

原則上由該項工作的直屬領班或基層主管來擔任分析者，其原因有：

(1)領班為該項工作的管理者，對該項工作深具經驗。

(2)領班對轄區作業人員及機械、器具、設備、原（物）料等，皆相當瞭解，較能發掘作業中的不安全行為與不安全狀況。

(3)領班為作業員工與管理階層之間的橋樑，工作安全分析單之擬訂需與現場作業員工研究及討論，再送交主管部門審閱批准，這種溝通的工作，領班為最佳人選。

一般來講，部門主管除規模較小之事業單位外，其對現場作業的認知應比不上領班來得瞭解、熟悉，因此領班即成了部門內工作安全分析的最佳人選。但如果領班之分析或填寫能力不足時，不應強制其從事分析，應另外遴選部門內其他適合的主管人員擔任。

二、工作安全分析可採用的方法

(一)人員面談法

與從事該項工作人員面談，面談主題包括工作任務、責任、工作經驗、資格條件等，以雙向溝通方式，確實瞭解作業程序及危害。但需注意的，面談目的不是在測驗作業者的工作能力。因此面談時氣氛宜融洽，態度應和藹，切不可咄咄逼人，以求得作業人員的高度配合。

(二)實地觀察法

請作業人員實際示範操作，分析人員一面觀察，一面記錄觀察到的內容，也可利用攝影機錄下作業全部過程，再做仔細分析。另外其作業環境（如噪音、照明、溫度、濕度、振動……等）亦需加以測定、記錄，做為參考。

(三)問卷法

設計簡單扼要的工作危害分析單供該項工作人員填寫，由分析者彙整，找出危害因素所在。

(四)綜合法

綜合上述幾種方法，視實際需要混合運用，然後分析、比較，可得較正確的分析資料。

三、工作安全分析時所需注意事項

作業中所存在的潛在危險及可能危害可分為五種，即「人」、「作業方法」、「機械」、「材料」、「環境」，這些都是在進行工作安全分析時所應注意及考量的事項：

(一)「人」的方面

不安全的主體是人，人的知識、經驗、意願、身體狀況、精神狀況、人際關係、婚姻家庭、親子關係、情緒、壓力、疲勞等，都是造成人為失誤的主要因素。

(二)「作業方法」方面

作業流程中的工作程序、步驟、方式、範圍、績效、週期等，都是影響工作安全的重要原因。

(三)「機械」方面

作業中所需要使用的機械、設備、防護具等，有無安全防護裝置、維護保養及定期檢查，都需要加以考量。

(四)「材料」方面

作業中所需使用之物料、材料與材質，都應在工作安全分析單上詳細列出，以便在作業前檢查是否齊全、有無缺陷。

(五)「環境」方面

作業場所的空間、安全狀況、空氣品質、溫度、濕度、噪音、照明條件、安全標示、危險物及有害物管理，都是影響作業安全的關鍵。

四、進行工作安全分析的程序

通常分析人員進行工作安全分析皆依下列程序進行(如**圖 9-1**所示)：

(一)決定欲分析的工作

決定要分析的工作，其選擇優先順序如下：

(1)「傷害頻率高的工作」：失能傷害頻率高的作業，顯示事故發生的機率很高，應予以優先分析。

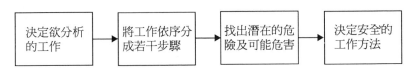

圖9-1 工作安全分析程序

(2)「傷害嚴重率高的工作」：失能傷害嚴重率高的工作，表示一旦發生事故，會造成重大的人員傷亡。

(3)「曾發生過事故的工作」：表示該工作仍有不安全因素存在，需再加以分析。

(4)「有潛在性危險工作」：有些工作本身具有潛在危險，稍一疏忽，可能造成傷亡。

(5)「臨時或非經常性的工作」：如維修、承攬、安裝、更換機械零件等非經常性或臨時性的工作，作業者因疏忽或不熟悉，易發生事故。

(6)「新設備或新工作程序」：由於機械、設備的更換與工作流程的改變，使作業者對作業程序變得較為陌生。

(7)「經常性的工作」：如經常性的維護保養工作，一定要依標準作業程序來執行，因此有需要予以分析。

(二)將工作依程序分成若干步驟

在決定要分析的工作之後，接著是將工作分成作業前（準備器具、穿著防護具、作業前檢點）、作業中（操作的步驟）、作業後（收拾整理）等三個主要步驟，使複雜的工作能一目瞭然，易於掌握重點所在。在分解工作程序時，不可細分得過份繁瑣，避免一些不必要的步驟，但亦不能太過簡略。所以最好是選擇有經驗且細心的作業人員示範操作，以攝影機將全部操作過程拍攝下來，仔細地將其操作步驟完全列出。

(三)找出潛在危險與可能危害

分析人員在列出有次序的完整步驟後，還需與工作人員檢討各步驟是否還有一些潛在危險及可能危害存在。分析人員亦可由下列問題，獲得欲知的潛在危險及可能發生的事故：

(1)機械設備可能產生哪些危害？例如：車床可能造成操作者被夾、被撞的危險；砂輪萬一破裂，可能造成破片傷人。

(2)暴露於有害的化學品或危險物品，可能產生哪些危害？例如：有無引起中毒、呼吸困難等不良反應？有無遭致皮膚過敏、腐蝕、癌症等危險？是否有其它慢性或急性的生理傷害？

(3)該不安全的操作方法或程序，可能產生哪些危害？例如：置身於吊物或移動的物件底下或旁邊，極易遭受撞擊，或者手或肢體使用不當，易引起挫傷、扭傷。

(4)其它容易引起傷害的媒介物，可能產生哪一類型的危害？例如：高溫導致燙傷，低溫液態物（氧、氫、氮）易造成嚴重凍傷。

(四)決定安全的工作方法

針對第三步驟的潛在危險及可能危害，提出許多可能的防範對策，接著決定具體可行的行動目標與工作方法。一般而言，防範對策有相當多個，但其中有一些不容易做到，或效果欠佳，因此在選擇時必須選擇做得到且可行的方案。當然，有些工作為了防止危害發生，一定要做工作程序的改變，或增加部分設備器具或防護措施，則工作安全分析表中一定要詳細說明，不能為了省錢或怕麻煩而故意疏漏。

9-3 安全作業標準的製作要領

一、工作安全分析表之製作

經由工作安全分析後，分析者將所得之資料，填入工作安全分析表中，一份較為完整的工作安全分析表應包含下列幾項：

(1)作業名稱。

(2)作業地點。

(3)使用機械設備及工具。

(4)使用物料及材料。

(5)防護器具。

(6)編製、修訂日期及修訂次數。

(7)工作步驟、工作方法、潛在危險、安全工作方法。

(8)批准者、審核者、分析者之單位與姓名。

二、安全作業標準之製作

當分析者填妥工作安全分析表後，需送交安全衛生管理單位，主要是他們對不安全因素較深入瞭解，而且比現場主管能客觀思考安全問題。安全衛生管理單位若無意見即可開始製作安全作業標準，安全作業標準之格式與工作安全分析表大致相同，製作完成後，送交最高主管批准。

9-4 結　論

安全作業標準並非一成不變，在發生意外事故、工作程序變更、工作方法改變及使用新機械設備時，亦應重新分析以符合需要。此外，分析人員應針對工作每一基本步驟的潛在危害與各種可能發生的意外事故，逐一尋求防止意外事故的對策，運用自己的經驗及細膩的觀察思考，且與安全衛生管理人員和有經驗的操作者討論，並參考有關文獻資料，妥善地訂定一套安全有效的工作方法，為防止職業災害的發生而共同努力。

附件一　工作危害分析單參考範例

工作名稱	
工作方法	
潛在危害	
防範對策	
分析者意見	
安全衛生管理單位修正意見	
分析日期	
修正次數	

分析者姓名		安衛主管姓名	

附件二　安全作業分析單參考範例

<table>
<tr><td colspan="2">作業名稱：</td><td colspan="2">編號：</td></tr>
<tr><td colspan="2">作業地點：</td><td colspan="2">編制日期：</td></tr>
<tr><td colspan="2">設備工具：</td><td colspan="2">修訂次數：</td></tr>
<tr><td colspan="2">防護器具：</td><td colspan="2">分析人員：</td></tr>
<tr><td></td><td>工作步驟</td><td>工作方法</td><td>潛在危害</td><td>安全工作方法</td></tr>
<tr><td>作業前</td><td></td><td></td><td></td><td></td></tr>
<tr><td>作業中</td><td></td><td></td><td></td><td></td></tr>
<tr><td>作業後</td><td></td><td></td><td></td><td></td></tr>
<tr><td>圖解</td><td colspan="4">一般手繪圖解較不易讓作業員工徹底明瞭，因此建議可用照片代替之。</td></tr>
<tr><td colspan="5">批准者：審核者：</td></tr>
</table>

附件三 安全作業標準製作流程

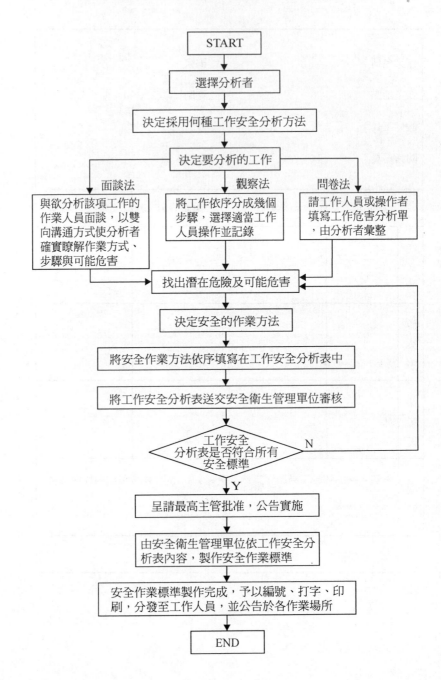

START

選擇分析者

決定採用何種工作安全分析方法

決定要分析的工作

面談法　　　　　　　觀察法　　　　　　　問卷法

與欲分析該項工作的作業人員面談,以雙向溝通方式使分析者確實瞭解作業方式、步驟與可能危害

將工作依序分成幾個步驟,選擇適當工作人員操作並記錄

請工作人員或操作者填寫工作危害分析單,由分析者彙整

找出潛在危險及可能危害

決定安全的作業方法

將安全作業方法依序填寫在工作安全分析表中

將工作安全分析表送交安全衛生管理單位審核

工作安全分析表是否符合所有安全標準

N

Y

呈請最高主管批准,公告實施

由安全衛生管理單位依工作安全分析表內容,製作安全作業標準

安全作業標準製作完成,予以編號、打字、印刷,分發至工作人員,並公告於各作業場所

END

問題與討論

一、試述安全作業標準之意義。其功用有哪些？

二、假設您服務的事業單位使用之衝剪機械常發生操作人員手指
　　或前肢遭夾斷，試述您對防止類似事件再次發生的安全對
　　策，並製作一份衝剪機械作業的安全作業標準。

三、您認為誰該是事業單位中工作安全分析的最佳人選？其理由
　　為何？

四、工作安全分析的方法有哪些？其優缺點為何？

五、安全作業標準之製作程序與要領為何？

六、您認為進行工作安全分析的步驟應如何規劃才易達成目標？

七、工作安全分析的實施程序為何？其考量因素有哪些？

八、您認為事業單位實施工作安全分析有何益處？對於防止職業
　　災害發生有哪些功效？對於事故發生時之傷害減輕，又有何
　　助益？

九、您認為安全作業標準對作業員工的操作習慣有何影響？是否
　　製訂的安全作業標準會降低其生產力？為避免發生降低生產
　　力，您該如何作最佳規劃（在不防礙安全作業情況下）？

十、試說明安全作業標準製作流程、步驟為何。

第十章
職業災害調查及處理

10-1 前　言

　　近年來因科技之迅速發展，事業單位規模及機械設備日新月異，所衍生的安全衛生問題亦日漸嚴重，意外事故及災害時有所聞，此不僅妨礙了工業之發展與競爭，對於削弱事業單位之經營與生產力更可預知。職業災害的發生不但對從業員工是無比的禍害，對國家、事業單位而言，更是人力資源的一大損失。話雖如此，但人們卻經常在意外事故發生造成傷亡時，感到哀傷及惋惜，卻也因事過境遷而淡忘，進而再次忽略。「前事不忘，後事之師」，因此事業單位應建立起職業災害事故調查、處理體系，並作詳細記錄。在直接上可喚醒人們的安全意識並避免重蹈覆轍，員工對公司之親和力與信任感必隨之增長，間接上可降低事業單位之生產成本，並提高公司形象、生產力與市場競爭力。

10-2　相關法令介紹

　　有關職業災害調查及處理的相關法令包括：

(1)「勞工安全衛生法」第 28 條：「事業單位工作場所如發生職業災害，雇主應即採取必要之急救、搶救等措施，並實施調查、分析及作成記錄」。
　　事業單位工作場所發生下列職業災害之一時，雇主應於二十四小時內報告檢查機構：
　　(a)發生死亡災害者。

(b)發生災害罹災人數在三人以上者。

(c)其他經中央主管機關指定公告之災害。

檢查機構接獲前項報告後，應即派專人檢查。事業單位發生第二項之職業災害，除必要之急救、搶救外，雇主非經司法機關或檢查機構許可，不得移動或破壞現場。

(2)「勞工安全衛生法」第 29 條：「中央主管機關指定之事業，雇主應按月依規定填載職業災害統計，報請檢查機構備查。」

(3)「勞工安全衛生法施行細則」第 33 條：本法第 29 條所稱中央主管機關指定之事業如下：

(a)僱用勞工人數在三十人以上之製造業、營造業、水電燃氣業、礦業及土石採取業、運輸、倉儲及通信業、造林業、伐木業。

(b)其他經中央主管機關指定並經檢查機構通函告知者。

(4)其它相關法令：

(a)勞動檢查法第 27 條。

(b)勞動檢查法施行細則第 31 條。

由此可見職業災害調查及處理是推行安全衛生主要工作之一，完善且確實的職業災害調查及處理，不但可找出災害發生之原因，並設法預防類似災害的再次發生，故事業單位必須建立起職業災害調查及處理制度體系。

10-3　職業災害調查及善後處理

一、職業災害調查程序

(一)決定調查者

　　職業災害調查可由領班、現場主管、安全衛生管理人員或安全衛生委員會實施，必要時可請專家協助，或者由領班及現場主管先作初步調查，再由安全衛生管理人員或其他人員作進一步的調查。但必須注意一點，當職業災害發生後，應立即封鎖現場（如影響救災則暫時不實施），儘速展開調查，愈早調查愈可得到較真實的情況與資訊。

(二)勘查現場實況，蒐集資料

　　勘查現場實況，蒐集下列資料：

(1)現場環境及設備配置。

(2)造成災害或使人受傷之設備或物質（規格、尺寸、成分）。

(3)該現場或設備之損壞情形。

(4)該現場或設備之安全衛生裝置。

(5)罹災者位置。

(6)罹災者所受傷害狀況。

(7)罹災者的工作性質、職位、經驗等。

(8)災害媒介物。

(9)作業流程。

(10)作業方法及程序。

(11)罹災者操作的機械設備及其相關位置。

(12)安全衛生管理有關資料（自動檢查表、機械設備維護保養
檢修記錄、該項工作之標準作業程序及工作守則、安全衛
生教育訓練……等）。

(13)其它。

(三)詢問相關人員

個別詢問有關人員，如罹災者、目擊者、罹災者之工作夥伴、
現場領班、直屬主管、醫護人員、家屬、救援人員等。詳細詢問
下列相關問題，並予以記錄：

(1)災害發生時間。

(2)災害發生經過。

(3)災害搶救情形。

(4)罹災者急救醫療情況。

(5)罹災者身體何部位受傷及受傷情形。

(6)罹災者當時工作情形及作何種作業。

(7)罹災者當時位置。

(8)罹災者當時所穿著的服裝。

(9)何人在災害發生時處於附近。

(10)受訪者當時所在位置、距離、從事何種作業。

(11)災害發生前有無異常徵兆。

(12)正常或平時操作程序及方法。

(13)發生災害前作業狀況。

(14)罹災者健康近況。

(15)罹災者最近心理狀況。

(16)罹災者之經驗與技能。

(17)對災害發生之意見。

(18)罹災者之家庭現況。

(19)其它：當天氣候、現場情況……等。

　　必要時可用錄音，在結束詢問時，請受訪者簽名或按指紋並蓋章，以示負責。但需注意受詢問者是否為臆測或避重就輕，以決定其可信度。另外詢問時態度需友善，措辭謹慎，儘量使詢問過程輕鬆自然，使受詢問者無壓迫感，並說明詢問之目的。

(四)災害發生原因調查與確認

　　災害原因之調查步驟包含下列原則：

(1)事實之確認：依人、事、物、管理及至災害發生經過順序實施確認。

(2)災害要因之掌握：不安全狀態、不安全動作及管理上的缺陷，此為災害發生

(3)災害原因決定：就掌握之災害要因相關關係與災害影響程度，充分檢討決定發生災害之直接與間接原因。

(五)災害原因分析

　　從災害現場勘查到災害原因調查與確認，所得這些資料，必須經過濾、整理、分析後，才能成為意外事故的重要證據。而上述的資料僅是解決了下列幾個問題：

(1)發生了什麼災害？

(2)何時發生？

(3)那些人傷亡？誰是目擊者？

(4)發生在何處？

(5)發生原因為何？

(6)為什麼會發生？

而這些資料僅能查出災害可能發生的起因，卻無法深入到災害發生之主因，因此必須以周密、系統化的方法，以發掘災害發生事實真相。而災害原因分析之目的即為從災害調查結果查明災害要因與原因，從而導出防止類似與同樣災害之對策。目前使用於意外事故調查的分析技術有兩種：

1.統計分析法（以美國的分析方法為例）

　　「關於工作傷害的性質與起因之基本事實記錄標準方法」此方法將災害性質分為八項來記錄分析：

(1)傷害性質：如電擊、中毒、窒息……等。

(2)人體受傷部分：如頭部、上肢、人體系統……等。

(3)傷害來源：如化學藥品、手工具、機械、噪音、火……等。

(4)災害類型：如撞倒、墜落、吸入、車禍……等。

(5)危險情況：設備缺陷、防護不當、工作方法及程序不當……等。

(6)災害媒介：指可能有危險情況存在，導致災害發生之物體、物質而言。

(7)災害媒介之部分：如皮帶、齒輪、閥門、安全裝置……等。

(8)不安全行為：係指違反通常應遵守之安全操作方法與程序而導致災害發生之行為而言。

2.系統安全分析法

　　所謂系統安全分析，是運用科學（數學），以邏輯思考、判斷的方式，將事故意外發生的可能之原因，如人、機械、設備、工具、物料、工作方法、製程、步驟、設計等加以分析，尋求關鍵所在，並且提供改善對策，以避免生命、財產、環境及效率的損失，而系統安全分析應用方法很多，例如：

(1)總體危害分析（Gross Hazard Analysis，簡稱 GHA）。

(2)失誤模式及影響分析（Failure Modes and Effect Analysis，簡稱 FMEA）。

(3)人為失誤率預測技術（Technique for Human Error Rate Prediction，簡稱 THERP）。

(4)失誤樹分析（Fault Tree Analysis，簡稱 FTA）。

(5)事件樹分析（Event Tree Analysis，簡稱 ETA）。

(6)失誤危害分析（Fault Hazard Analysis，簡稱 FHA）。

(7)電路邏輯分析（Circuit Logic Analysis）。

(8)界面分析（Interface Analysis）。

以上之分析方式各有其優缺點，但其中以失誤樹分析應運最廣，以下將失誤樹分析過程做簡單之介紹：

(1)問題界定：問題界定包括決定下列幾個主要條件及範圍：

    (a)界定終極或頂端事件（Top Event），也就是欲進行失誤樹分析之意外事件。

    (b)界定分析的邊際條件，如不考慮的事件、存在的事件、系統的物理界定、解析程度。

(2)失誤樹的組成：失誤樹的組成是由終極或頂端事件開始，一層一層地往下分析（即由結果反推分析，找出原因），一直到基本原件為止。

(3)失誤樹的解析：失誤樹雖然提供許多有用的資訊，但是除了簡單的失誤樹之外，很難直接由圖中找出導致意外發生的主要失誤，因此必須進行解析，找出直接引起意外發生的最小切集合（Minimal Cut Sets）。

(4)得到資料：從問題界定到失誤樹解析，可找出終極或頂端事件發生的各項原因。

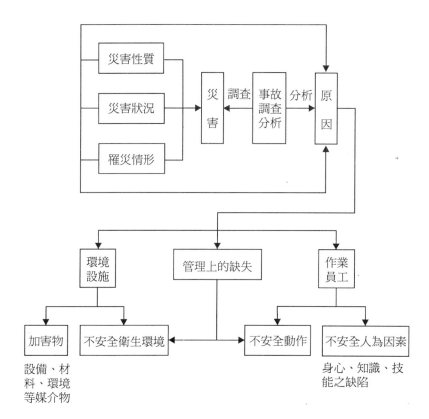

圖10-1　事故調查與分析體系

系統安全分析是一門較深奧的科學，身為安全衛生管理人員不可不瞭解，以上僅做簡單介紹，如欲更深入學習，可參考坊間相關書籍。

(六)調查報告之撰寫

職業災害調查、分析之後，必須撰寫一份完整的調查報告，呈送最高主管才算是完成整個工作。在災害發生時，除非是重大的職業災害，勞工法令並未要求立即報告，且報告無一定格式，僅將事故發生地點、時間、死亡或罹災人數、事業主姓名、電話

向所在地勞動檢查機構通報即可。此外，事業單位應將此職業災害列入當月「職業災害統計月報表」中（有關職業災害統計月報表之填表說明，請參閱附件一）。事業單位宜視災害事故嚴重性，撰寫報告，一份正式的調查報告可能需要封面、目錄、綱要、事故現場概要、發生經過、災害原因分析、結論、建議等，並在附錄中附照片、圖表說明等相關參考資料。而撰寫調查報告，主要內容應包括下列資料：

1.背景資料

(1)災害於何時、何地發生。

(2)災害涉及那些人員及財物。

(3)罹災人員及目擊者基本資料。

2.詳述災害發生經過

(1)事件發生順序流程。

(2)損失程度。

(3)災害的類型。

(4)災害媒介物或能量、危害物（加害物）的來源。

3.災害原因分析

(1)直接原因（加害物來源）。

(2)間接原因（不安全動作、行為、狀況）。

(3)基本原因（安全衛生管理不當、人為或環境因素）。

4.改進建議

為防止類似意外事故的改善措施及對策，建議事項應具體化，每一建議事項都是針對改正一項不安全動作或狀況或管理政策不當，或不安全個人因素。建議事項必須具體可行。

二、職業災害之善後處理

(一)職業災害補償

係指員工遭受職業災害後，雇主基於「無過失責任」（不問雇主是否有過失為要件），擔負彌補員工於遭受災害損失之補償。勞動基準法第七章「職業災害補償」則就處置前述彌補員工損失所必要之補償種類、程序等加以明定，因此職業災害補償又有以法定「災害補償」稱之，以與「災害賠償」之損失賠償區別。

1.醫療補償

係指「員工受傷、罹患職業病時，雇主應為其支付醫療費用」，「受傷」之認定較為簡單，但「職業病」之辨別則不易。因此職業病界定與範圍必須有一適當的合理解釋。依勞動基準法第 59 條第 1 款規定，「職業病之種類」依勞工保險條例有關規定，意即是否判定為職業病，應不能超越勞工保險條例第 34 條第 1 項附表所定種類。

2.工資補償

係指員工於醫療期間無法工作時，雇主對員工應給與因不能工作致損失之補償，其補償額度為「原領工資」，係指「員工遭遇職業災害前一日正常工作時間所得之工資」，如其為計日者，以遭遇職業災害前一日正常工作所得工資。計月者，以遭遇職業災害前最近一個月工資除以 30 所得之金額為其一日之工資。

3.殘廢補償

係指「員工經治療終止（治癒）後，雇主對因身體遺存殘廢之員工，給與之補償」。其補償額度，以平均工資乘以勞工保險條例之「殘廢給付標準表」（勞工保險條例第 53 條附表所列給付標準再乘以 150%）為殘廢補償費，至於遺存殘廢程度，應以指定之

醫院診斷為準，且應一次給與，而不能分次給與。

4.死亡補償

係指「員工遭遇職業災害或罹患職業病而死亡時」，由雇主給與之補償，其內容額度為：

(1)喪葬費：五個月平均工資給與為之喪葬之人。

(2)遺族補償費：給四十個月平均工資與其遺族。

此外，對於應給與之期限，依勞動基準法施行細則第33條規定：「喪葬費應於勞工死亡後三日內，死亡補償費應於勞工死亡後十五日內給付。」

(二)死亡補償受領遺屬之順位

勞工死亡補償受領遺屬之順位如下：

(1)配偶及子女。

(2)父母。

(3)祖父母。

(4)孫子女。

(5)兄弟、姐妹。

(三)職業災害補償與依其他法律給與之相抵充

1.與勞工保險給付之關係

雇主應支付給員工或其遺屬之補償，如「依勞工保險條例或其他法令規定，已由雇主支付費用補償者，雇主得予以抵充」（勞動基準法第 59 條）。但對於無一定雇主之勞工，其職業災害保險費係由其個人及政府補助繳納，故不得抵償。

2.與民事損害賠償之關係

雇主給與員工或其遺屬之職業災害補償，其補償金額得抵充

同一事故所生損害之賠償金額（勞動基準法第 60 條）。

3.與依其它法律所得取之給付之關係

依其它法律可取得給付者，多見於營造事業之工程意外保險，另一種情形存在於事業單位本身設立之基金，以此基金為之抵充之方式。

(四)受領補償權之時效

職業災害補償為基於無過失責任之理念，使員工或其遺屬能迅速領取補償，故以特別立法方式以排除民法冗長之爭訟為宗旨，因此對受領權之時效也排除債權之法律見解，就其規範二年（勞動基準法第 61 條第 1 項）。

(五)受領權之保障

受領補償之權利，不因員工之離職而受影響，且不得讓與、抵銷、扣押或擔保（勞動基準法第 61 條第 2 項）。

(六)承攬間之連帶補償責任

原事業單位與承攬人間之職業災害補償連帶責任（依勞動基準法第 62 條之規定）有以下理念闡示：

(1)在承攬關係中，原事業單位或其承攬人並不因承攬關係而可免除職業災害補償責任，包括對中間承攬人及最後承攬人所僱之勞工。

(2)目的在保障罹災者或其遺屬不因承攬關係而於最後承攬人不具負擔職業災害補償能力時，喪失獲取補償之權力。

(3)依民法之理念，既為承攬，理應由最後承攬人負補償責任，為此，在第二項中明定，原事業單位或中間之承攬人得向最後承攬人補償。

(4)違反本條文並無罰則之規定，故罹災者或其遺屬於原事業

單位或中間承攬人拒絕給付時，仍應依民法規定請求償還，但對其雇主卻得依勞動基準法第 59 條規定請求補償。

原事業單位違背法律義務時之連帶職業災害補償責任與告知義務（依勞動基準法第 63 條之規定）有以下之闡示：

(1)承攬工作如在原事業單位工作場所範圍內或原事業單位所提供者，為事業單位對承攬人有告知勞動條件之義務。

(2)事業單位於違背勞工安全衛生法有關對承攬人等應負責任之規定，於勞工安全衛生法第 16 條至 19 條有相關之規定。

10-4　職業災害調查分析功能

職業災害的發生均有其原因，但並非皆無法避免，而欲成功地預防職業災害，事業單位必須要實施下列四種安全衛生管理活動：

(1)「安全衛生檢查」：用以發現並消除及控制造成災害的人為或環境的危害因素。

(2)「工作安全分析」：利用其來分析改進不安全作業方式及程序。

(3)「安全衛生教育訓練」：以減少人為因素造成災害的發生。

(4)「災害調查分析」：用以決定預防災害的對策及安全衛生的工作方向。

而災害調查分析的功能一般有下列幾點：

(1)確認災害主要來源。

(2)發現某一部門或某種作業中災害的發生性質及其危害。

(3)發現各種機械、設備、材料的不安全狀況，俾引導工程上改善。

(4)供給各部門主管、領班等有關重要危害及不安全實例，使他們更有效地推動安全衛生工作。

(5)發現不安全實例，促使員工接受安全衛生教導及訓練。

(6)發現易促成災害的無效率的作業程序與工廠佈置。

(7)發現不適當的人力配置。

10-5　結　論

　　完善且確實的職業災害調查與報告，一方面可瞭解災害發生的原因，另一方面並設法預防類似災害的再度發生，同時也可以使主管機關與勞動檢查機構瞭解各事業單位職業災害發生的情形，必要時可派員調查與協助改善。中央主管機關針對這些資料，即能確實掌握全面性的各行業安全衛生工作推展情況與實施成效，做為勞動政策的進一步改善規劃之參考。

附件一　職業災害統計月報表之填表說明

壹、職業災害統計月報表之填表應注要事項

一、職業災害統計月報表分甲、乙兩表（如附表一），甲表為總表，乙表為職業災害個案登記表。甲表不管當月有無職業災害發生皆應填報，乙報係當月如有職業災害發生，每個個案均應填具。每月十日前，將甲表及乙表報請當地勞動檢查機構備查。事業單位填報職業災害統計月報表時，應一式二份，其中一份自存，另一份寄達勞動檢查機構。若當月無職業災害發生僅填報甲表即可。

二、甲表「事業單位分類號碼」欄係勞動檢查機構為便於處理報表，按管轄區域對事業單位之編號，事業單位初次填表時，請洽當地勞動檢查機構洽詢索取此號碼填寫。

三、甲表「行業標準分類碼」欄事業單位初次填表時，可洽詢當地勞動檢查機構。

四、甲表「勞工保險證字號」，係依事業單位投保時，勞工保險局給予事業單位之號碼。如字號為「工」字，則第一位填記「1」，同理「職」為「2」、「漁」為「3」、「勞」為「4」、「商」為「5」、「農」為「6」、「自」為「7」、「新」為「8」、「訓」為「9」。例：「工字 12345 號」則勞工保險證字號應填載 "1012345"（後面之號碼 12345 不足六碼者，在號碼前以 "0" 補足）

五、甲表「總計工作日數」係指勞工之實際工作日數之總合。例如某事業單位僱用 150 名勞工，某天有 12 名員工缺工，其它 138 名勞工均上工，雖然該 138 名勞工該天之

工作時間長短不一，但每個勞工均視為工作一天，故該天之總計工作日數應為 138 工作天。如此累計一個月，即為該月份之總計工作日。

六、甲表「總經歷工時」係指全體勞工實際經歷之工作時數。其注意事項如下：

　　1.經歷工時之計算方法：除雇主之外之所有員工之總經歷工時數。如為多單位企業之總辦事處及總營業處之經歷工時，不應包括在所屬某一工廠或機構事業單位經歷工時內，亦不能分攤至各單位經歷工時之內。但全企業或該職業之傷害為計算對象時，則應包括在內。

　　2.總經歷工時之計算應從薪餉名冊、簽到簿或上下班登記卡等計算之，若無此完整記載時，則可用總計僱工之工作日數乘每日之工作鐘點數，估計出總經歷工時之大約數。若各部門之每日工作鐘點數不同時，則應分別估計，然後相加。倘未採用實際總經歷工時計算，則應說明計算之根據。

　　3.生活在公司資產上者（住公司宿舍），經歷工時計算應以實際擔任勤務之工時計算。

　　4.出差人員之經歷工時，因其工作時間很難確定，一般以平均按八小時計算。

　　5.在事業單位內等待工作人員，經雇主方面允許者，其經歷工時或在此時間內之職業災害，均按一般勞工計算。

七、乙表「災害件號」係由事業單位自行編號，原則請依前二碼為年份，中二碼為月份，後二碼依當月職業災害案件發生順序編號。

八、乙表「受傷部位」、「災害類型」、「媒介物」請參考「附表二」，填具其名稱及編號。媒介物編號僅填「小」分類

號碼即可，例如「化學設備」編號為「321」。

九、乙表「損失日數」欄，係指當月所有職業災害發生後之總損失日數，其包括：

1.暫時全失能之傷害損失日數。

2.死亡、永久全失能及永久部分失能之傷害損失日數：

(1)「失能日數」係指受傷人暫時無法恢復工作之日數，其總損失日數不包括受傷當日及恢復工作當日。但應包括中間所經過之日數（包括星期日、休假日或事業單位停工日）及復工後因該災害導致之任何不能工作之整日數。

(2)「傷害損失日數」係指針對於死亡、永久全失能或永久部分失能而特定之損失日數，此項傷害損失日數計算方法如下：

A.死亡：每次應按損失 6,000 天登記。

B.永久全失能：不論當場傷害或經外科手術後之結果，每次均應按照傷害損失日數登記，此項損失日數與實際診療日數並不相同，應按「附表三」之「傷害損失日數換算圖表」數字登記。

十、乙表「結案年月日」欄如至當月最後一天仍未結案，該欄空白。待該案罹災勞工治癒後，在該月份職業災害統計月報表甲表修正欄填補完成。

貳、災害發生原因

災害發生原因可分「直接原因」、「間接原因」、「基本原因」等三項填寫。

一、直接原因：當人或物體受到能量或危害物的襲擊而不能安全地予以吸收時，而導致災害的發生，則此能量或危

害物即為引起災害的直接原因。其包括下列可能因子：

1.能量來源：

  (1)機械性：

      A.機械。

      B.工具。

      C.運動中物件。

      D.壓縮氣體。

      E.爆炸物。

      F.人體運動。

  (2)電氣：

      A.未經絕緣之導體。

      C.高壓電。

  (3)化學性：

      A.酸。

      B.鹼。

      C.燃料。

      D.反應物質。

  (4)熱：

      A.易燃物。

      B.不易燃物。

  (5)幅射：

      A.雷射。

      B.微波。

      C.X光。

      D.放射性物質。

2.危害物：

  (1)壓縮或液化氣體。

(2)腐蝕性物質。

(3)易燃性物質。

    A.固體。

    B.液體。

    C.氣體。

(4)氧化性物質。

(5)毒物。

(6)放射性物質。

(7)致癌物質。

(8)粉塵。

(9)爆炸物。

(二)間接原因：直接原因通常均為一種或多種不安全動作或不安全環境或兩者兼具的結果，此不安全動作或不安全環境即為造成災害的間接原因。

1.不安全動作（行為）：

(1)使用有缺陷之機具。

(2)使用機具方法不當。

(3)未使用個人防護具。

(4)未獲得適用之工具。

(5)在工作中開玩笑。

(6)不正確的提舉。

(7)不正確之裝載機具或物料。

(8)使安全防護具失效。

(9)採取不正確之工作姿勢。

(10)在不正確速度下操作機具。

(11)向運轉中機具進料或取料。

(12)未獲授權任意操作機具。

(13)其它不安全動作（行為）。

2.不安全狀況（設備、環境）：

(1)工作場所擁擠。

(2)工具、機械或物料有缺陷。

(3)高度噪音。

(4)火災或爆炸。

(5)危害性大氣環境：

A.氣體。

B.粉塵。

C.燻煙（設備、環境）。

D.蒸氣。

(6)防護或支撐不當。

(7)警報系統不良。

(8)不整潔。

(9)採光照明不良。

(10)通風不良。

(11)幅射暴露。

(12)其它不安全狀況。

(三)基本原因：取決於雇主對推行安全衛生工作之決心。

1.安全衛生政策：

(1)無安全衛生政策。

(2)無書面資料。

(3)未經雇主簽章認可。

(4)未分發給每一位員工，並宣導周知。

(5)未定期檢討修正。

2.安全衛生程序：

(1)未訂定書面之安全衛生工作守則。

（2)未舉辦安全衛生委員會會議。

（3)未實施預防性保養。

（4)未實施安全衛生自動檢查。

（5)未實施災害調查。

（6)未實施工作安全分析。

（7)未實施健康管理。

3.未考慮提供安全衛生器材及服務。

4.對員工方面：

（1)僱用員工未作適當選擇。

（2)未做適當之安全衛生訓練。

（3)未實施安全觀察。

（4)意見未作適當溝通。

（5)未確立其安全衛生職責。

5.其它造成災害之基本原因。

三、事業單位如違反勞工安全衛生法第 29 條「中央主管機關指定之事業單位，雇主應按月依規定填載職業災害統計，報請檢查機構備查」之規定，依該法第 34 條罰則規定，將處新臺幣三萬元以上、六萬元以下罰鍰。

附表一　職業災害統計月報表（甲、乙表）

職業災害統計月報表

(甲表)

事業單位分類號碼 1-10					行業標準分類號碼 11-14			日　期 15-18	年　月	起 日 止

勞工保險證字號 19-25					事業單位 名　稱	事業單位 地址(電話)	

雇　用 勞　工　人　數	男　　　工 (1) 26-30　　　人	女　　　工 (2) 31-35　　　人	童工(未滿十六歲) (3) 36-40　　　人	合　　　　計 (4) 41-45　　　人

總計工作日數 (5) 46-52　　　日	總經歷工時 (6) 53-60　　　小時

本月未能結案 之失能傷害次數 (7) 61-63	次 災害件號

修正欄 (本欄專供上月以前未能結案而於本月份結案之職業災害修正之用)

職業災害 發生月份 11-14	擬修正之 災害件號 15-20	失　能　傷　害　修　正			結案年月日	該月份 待清次數	失能傷害種類代號表	
		代號種 21-22	類	損失日數 23-26			代號	傷　害　種　類
年　月份				日	年　月　日	次	10	死　　　　　　亡
年　月份				日	年　月　日	次	20	永　久　全　失　能
年　月份				日	年　月　日	次	30	永　久　部　分　失　能
年　月份				日	年　月　日	次	40	暫　時　全　失　能
年　月份				日	年　月　日	次		
年　月份				日	年　月　日	次		
年　月份				日	年　月　日	次		
年　月份				日	年　月　日	次		
年　月份				日	年　月　日	次		
年　月份				日	年　月　日	次		

備　　　　　　註 (包括本月份勞工安全衛 生管理單位、人員如有 異動請將異動情形填入)									
雇主	簽章	勞工安全衛 生業務主管	簽章	勞工安全 管理人員	簽章	勞工衛生 管理人員	簽章	填表人	簽章

勞工檢查機構 簽　　　　　　註	

職 業 災 害 個 案 登 記 表　　（乙表共 1 頁之第 1 頁）

事業分類號碼 1-10				勞工保險證字號		日　期	年　月　日	起 止
災 號 件 號 11-16								
受傷部份	17-18							
	19-20							
	21-22							
災 害 類 型 23-24								
媒 介 物 25-27								
失能傷害種類 28-29								
失能傷害損失日數 30-33								
結 案 年 月 日 34-35		年　月　日	年　月　日	年　月　日	年　月　日			
罹 災 年 月 日時 36-41		年 月 日 午時	年 月 日 午時	年 月 日 午時	年 月 日 午時			
罹 災 者	姓　名							
	身份證字號 42-51							
	出生年月日							
	職　種							
	作業經歷年月							
災害發生經過								
災害發生原因								

234　企業安全衛生管理制度規劃

附表二　失能傷害種類代號表

失能傷害種類代號表

代號	10	20	30	40
失能傷害種類	死亡	永久全失能	永久部分失能	暫時全失能

災害類型表

編號分類	分類項目	編號分類	分類項目	編號分類	分類項目
01	墜落、滾落	09	踩踏	17	不當動作
02	跌倒	10	溺斃	18	其他
03	衝撞	11	與高溫、低溫接觸	19	無法歸類者
04	物體飛落	12	與有害物等之接觸	21	公路交通事故
05	物體倒塌、崩塌	13	感電	22	鐵路交通事故
06	被撞	14	爆炸	23	船艙、航空器交通事故
07	被夾、被捲	15	物體破裂		
08	被切、割、擦傷	16	火災	29	其他交通事故

（編號 21～29 為「交通事故」）

受傷部位代號表

代號	受傷部位	代號	受傷部位	代號	受傷部位	代號	受傷部位
01	頭	07	肘	13	手	19	膝
02	臉頰	08	前膊	14	指	20	腿
03	頸	09	腕	15	腹	21	足
04	肩	10	胸	16	臂	22	內臟
05	鎖骨	11	肋骨	17	鼠蹊	23	全身
06	上膊	12	背	18	股	24	其他

媒介物分類表

分類編號			分類項目
大	中	小	
1			動力機械
	11		原動機
		111	原動機
	12		動力傳導裝置
		121	傳動軸
		122	傳動輪
		123	齒輪
		129	其他
	13		木材加工用機械
		131	圓鋸
		132	帶鋸
		133	鉋面鋸
		139	其他
	14		營造用機械
		141	牽引機類設備
		142	動力鏟類設備
		143	打樁機、拔樁機
		149	其他
	15		一般動力機械
		151	車床
		152	鑽床
		153	研磨床
		154	沖床、剪床
		155	鍛壓鎚
		156	離心機
		157	混合機、粉碎機
		158	滾筒機
		159	其他

分類編號			分類項目
大	中	小	
2			裝卸運搬機械
	21		起重機械
		211	起重機
		212	移動式起重機
		213	人字臂起重機
		214	升降機、提升機
		215	船舶裝卸裝置
		216	吊籠
		217	機械運材、索道機械、集材裝置
		219	其他
	22		動力搬機械
		221	卡車
		222	堆高機
		223	事業內、軌道設備
		224	輸送帶
		229	其他
	23		交通工具
		231	汽車、公共汽車
		232	火車
		239	其他
3			其他設備
	31		壓力容器類
		311	鍋爐
		312	壓力容器
		319	其他
	32		化學設備
		321	化學設備

大	中	小	分類項目
3	33		熔接設備
		331	氣體熔接
		332	電弧熔接
		339	其他
	34		爐窯等
		341	爐窯等
	35		電氣設備
		351	輸配電線路
		352	電力設備
		359	其他
	36		人力機械工具
		361	人力起重機
		362	人力運搬機
		363	人力機械
		364	手工具
	37		用具
		371	梯子等
		372	吊掛鉤具
		379	其他
	39		其他設備
		391	其他設備
4			營建物及施工設備
	41		營建物及施工設備
		411	施工架
		412	支撐架
		413	樓梯、梯道
		414	開口部分
		415	屋頂、屋架、樑
		416	工作台、踏板
		417	通路
		418	營建物
		419	其他

大	中	小	分類項目
5			物質材料
	51		危險物、有害物
		511	爆炸性物質
		512	引火性物質
		513	可燃性氣體
		514	有害物
		515	輻射線
		519	其他
	52		材料
		521	金屬材料
		522	木材、竹材
		523	石頭、砂、小石子
		529	其他
6			貨物
	61		運搬物體
		611	已包裝貨物
		612	未包裝機械
7			環境
	71		環境
		711	土砂、岩石
		712	立木
		713	水
		714	特殊環境
		715	高低溫環境
		719	其他
9			其他類
	91		其他媒介物
		911	其他媒介物
	92		無媒介物
99		999	不能分類

附表三　傷害損失日數換算圖表

傷害損失日數換算表（以日計） （依據 CNS 1476）							
骨節之全部或局部斷失	拇指	食指	中指	無名指	小指	大趾	其餘各足趾
末梢骨節	300	100	75	60	50	150	35
第二骨節	＊	200	150	120	100	＊	75
第三骨節	600	400	300	240	200	300	150
中腕節或中跗骨	900	600	500	450	400	600	350

		【 官 能 殘 廢 】	
死亡	6,000		
永久全失能	6,000	一眼失明（無論另一眼有無視覺）	1,800
手腕	3,000	兩眼失明（在一次事故中）	6,000
足踝骨	2,400	一耳全部失聰（無論另一耳有無聽覺	600
腕部以上至肘部	3,600	兩耳全部失聰（在一次事故中）	3,000
肘部以上包括肩骨關節	4,500	不能治癒的疝氣	50
膝部以上之任何部位	4,500	能治癒之疝氣按實際損失日數計	
足踝以上至膝蓋	4,500		

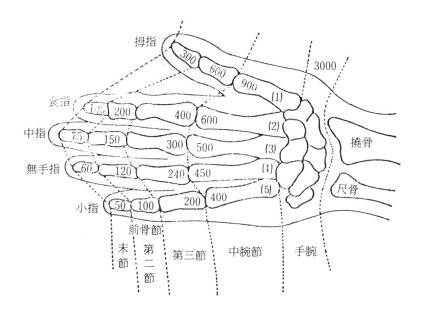

手部傷害損失日數換算圖

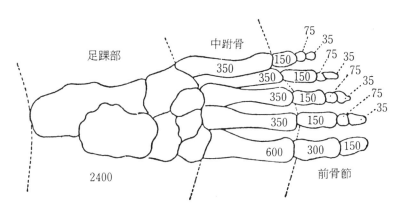

足部傷害損失日數換算圖

附件二　職業災害調查與處理實施準則範例

○○股份有限公司事故調查與處理實施準則

壹、依據

依「勞工安全衛生法」第 28 條及本公司「安全衛生管理規章」相關規定事項辦理。

貳、目的

一、保證所有的事故均將被提報及調查。

二、找出事故之基本原因。

三、減少類似事故的再發生。

四、辨識計畫的需求。

五、在訴訟時，可提供必要之需要。

六、經由對整個計畫的改善，可以將索賠金額減至最低。

七、藉由控制事故的損失，可增加生產時間及減少操作成本。

參、需要進行調查分析及報告之事故類型

一、發生死亡災害事故時。

二、一件事故中罹災人數達 3 人以上時。

三、其它經中央主管機關指定公告之災害。

四、勞動檢查法施行細則第 31 條規定者。

【以上事故發生除依重大災害處理步驟流程辦理外，安全衛生管理單位應於事故發生 24 小時內通報當區勞動檢查機構】

五、永久性全失能。

六、永久性部分失能。

七、暫時性全失能（損失日數 1 日以上）。

八、其它（驚嚇、財產損失、職業病、火災、爆炸、化學物
　　外洩）。

肆、重大災害現場處理步驟流程

事故發生	發現事故者	部門主管	安全衛生管理單位	召開重大事故檢討會議	依檢討會議之控制措施進行追蹤改善	結案
	對受災者處以先期救護，如該場所有立即發生危險之虞者，得將傷患妥善移至安全處所，並盡速通報所屬領班或主管。	接獲災害通報後，除立即採取必要之急救、搶救措施外，亦需派員通知安全衛生管理部門協助處理，並判斷災害現場有無發生大規模災害之虞，來決定是否撤離該區人員。	接獲發生災害部門通報後，依災害嚴重度，判別是否應組成緊急應變小組，如否應立即趕赴現場協助。如發生本準則第 3 項 1 至 4 款規定之職災，除必要之急救搶救外，不得移動或破壞現場，並同時實施災害調查分析並記錄，並於災害發生 24 小時內通報中檢所。	當調查分析報告完成後，由總經理召集各部門主管人員召開重大事故檢討會議，針對事故造成之直接原因、間接原因、基本原因做研討，並擬出控制防止類似事故再發生之因應對策及相關措施及本次事故補救方案。	依事故檢討會議所研擬出之各項控制及防止預防措施方案，應訂出事故追蹤改善計畫，依追蹤事項、負責部門及人員、應完成日期、執行現況及改善延遲原因等交由安管部門執行，並應做成記錄存檔備查。	該事故於當月職業災害統計月報表中記載，呈報當地檢查機構。

虛驚事故調查流程

虛驚事故發生	受虛驚者回報	向直屬主管回報	主管進行分析及調查	分析記錄送安管單位	安管人員進行訪查	現場勘查及繪製圖示	提出改善措施及計畫	結案

伍、重大事故分析調查各級人員職責

一、事故目擊者：配合安管單位訪談，具實以告，以利調查分析報告完整且與事故發生原因吻合。

二、部門主管：實施事故先期調查，協助安管單位實施事故原因調查分析，並參加重大事故檢討會議。

三、安管單位：綜理事故調查分析工作，並對相關人員施予訪談記錄，及執行追蹤改善計畫相關事項。

四、總經理：調查分析完成後，召集各部門主管召開重大事故檢討會議，研擬出因應防止類似事故再發生之建議及措施。並對罹災者加以慰問。

五、罹災者：除身故、重傷外，其應配合調查人員實施調查，以釐清事故發生真正原因及責任歸屬。

附表：1.事故調查報告表；2.重大事故檢討報告；3.相關人員訪談記錄表；4.追蹤改善記錄表。

附表一　事故調查報告表

○○股份有限公司事故調查報告表

確認資料	1.公司或組別：		2.部門：			
	3.事故地點：		4.事故日期： 　　/　　/	5.時間：		6.報告日期：
	傷害或職業病		財產損失		其它事故	
	7.被保險人姓名：		14.財產損壞：		18.事故性質：	
	8.身體部位：	9.損失工時：	15.損壞性質：		19.可能損失金額：	
	10.傷害或職業病性質：		16.損失金額　估計： 　　　　　　實際：		20.事故提報人員：	
	11.引起傷害之物體、設備或物質		17.引起損失之物體、設備或物質：		21.相關物體、設備或物質：	
	12.職務：	13.年資：	22.控制十七項之人員：		23.控制廿一項之人員：	
風險	如果不予矯正評估損害性損失	24.損失嚴重度的潛在性： □重大 □嚴重 □輕微		25.發生的頻率： □重大 □嚴重 □輕微		
事故描述	26.詳述事件如何發生：					
原因分析	27.造成或可能造成事故之立即原因（不標準的行為及狀況）為何：					
	28.造成或可能造成事故之基本原因（人為或工作因素）為何？(詳見第二頁檢點表以解釋這些說明)					
改善措施	29.為控制上列原因而已有或應有的補救措施為何：					
	30.調查人簽名：	31.日期：	32.追蹤：圈起採取暫時性措施之序號，已完成者打×或列出執行日期 　　1.　　　3.　　　5. 　　2.　　　4.　　　6.			
	33.覆查人簽名：	34.日期：				

27A.立即原因：（勾出所有適用的）		事故分析代碼	
不標準行為：	**不標準狀況：**	01.發生地點	☐
☐01.未經同意操作設備	☐01.防護罩或護欄不當	05.發生時間	☐
☐02.警告失誤	☐02 防護設備不足或不	08.傷害類型	☐
☐03.防護失誤	當	10.嚴重度	☐
☐04.在不當速度下操作	☐03.工具設備或物料有	11.媒介	☐
☐05.使安全裝置無法運作	無瑕疵	12.職務	☐
☐06.去除安全裝置	☐04.行為受限或擁擠	13.年資	☐
☐07.使用有瑕疵設備	☐05.警示系統不足	16.財務類型	☐
☐08.未適當使用個人防護	☐06.火災或爆炸危險	18.損失金額	☐
設備	☐07.管理不佳、雜亂	19.機構媒介	☐
☐09.運載不當	☐08.危險的環境：毒	26.不標準行為	☐
☐10.放置不當	氣、粉塵、燻煙	26.不標準狀況	☐
☐11.提舉不當	☐09.噪音暴露	27.人為因素	☐
☐12.作業位置不當	☐10.放射線外洩暴露	27.個人因素	☐
☐13.修護運轉中設備	☐11.高溫或低溫暴露	34.接觸類型	☐
☐14.嬉戲	☐12.照明不足或過量		
☐15.使用設備不當	☐13.通風不足	**接觸類型觸及**	
☐16.酒精及其它藥物影響		☐01.碰撞　☐09.用力過猛	
		☐02.被擊中　☐10.電	
		☐03.落入　☐11.熱	
		☐04.投入　☐12.冷	
		☐05.夾捲　☐13.幅射線	
		☐06.滑落　☐14.腐蝕劑	
		☐07.跌倒　☐15.噪音	
		☐08.跌落　☐16.有毒或有害物	

原因查核表	36.覆查人對於調查人對事故基本原因及補救措施可能不足的分析意見：
	37.簽名：　　　38.職稱：　　　39.日期：

40.

	計畫項目	管理控制 P S C	計畫項目	管理控制 P S C
控制	01.領導與管理	☐ ☐ ☐	11.個人防護具	☐ ☐ ☐
	02.主管人員訓練	☐ ☐ ☐	12.健康控制	☐ ☐ ☐
	03.定期檢查	☐ ☐ ☐	13.計畫評估系統	☐ ☐ ☐
	04.作業分析及步驟	☐ ☐ ☐	14.工程控制	☐ ☐ ☐
	05.事故調查	☐ ☐ ☐	15.個人溝通	☐ ☐ ☐
	06.作業觀察	☐ ☐ ☐	16.小組會議	☐ ☐ ☐
	07.緊急應變佈置	☐ ☐ ☐	17.一般宣導	☐ ☐ ☐
	08.安全作業觀察	☐ ☐ ☐	18.僱用及配工	☐ ☐ ☐
	09.事故分析	☐ ☐ ☐	19.採購控制	☐ ☐ ☐
	10.員工訓練	☐ ☐ ☐	20.下班後安全	☐ ☐ ☐

註　P：需要執行計畫項目　S：不當之標準　C：未遵循標準

圖示相關位置	

附表二　重大事故檢討報告

○○股份有限公司重大事故檢討報告

第三頁

地點			部門組別	
事故日期	年　月　日		檢討日期	
損失性質	對人員或財產之實際的或潛在的損失性質與程度（包括財產損失成本）			
描述	事故描述（何人、何事、如何、何時）			
原因	事故為何發生			
建議	避免再度發生的措施（全公司應共同注意的資訊）			
檢討會議出席人員				
備註				

附表三　職災事故相關人員訪談記錄表

○○股份有限公司 職災事故相關人員訪談記錄		
壹、肇事者口述：		
貳、目擊者口述：		
參、其它目擊者口述：		
肆：現場勘查資料：		
總經理：	安全衛生業務主管：	調查人員：

附表四　追蹤改善記錄表

追蹤改善記錄表

年　月　日

項次	追蹤事項	負責人部門	應完成日期	執行現況	延遲／落實原因	備註

附件三　全年分月公傷記錄表

月份	當月公傷次數	當月總工時數	排序	公傷次數				傷害損失日數		傷害嚴重率		醫療費用	備註
				死亡	殘廢	重傷	輕傷	上月	本月	上月	本月		
1													
2													
3													
4													
5													
6													
7													
8													
9													
10													
11													
12													

（表頭）ＸＸ年度　公傷記錄表

↑ 從排序中，可找出該年何月份發生傷害次數最頻繁，以做為教育訓練時間排定之參考。

附件四　職業災害調查、處理流程（僅作參考）

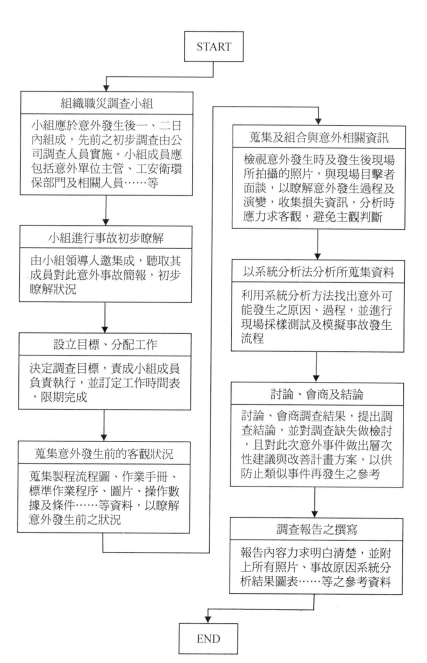

START

組織職災調查小組

小組應於意外發生後一、二日內組成，先前之初步調查由公司調查人員實施。小組成員應包括意外單位主管、工安衛環保部門及相關人員……等

小組進行事故初步瞭解

由小組領導人邀集成，聽取其成員對此意外事故簡報，初步瞭解狀況

設立目標、分配工作

決定調查目標，責成小組成員負責執行，並訂定工作時間表，限期完成

蒐集意外發生前的客觀狀況

蒐集製程流程圖、作業手冊、標準作業程序、圖片、操作數據及條件……等資料，以瞭解意外發生前之狀況

蒐集及組合與意外相關資訊

檢視意外發生時及發生後現場所拍攝的照片，與現場目擊者面談，以瞭解意外發生過程及演變，收集損失資訊，分析時應力求客觀，避免主觀判斷

以系統分析法分析所蒐集資料

利用系統分析方法找出意外可能發生之原因、過程，並進行現場採樣測試及模擬事故發生流程

討論、會商及結論

討論、會商調查結果，提出調查結論，並對調查缺失做檢討，且對此次意外事件做出層次性建議與改善計畫方案，以供防止類似事件再發生之參考

調查報告之撰寫

報告內容力求明白清楚，並附上所有照片、事故原因系統分析結果圖表……等之參考資料

END

問題與討論

一、請由下表已知條件，試求其一月、三月、四月、七月、十月
之失傷害頻率、失能傷害嚴重率及失能傷害平均損失日數。

項目＼月份	一月	三月	四月	七月	十月
經歷工時平均	62,311	60,139	56,318	61,314	63,112
傷亡人數	一死一傷	三 傷	一死二傷	一傷	四傷
災害次數	2	3	2	1	4
總損失日數	9,500	5,500	10,500	1,200	11,250

提示：

$$1. \text{失能傷害頻率} = \frac{（當月失能傷害人次數）\times 1,000,000}{當月經歷工時}$$

$$2. \text{失能傷害嚴重率} = \frac{（當月總傷害損失日數）\times 1,000,000}{當月經歷工時}$$

$$3. \text{失能傷害平均損失日數} = \frac{失能傷害嚴重率}{失能傷害頻率}$$

二、甲事業單位有員工 125 人，每週平均工作 40 小時，在九個月
內，有三名員工發生失能傷害事故；乙事業單位有員工 290
人，每週平均工作 44 小時，在十個月內有三名員工發生失能
傷害事故，試比較那一個事業單位的失能傷害頻率較高。

三、依據勞工安全衛生法，那些職業災害需報告勞動檢查機構？

四、一份正式的職業災害調查報告應包括哪些事項？

五、試說明職業災害調查之功能為何。

六、您認為職業災害調查小組應包括哪些成員？理由為何？

七、試說明在職業災害調查前應準備哪些工作。

八、您認為在職業災害現場調查時應注意哪些事項？

九、請您列出一些常用的系統安全分析方法，並自我評估是否熟
　　悉該方法的使用原則，是否有再進修之必要。

十、職業災害的防範比事後檢討更為重要，身為安全衛生管理人
　　員的您，有哪些好方法可用來防止職業災害的發生？

第十一章
緊急應變計畫

11-1 前 言

事業單位擬定緊急應變計畫的目的乃在於建立一套適當的程序,使當意外事故災害發生時,能採取適當的緊急處置應變之方法,以減少因災害所造成的人員、財產、停工等之損失。其範圍包括天災(地震、洪水、颱風……)、火災、爆炸、毒性物質外洩及其它可能造成傷亡的意外事故等。而計畫的擬定是一項預先規劃、安排好的作業,以「未雨綢繆」為原則,而不是等到突發事故發生時才進行,除了「準備」之外,也要能「即時」、「有效」地因應任何意外事故,切勿成為亡羊補牢的補救措施。許多意外事故在其剛發生時,如具有良好的應變計畫,根本就不至於擴大,造成重大傷亡。事業單位經營主要目的為創造利潤,維持事業之持續成長與永續經營,因此除需有完善的安全衛生管理制度外,尚需有一套詳實的緊急應變計畫,一方面減低職業災害的發生,同時也可減少事業的經營風險,而獲得更高利潤,事業主們何樂不為呢!

11-2 相關法令規定

一、勞工安全衛生法

勞工安全衛生法第 23 條規定:「雇主對勞工應施以從事工作及預防災變所必要之安全衛生教育、訓練。」

前項必要之教育及訓練事項,由中央主管機關訂定。勞工對於第一項之安全衛生教育、訓練有接受之義務。

二、特定化學物質危害預防標準

特定化學物質危害預防標準為中央主管機關依勞工安全衛生法之授權訂定以預防特定化學物質危害之發生。

三、高壓氣體勞工安全規則

本規則是中央主管機關依據勞工安全衛生法之授權所訂定,以維護高壓氣體作業勞工之安全。

四、危險物及有害物通識規則

本規則是依勞工安全衛生法第 7 條規定訂定,條文內容雖未直接提及緊急應變相關預防及處理規定,但將農藥、環境衛生用藥、放射性物質以外的危害物標示圖式及內容予以統一,並規定標示方式。這些標示圖式以及物質安全資料在平日可供操作人員運作時注意各項措施的安全性,在化災搶救時更是搶救人員採取正確的應變措施及防護裝備的重要依據。

五、勞動檢查法及其附屬法規「危險性工作場所審查暨檢查辦法」

本法中規定申請危險性工作場所審查或檢查時應檢附緊急應變計畫。

11-3　緊急應變處置概論

　　緊急應變處置之目的乃在建立一套適當的程序，使其災變發生時能採取妥善之措施，以減少災變之危害與傷亡。良好的緊急應變計畫是有效緊急應變的基礎，一項良好的計畫應包括：

(1)一個能應付緊急應變事故之組織結構：

　　(a)針對不同型式之事故，敘述特定之應變步驟。

　　(b)敘述必要的與廠區外之相互關係（廠區通報系統）。

　　(c)提出恢復生產（復工）之說明。

(2)儲存或處理危險性物質的工作場所，必須在工廠平面圖上標示出來，並納入應變計畫中，受外洩影響區域亦需標示。

(3)任何可能影響大眾健康之化學品，必須在計畫中確認，若有任何獨特之處理步驟或急救措施，必須在計畫中說明。

(4)鄰近居民集中處所及其它與環境有關區域必須在計畫中確認，任何用以避免或降低因外洩、火災、爆炸等對臨近社區或環境所造成傷害與衝擊之方式，必須在計畫中討論。

(5)廠內所使用、處理、生產、儲存之所有具危險性物質，其化學性、物理性、安全及緊急應變資料與降低其危險性之技術，必須於計畫中說明。

(6)建立組織及廠內、廠外之緊急聯絡網。

以下就緊急應變之主要內涵做概要性介紹：

一、緊急應變定義

係指「動員所有可利用之人力、物力以應付突如其來的緊急或意外事件」。

二、緊急應變的目的

(1)維護社會大眾生命及財產之安全 （包括廠內、廠外）。

(2)將災害對環境可能造成之傷害降至最低。

(3)控制意外事故不使其擴大。

(4)加速復原與復工。

三、緊急事故之種類

(1)火災、爆炸。

(2)有毒或具強烈異味氣體、物質的大量外洩。

(3)颱風、地震、水災等天然災害。

(4)運輸意外。

(5)停電、停水可能造成之重大損失。

(6)暴亂、炸彈、惡意破壞、威脅恐嚇等。

(7)人員陷於危險狀況或有大量傷亡／中毒。

(8)設備有不正常的運作現象，可能引起爆炸或重大災害。

(9)其它：如空襲警報……等。

四、緊急應變的步驟

(1)現場應變。

(2)報告主管機關、通知業主、聯絡支援單位。

(3)設立現場救災指揮中心及通訊網路。

(4)現場隔離,實施交通管制。

(5)採取臨時救援步驟。

(6)尋求專業救護小組支援。

(7)確實傳達災情狀況、統一發佈新聞。

(8)報告處理經過與損害狀況(包含廢棄物之清理、處理)。

(9)檢討事故發生之原因與責任歸屬。

(10)記取教訓,防範未然。

五、緊急事故通報系統

(一)通報方式

(1)廣播。

(2)警示燈。

(3)電話。

(4)警報器。

(5)鈴聲。

(二)通報對象

(1)緊急應變人員。

(2)現場人員。

(3)外在救援、支援單位。

(4)廠外居民。

(三)通報資料（必須明確扼要）

(1)災害原因（How did it happen?）。

(2)災害地點、發生時間（Where/When did it happened?）。

(3)災害狀況（What did it happened?）。

(4)逃生方向（含風向與路徑）。

(5)可能造成潛在之危害（Whom it happened to?）。

(6)需要之消防器材及裝備。 ⎫

(7)可能造成之廢棄物及處理方法。 ⎬（What did it need?）

六、緊急應變實施範籌

(1)隨時演練，使能迅速掌握事故。

(2)隨時檢討，視實際需要、輕重緩急逐步改進。

(3)廣泛運用各種社會資源（政府單位、財團法人、業者）技術、設備，以避免重複投資形成浪費。

(4)擷取先進國家現有之法規資料及經驗，利用國內產、官、學、民、研究機構等現有之資源、設施融合成新計畫。

(5)認識緊急應變的實施手段：教育、訓練、檢查等方法，目的在於徹底防止災變發生。

(6)摒除地域觀念與本位主義，廠家間應相互學習與支援。

七、緊急應變之最終目標

(1)所有意外事故均能避免與預防。

(2)改善生活環境，提高生活品質。

(3)業界與社會大眾能互信互諒。

11-4　緊急應變計畫涵蓋內容、基本架構及製作要領

一、緊急應變計畫應涵蓋之內容

(一)廠內應變組織（Plant Emergency Organization）

　　指定負責人員、代理人、每一位員工或部門之責任，主要人員的聯絡方式（包括廠內、住家）。

(二)廠內危險性評估（Plant Risk Evaluation）

　　廠內有害物質數量、位置，每一種危害物質之物質安全資料表（MSDS）、隔離閥位置、緊急滅火程序及其它應注意之事項。

(三)廠區附近風險評估（Area Risk Evaluation-Other Industries Near Plant）

　　附近工廠危害物質之特性，聯繫人員（姓名、電話），附近工廠洩漏等意外發生時之通知，警報、通訊方式。

(四)通知程序及聯繫系統（Notification Procedures and Communi-cation Systems）

　(1)警報裝置。

　(2)聯繫系統（包括廣播、專用電話等）。

　　(a)應變組織。

　　(b)公司管理階層及應變總指揮官。

　　(c)當地官方及主管機關。

　　(d)所有員工。

(e)附近工廠。

(f)附近居民、社區。

(3)緊急聯絡網建立，通知相關人員到廠指揮。

(4)指定與媒體聯繫之人員。

(5)通知受害人員家屬程序。

(6)統一報備（如地區勞動檢查機構、環保局……等）單位。

(五)緊急應變及處置用設備、器具（Emergency Equipment and Facilities）

(1)滅火設備。

(2)緊急醫療器具。

(3)有毒氣體或毒性物質偵測器。

(4)風向及風速測定器。

(5)個人防護具。

(6)圍堵設施。

(7)人員疏散及逃難路徑及運轉工具。

(六)回復正常操作狀況之程序（Procedures for Returning to Normal Operations）

與廠外人員聯繫、溝通（負責人員、可能受影響人員等）。

(七)訓練與演練（Training and Drills）

(1)有關化學品之特性（物性／化性）、反應性、毒性。

(2)緊急狀況報告程序。

(3)警報裝置相關知識。

(4)消防器材位置及使用方法。

(5)個人防護裝備之使用方法。

(6)個人防護衣物、設備之除污程序。

(7)逃生程序、路線。

(8)經常發生之緊急狀況模擬。

(八)隨時定期演練及試驗緊急應變組織／程序（Regular Tests of Emergency Organization and Procedures）

(1)模擬緊急狀況。

(2)定期檢試警報系統。

(3)定期檢查消防設備。

(4)逃生演練。

(5)現行之緊急應變組織緊急處理演練。

(九)緊急應變程序（Emergency Response Procedures）

(1)聯繫方法與逃生路線。

(2)醫護救助。

(3)特殊漏洩氣體、液體之處理。

(4)颱風時之處理。

(5)公共設備供應異常之處理。

(6)個別單位之緊急應變程序。

(7)炸彈爆炸之處理應變程序。

(十)詳盡之操作手冊與緊急應變計畫之更新(For Each Process Unit; Utility System and Plan Updates）

　　緊急開車及關機停車之程序及潛在可能發生事故之分析，各別事故時應採取之緊急應變措施，另每年檢討或變更不合時宜之計畫內容。緊急應變計畫訂定過程如圖 **11-1** 所示。

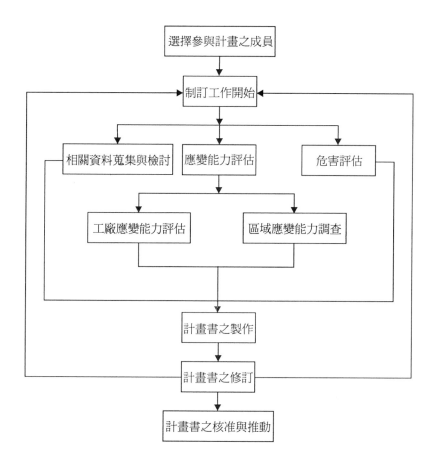

圖11-1　緊急應變計畫訂定流程示意圖

二、緊急應變計畫書基本架構

　　計畫書的內容應盡量涵括所有可能發生的災害類型、災害等級、應變措施、物料的物性、化性救災資料、應變資源…… 等，同時能符合法規及檢查單位的要求。下列為計畫書大綱章節，供事業單位在製作緊急應變計畫時架構之參考：

　　(1)序論：

　　　　(a)目的。

　　　　(b)各章節之運用。

　　　　(c)工廠地理位置圖之應用。

　　　　(d)物質安全資料表之運用。

　　　　(e)應變資源之應用。

　　　　(f)計畫書之分配。

　　　　(g)計畫書之修定。

　　(2)整廠資訊說明：

　　　　(a)工廠描述。

　　　　(b)計畫書適用範圍。

　　　　(c)氣象資料。

　　(3)工廠應變流程與組織：

　　　　(a)應變運作流程。

　　　　(b)應變架構組織與權責。

　　　　(c)消防編組。

　　　　(d)應變指揮中心。

　　(4)警報與通報：

　　　　(a)警報。

　　　　(b)通報。

　　(5)應變指引：

　　　　(a)洩漏指引。

　　　　(b)火災指引。

　　(6)疏散：

　　　　(a)疏散時機。

　　　　(b)疏散措施。

　　　　(c)疏散路線與集合地點。

　　(7)復原：

(a)復原程序。

(b)組織與職責。

(8)附件：

(a)訓練與演練。

(b)廠內使用原物料的 MSDS（物質安全資料表）。

(c)OSPCT（化學災害現場預防協調小組）資料。

(d)應變資源。

(e)事故文件。

(f)北、中、南區毒物應變諮詢中心。

　　事業單位緊急應變計畫書乃針對事業單位本身較易發生事故的危害性務料、存放位置及可能造成的影響範圍，以及廠內可供運用的救災人員與器材，作深入的分析與整體性的規劃。當真正緊急事故發生時，事業單位可依計畫書中的規劃成立應變組織、召集各組應變人員，並依照引起事故的原因、物質及災害情形，採取適當的應變措施，進行緊急處理處置。在平日亦可作為廠內緊急應變演練時教材與實施指引規範。所以規劃周全的緊急應變計畫書應有作為真正事故發生時的應變指引、發展應變程序書之依據及事業單位平日的訓練教材等功能。

三、緊急應變計畫製作要領

　　本節將說明緊急應變計畫書包括哪些基本要項，以及如何擬定因廠因地制宜的緊急應變計畫書，緊急應變計畫書依場地及設施之複雜性而不同，但是至少應包括下列各基本要項：

(一)計畫目的及應變組織

　　要清楚地指出本計畫要在「何時」運作和「如何」運作，同時列出在此計畫下，負有特定責任之相關部門或協力機構，如有

臨近其它工廠或地區之相關緊急應變計畫書,也要在此列出,並明確指出本計畫的實施目的。

(二)可能之影響、污染源與其可能對大眾及環境造成之傷害(風險評估)

其實就是所謂「危害性鑑定和分析」(hazards identification and analysis),其目的在於回答下列問題:

(1)危害性位於何處?

(2)牽涉到哪些有害化學物與有害物?

(3)一旦外洩或發生意外事故時,哪些地點將遭受重大災害?

鑑定危害的方法以及所應採取的對策,如圖 **11-2** 所示。

(三)災害發生時之報告及警示機能(內部及外部)

1.通知

有些災變的情況並不嚴重,可以由現場或現有的員工和設備,直接因應即可處理妥當,而不需上級人員和緊急應變小組的參與。但如果災變的程度超過他們的能力和設備,則可能需要額外的支援以及正式的緊急應變。

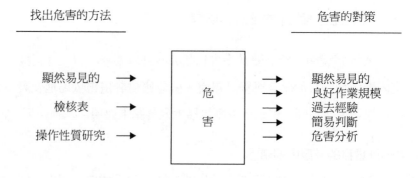

圖11-2 危害鑑定分析方法和對策

(1)內部通知：應變計畫書必須清楚地列明應變負責人員名
單，以及通知他們的順序，要包括他們辦公室和家中電話
號碼及其緊急聯絡人。

(2)外部通知：必須指出向哪些政府機關通知，並指明是否要
其直接參與因應作業或者只是依規定向其通知報告即可。
同時也要列出哪些民營機構有能力馬上到災變或洩漏現
場，因應或從事災後的清除工作。

通知名單表—辦公室和家中電話號碼
1.公司：(1)本公司緊急應變總指揮
　　　　(2)本公司緊急應變小組
　　　　(3)其它相關救援、醫療單位
2.政府機構（通知、協助）
　(1)中央
　(2)省（市）
　(3)縣（市）
　(4)直轄市
3.臨近工廠：協助救援
4.其它：附近居民、社區

2.報告：

發生災變事件，處理報告的可能理由如下：

(1)與虧損有關的公司政策。

(2)政府主管機關的法令要求。

(3)如災變程度大到足以波及臨近社區時，有時依規定或約定
應向社區通報，因此在擬訂緊急應變計畫書時，應瞭解政
府法規的要求，以及經過整合後之社區應變計畫書的要
求。計畫書得指出由誰向政府機關報告。

> 1.要報告什麼以及其緊要性
> 2.向誰報告
> 3.由誰報告
> 4.報告的辦法：口頭或書面

(四)人員及設備之配置與清單（可用之資源）

在緊急規劃的過程，其中一項主要任務就是瞭解工廠，目前有多少人員和工具，可供運用。人員資料和裝備器材之明細表，應包括處理災變時能運用的人力和所需的器材裝備與其存放地點。在明細表中也應包括專門研究和清除有害物質的公司和政府機構中的專業小組，例如消防隊和有害物質處理小組等。人員明細表應提供重要的設施的主要聯絡人名字和其家裡電話、平時與廿四小時皆可聯絡的政府機關緊急電話與傳真機號碼，以便需要時通知協助。

> 1.緊急應變調度人員名單
> 2.標出廠址現有工具及其存放處
> 3.標出臨近可調用的工具及其存放處，指出如何借用或調度
> 4.標出可供支援之醫療單位
> 5.標出可由政府單位提供之工具和服務

(五)緊急應變各級人員之應變職責

緊急應變計畫書必須列有預先指定的公司人員，並明確指出其責任與職掌，例如：

(1)誰是負責復原作業？

(2)誰為災變現場指揮官？

(3)誰是應變小組成員？

(4)醫療單位或法律顧問為何？

此外計畫書也要列出重大災變時參與因應之協助機構，每一機構所擔任之角色和責任。

(六)危害、污染物之截流、清除及最終處理

影響危害、污染物控制及清除的因素包括：

(1)危害、污染物之種類與數量。

(2)截流情形。

(3)對人體和環境的潛在危害。

(4)危害、污染物之承受體（地面、水體、空氣或地下水）。

當因應決策時，往往無法得到上述的資料，因此在緊急應變規劃時，應取決於所生產、儲存或運輸之化學物特性。公司在應變計畫書上，得依據可能的合理假設情況，說明如何控制、清除這些危害、污染物。計畫書也要指出這些污染物的最終排除與處置方法和地點。

(七)公共關係

應指定公關發言人，以確保因應作業不受大眾及媒體影響，同時所發佈的消息有一致性，該發言人是唯一向媒體、有關團體及社區提供消息來源，避免臆測災變原因與責任歸屬。

(八)緊急應變計畫教育訓練與修正

排定緊急應變演練時間與訓練課程，並透過演練找出計畫缺點所在，修正計畫書內容之時機。

(九)經費編列

教育訓練、演練及器材購置等皆需經費支應，計畫書中應將經費編列條件列入計畫書中。

11-5 結 論

　　安全衛生工作的目標是在防止任何意外事故的發生，許多意外事故於剛剛發生的時候，如果有良好的緊急應變計畫，根本就不致擴大，造成重大傷亡與損失。要防止上述事件便需靠平日良好的應變計畫和訓練來達成。任何重大意外事故最後檢討結果，多半是起於「管理不善」及「事故發生後一連串的不當處置措施」所造成。因此，安全衛生管理人員必須具備前瞻性的觀念，重視意外事故的預防，並採取必要之手段，且在萬一發生事外時，對事故之緊急應變與處置應迅速明確，並有一套完善的應變處置計畫，使其於災變時能臨危不亂，依既定程序妥善處理，使得意外事故的危害不致擴大，並避免或減少人員傷亡與財產損失，此亦為建立緊急應變處置計畫之終極目標。

附件一　緊急應變計畫制訂規範參考範例

ＸＸ公司　緊急應變計畫製訂規範

壹、總則

本公司制訂緊急應變計畫之目的，在防止因天災、火災、爆炸及其它如外洩意外事故等，導致「廠內」人員、設備、財產及「廠外」大眾生命危害及環境生態之破壞。任何緊急情況發生時，必須即刻執行本計畫。

貳、緊急應變處置中心

一、本公司設置緊急應變處置中心（在緊急計畫書內應明定緊急應變處置中心所在位置），並由輪職人員二十四小時駐守此中心，如緊急狀況發生時，處置中心為應變指揮中心。

二、應變處置中心應符合下列條件：

(一)設置地點需為不被災害波及之安全處所(天災除外)。

(二)應設置廠區警報啟動裝置、擴音廣播系統及廠區內外聯絡系統等設備。

(三)備有緊急應變計畫書、廠區平面圖、緊急應變設施配置圖、緊急應變指揮官三級代理人之名單與緊急應變聯絡方法、緊急外援配合單位之聯絡電話及其它必要資料等文件。

三、輪職人員之資格條件：

(一)熟悉緊急應變計畫及應變程序。

(二)能暫時代理總指揮處理緊急狀況。

(三)其它經公司專門訓練之人員。

參、組織、人員及任務

緊急應變計畫書內應包括下列人員、組織及相關資料：

一、緊急應變組織圖。

二、人員資格及經歷之資料檔案。

三、緊急應變組織人員編組表。

四、緊急應變總指揮三級代理人各單位及緊急聯絡方法。

五、緊急應變處置中心輪職人員輪職表。

（以上資料由各事業單位依實際狀況與需要自行擬訂）

肆、緊急應變設施配置圖說

一、緊急應變設施配圖說應包括下列設施之位置、外觀形狀、
器材清單及使用說明：

(一)廠區警報及對外求援、通訊系統。

(二)緊急逃生門、逃生路線或備用路線。

(三)消防設施。

(四)災害擴散或外洩物質防止設施。

(五)急救藥品及緊急逃生設備。

(六)其它。

二、緊急應變設施配置圖說應列入緊急應變計畫書內（以上
資料由各事業單位依實際狀況與需要自行擬訂）。

伍、緊急外援配合單位

一、外援配合單位：當地警政、消防及其它緊急災害防止機
構。

二、外援救災單位：當地醫院或醫療體系及附近協力公司（緊
急應變計畫內應包括上述機構之同意證明，且緊急外援

配合單位應備有一份本公司緊急應變計畫書，並配合應變計畫之演習）。

陸、緊急應變程序

一、當緊急狀況發生時（經確認後），緊急應變處置中心輪職人員必須：

(一)以警報器、擴音系統或聯絡系統通知廠內所有員工。警報、擴音、聯絡系統於停電時期，應啟動緊急供電系統，使其發揮功能。

(二)緊急應變總指揮或其代理人進駐緊急應變處置中心前，輪職人員須暫代其職務。

(三)立即通知支援配合單位。

(四)立即登記緊急狀況發生時間、警報啟動時間、通知外援配合單位時間。

二、總指揮或其代理人必須依據當時可掌握之資料，評估意外事件直接或間接對廠內人員、財產及廠外民眾與環境生態之影響。

三、如經判斷意外事故足以危害廠內人員生命、財產損失及廠外民眾、環境時，總指揮須立即採取下列步驟：

(一)通知全廠人員撤離逃生（非上班時間亦需通知，避免非意料性傷亡）。

(二)立即通知有關外援單位，其報告內容為：

1.通報者姓名、電話。

2.災害發生地點（公司名稱及詳細地址）。

3.災害發生時間及災害形態。

4.如有外洩危害物質時，將可能外洩物質之名稱、數量據實報告。

5.傷患人數。

6.其它。

四、當災情緊急時，總指揮必須運用必要之緊急應變設備，指揮相關人員進行緊急措施，以免災害擴大。

五、當災情控制後，不得移動或破壞現場，並注意下列事項：

(一)災區應設置必要之人員或監測設施，以防二次災害發生。

(二)清理危害物質時，需由符合資格人員擔任。

(三)所使用之任何器材，事後應清理乾淨、歸位或棄置。

(四)其它注意事項依緊急應變計畫中之「復原處理規定」辦理（緊急應變計畫中之「復原處理規定」依各事業單位需要自行訂定）。

柒、緊急應變訓練計畫

一、員工需於受僱前或上任六個月內完成所有必要之訓練，排入年度職業災害防止計畫中。

二、員工緊急應變訓練課程應包括：

(一)各種緊急應變和監測設施之使用、替換作業，如消防栓、滅火器。

(二)廠區內之聯絡及警報系統之使用。

(三)安全防護器材、急救藥品及緊急維生設備之使用。

(四)緊急避難方法。

(五)救災方法及程序。

(六)其它緊急應變事項。

三、每年至少演習（練）緊急應變計畫一次。

四、訓練期間由年度職業災害防止計畫排定實施。

五、其它緊急應變教育訓練事項。

捌、緊急應變計畫之修改

當發生下列情形時，必須立即修改緊急應變計畫：

一、當緊急狀況發生時，緊急應變計畫之措施失敗時。

二、因各項設施之更改，足以產生新的安全顧慮。

三、參與緊急應變計畫之人員變更時。

四、其它。

玖、經費

依年度職業災害防止計畫編列預算。

拾、其它注意事項

一、與鄰近工廠建立互助組織，以統籌運用支援資源。

二、聯合附近社區之主要成員，使其參與發展整體緊急應變
計畫。

三、本公司緊急應變計畫書，需依據本規範擬訂。

四、本規範視公司實際需要與現況，不定期修改，以期達最
完善的目標。

（詳細的緊急應變計畫請參考附錄六）

附件二　緊急廠內災情應變模擬演練計畫參考範例

○○股份有限公司緊急災情應變模擬演練計畫

壹、地點

公用廠加氯站

貳、目的

為促進公用廠操作員熟悉氯氣鋼筒洩漏止漏工具之使用，以及各種氯氣洩漏狀況之緊急處理方法，以期氯氣之洩漏量減至最低程度，確保人員、設備安全及避免公害發生。

參、氯氣對人體之危害

一、氯氣特性：

(一)氯氣特性：

1.氣體為黃綠色，液體為琥珀色。

2.液氯氣化後之體積為原來體積的 457 倍。

3.比重為空氣的 2.5 倍。

(二)氯氣對人體之生理反應：

氯氣濃度（PPM	危　害
1.0	時量平均容許濃度，亦即八小時所容許之無傷害濃度
3.5	可感覺氯氣刺激臭而判明氯氣之存在
15	刺激喉嚨，引起喉頭發炎
30	引起咳嗽、嘔吐等症狀，同時面部會發紅
1000	臭味極強，刺激眼睛，呼吸半小時至一小時將有危險
1800	十分鐘內即窒息，甚至死亡

(三)氯氣擴散範圍

　　1.根據資料本廠年平均風速為 5.9 公尺／秒，9000 公
　　　斤液氯鋼筒之安全熔塞熔脫溫度為 70℃，壓力為
　　　303 磅／平方吋，其最大洩漏量為 0.1348 立方公尺
　　　／秒為基準，依高斯模式估算氯氣擴散範圍如下：

氯氣濃度（PPM）	距離洩漏源之下風處（公尺）
0.2	2600
1.0	1090
3.5	550
15	240
30	170
40-60	115-145
1,000	26
1,800	18

　　2.氯氣擴散範圍圖（略）

肆、安全要點

一、處理人員須從上風或側風位置進入現場。

二、處理人員（包括操作、搶救、消防人員）應穿妥防毒衣，
　　使用空氣面罩，進行查漏、止漏工作，至少應二人協同
　　操作以策安全。

三、警戒人員須使用濾罐式防毒面罩。

四、消防支援人員支援時，應同時攜帶配置於本單位內之空
　　氣面具及防毒面罩以供現場使用。

伍、處理人員及任務分配

一、廠長（或夜間主管）：一人；擔任總指揮。

二、公用領班：一人；負責狀況聯絡及止漏處理。

三、公用操作員：五人；止漏處理及操作程序處理。

四、化驗員：五人；傷患急救及聯絡中心廣播、廠外通報及協助總指揮。

五、護士：一人（限辦公時間）；傷患急救。

六、救護車駕駛員：一人；傷患送醫。

七、保安員：六人；廠外警戒及消防佈署。

八、消防支援人員：十八人；廠內人員交通管制及消防佈署。

陸、處理程序

一、氯氣洩漏之發覺：

(一)工作人員聞到強烈刺激之氯氣臭味。

(二)控制室內操作員聽到氯氣偵測系統之警報器發出警報。

二、緊急處理及消防佈署：

(一)領班據報後，立即分派下列任務並趕赴現場處理及引導消防車：

1.操作員：撥119電話通報消防隊。

2.通報詞：＊＊報告，○○公司公用廠（地址）西邊發生氯氣洩漏。

3.鍋爐操作員：穿防護衣，使用空氣面罩，搶救傷患，協助領班處理。

4.壓縮機操作員：穿防護衣，使用空氣面罩，使用氯氣除毒器去除氯氣，準備止漏工具。

(二)化驗室聯絡中心：接獲119電話通報後，即向全廠廣播及廠外通報。

(三)廣播詞：報告！報告！公用廠西邊發生氯氣洩漏（連續廣播三次）。

(四)化驗室救護站：急救人員二名，負責傷患急救。

(五)工廠長（或夜間主管）：穿防護衣，使用空氣面具；
　　抵達現場負責搶修及止漏任務之指揮。

(六)消防隊：

　　1.一號、二號消防隊員：使用濾罐式防毒面罩，負責
　　　廠外安全警戒及人員疏散、交通管制。

　　2.三號消防隊員：負責駕駛消防車抵達現場，聽取公
　　　用領班說明事故概況轉告各隊員，現場待命。

　　3.四號、五號消防隊員：穿防護衣，使用空氣面具，
　　　負責開啟東邊砲塔噴嘴，噴射水霧建立一線固定水
　　　幕，自消防栓接一線固定水霧。

　　4.六號、七號消防隊員：穿防護衣，使用空氣面具，
　　　負責開啟西邊砲塔噴嘴，噴射水霧建立一線固定水
　　　幕，自消防栓接一線固定水霧及一線固定水幕。

(七)消防支援人員：

　　1.氧化一場、純化一場消防支援人員：穿防護衣，使
　　　用空氣面具；負責自消防栓接一線固定水霧。

　　2.氧化二場、純化二場消防支援人員：穿防護衣，使
　　　用空氣面具；負責自消防栓接一線固定水霧。

　　3.機械修護課消防支援人員：穿防護衣，使用濾罐式
　　　防毒面罩；負責東邊道路警戒，人員疏散。

　　4.儀電課消防支援人員：穿防護衣，使用濾罐式防毒
　　　面罩；負責公用廠控制室前道路警戒，人員疏散。

　　5.包裝工廠消防支援人員：穿防護衣，使用濾罐式防
　　　毒面罩；負責北邊道路警戒，人員疏散。

　　6.材料課消防支援人員：穿防護衣，使用濾罐式防毒
　　　面罩；抵達消防車待命。

7.護士：隨救護車赴現場負責傷患急救。

三、氯氣鋼筒洩漏源之尋找：

夜間主管派公用領班，以沾有氨水之棉花棒試漏，冒白煙最烈處即為漏源，尋得漏源後，應速設法將洩漏轉移至鋼筒最高處。

四、洩漏源之止漏：

當找到洩漏源後，隨即由廠長（或夜間主管）指揮，依下列狀況進行搶修止漏：

(一)加氯機或輸氯管線洩漏：

止漏方法：用扳手關閉鋼筒閥。

處理人員：公用領班，壓縮機操作人員。

(二)閥桿周圍或閥出口洩漏：

止漏方法：用扳手旋緊填料蓋和閥桿

處理人員：公用領班，壓縮機操作員一人。

(三)閥桿周圍洩漏，旋緊閥桿及填料蓋仍無效時：

止漏方法：(1)用止漏工具止漏。

(2)施行石灰吸收法止漏。將帆布管之一端綁在閥之根部，另一端放入內裝石灰水之桶中，將洩漏之氯氣導入，經化學反應而吸收。

(四)安全熔塞洩漏（303 Psi 時 70℃ 熔塞熔脫）：

止漏方法：用熔塞夾止漏。

處理人員：公用領班及純化、壓縮機操作員兩人。

(五)鋼筒表面有裂縫或蝕孔造成之洩漏：

止漏方法：用止漏罩止漏，

處理人員：公用領班及純水操作員一人。

(六)使用止漏器材仍無法制止液氯鋼筒之洩漏時，須使用

配備之消石灰掩覆洩漏處並派員警戒，另由公用領
班聯絡台灣製氯公司來廠協助處理。

台灣製氯公司
電話號碼：（07）871-5171
地址：高雄市小港區中智街 25 號

聯絡人員：＿＿＿＿＿＿＿＿＿＿＿（職稱）
　　　　　＿＿＿＿＿＿＿＿＿＿＿（職稱）
　　　　　＿＿＿＿＿＿＿＿＿＿＿（職稱）

五、事後處理：

經測試已無洩漏或液氯鋼筒內已無氯存在時，則應在筒
上註明故障待修並速將現場清理恢復原狀。

柒、氯氣洩漏事故聯繫系統圖（略）

附件三 緊急應變計畫運作流程參考範例

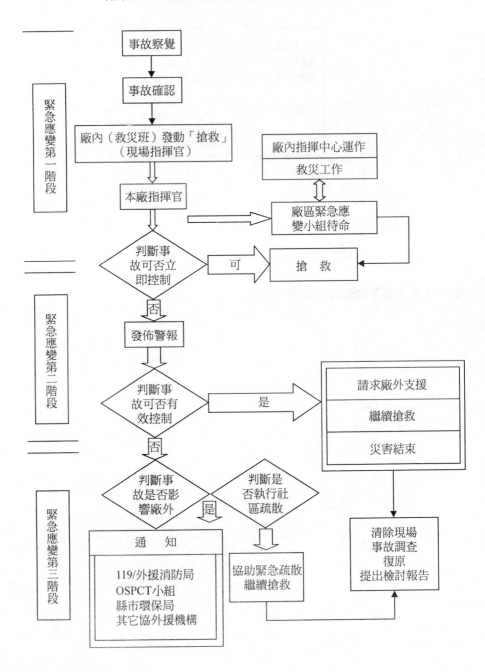

附件四 擬訂緊急應變計畫流程（僅供參考）

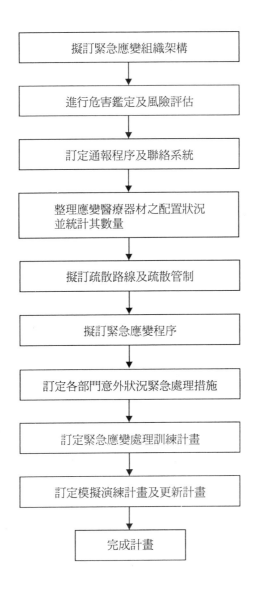

```
┌─────────────────────────────┐
│      擬訂緊急應變組織架構       │
└─────────────────────────────┘
              ↓
┌─────────────────────────────┐
│      進行危害鑑定及風險評估      │
└─────────────────────────────┘
              ↓
┌─────────────────────────────┐
│      訂定通報程序及聯絡系統      │
└─────────────────────────────┘
              ↓
┌─────────────────────────────┐
│    整理應變醫療器材之配置狀況     │
│         並統計其數量           │
└─────────────────────────────┘
              ↓
┌─────────────────────────────┐
│      擬訂疏散路線及疏散管制      │
└─────────────────────────────┘
              ↓
┌─────────────────────────────┐
│        擬訂緊急應變程序        │
└─────────────────────────────┘
              ↓
┌─────────────────────────────┐
│    訂定各部門意外狀況緊急處理措施   │
└─────────────────────────────┘
              ↓
┌─────────────────────────────┐
│     訂定緊急應變處理訓練計畫      │
└─────────────────────────────┘
              ↓
┌─────────────────────────────┐
│     訂定模擬演練計畫及更新計畫     │
└─────────────────────────────┘
              ↓
┌─────────────────────────────┐
│          完成計畫            │
└─────────────────────────────┘
```

問題與討論

一、假如您是某事業單位的安全衛生管理人員,而目前尚未擬定一套符合公司現況的緊急應變計畫,您在擬定計畫前,應掌握哪些資料?

二、試為您服務之事業單位擬定一份緊急應變計畫草案。

三、試說明緊急應變計畫書之製作要領為何。

四、您認為一套完整的緊急應變計畫應涵蓋哪些內容?

五、事業單位實施緊急應變之教育訓練與定期演習,您認為其目的為何?又其在災變發生時有哪些功效與助益?

六、職災、天災及重大公共災害之緊急應變是全面性的,事業單位應如何使附近居民與鄰近工廠,願意且樂意加入該事業單位之緊急應變組織體系中?

【註:居民之緊急疏散、鄰近工廠之緊急協助】

七、緊急應變計畫之執行是需相當經費的支出,身為安全衛生管理人員的您,該如何說服事業主提撥充足費用來實施?

八、試繪出您服務之事業單位緊急應變組織系統圖,您認為組織系統是否符合實際需要?

九、試列出法令中與緊急應變相關之條文有哪些?

十、您認為在擬訂緊急應變計畫時,應確實遵守哪些原則?

第十二章
危害通識制度

12-1 前　言

　　事業單位之工作場所中，無論是生產、製造、運輸、儲存等皆存在許多原料、物料、化學品、有機溶劑等物質，而那些有害、那些無害，一般員工從外觀或容器（除非有特別標示）是很難得知的。若員工不瞭解其危害，則隨時都有發生災害的可能，為了降低此類事故的發生，基於「知的權利」，雇主應有義務使全體員工瞭解工作場所中有哪些危害物質存在，從以往國內發生相關案例追究其主因，大多是作業者不瞭解工作場所所接觸或吸入物質的危害性，因而作業時輕忽各種危害防制措施，終而釀成悲劇。為使員工對危害物質有所認識，在員工與危害物質間建立一套制度，藉此制度的推行與落實，使物質的危害資訊能讓員工認識與瞭解，這套制度即是「危害通識制度」。

12-2　相關法令介紹

　　有關危害通識制度的相關法令包括：

(1)「勞工安全衛生法」第7條（法源）。

(2)「勞工安全衛生法施行細則」第8、9、10條（危險物及有害物之界定）。

(3)「危險物及有害物通識規則」（實施規範）。

(4)其它相關法令：

　　(a)特定化學物質預防標準。

(b)有機溶劑中毒預防規則。

(c)鉛中毒預防規則。

(d)勞工作業環境測定實施辦法。

(e)勞工作業環境空氣中有害物質容許濃度標準。

(f)勞工健康有害物質追蹤管理要點。

(g)粉塵危害預防標準。

(h)其它有關「廢棄物處理」、「毒性物質管理」、「危害物之運輸」、「農藥管理」等相關法令。

12-3 危害通識制度建立

事業單位開始採行「危害通識制度」前，應先詳細策劃，建立一套完整的制度，再依制度規定推行與落實。制度的建立步驟建議如下：

一、熟悉法令及蒐集資料

制度開始制定建立前，由安全衛生管理人員蒐集有關危害通識制度的相關資料，並研讀 12-2 節所列出之相關法令，而「危險物及有害物通識規則」為最主要需熟悉的法令，並參加有關單位舉辦之宣導會及講習會。

二、編寫「危害通識計畫書」

計畫書的製作為事業單位建立制度及執行的依據，俾使員工有所遵循，計畫書內容應詳細規劃危害資訊傳輸管道之各項工作內容及權責分配。

三、製備「危害物質清單」

危險物及有害物通識規則第 17 條：「雇主為推行危害物質之通識制度，應訂定危害通識計畫及製作危害物質清單以便管理。」危害物質清單主要是用以記錄危害物質的使用、儲存情況，以利管理者隨時掌控，其製備過程可參考下列要項：

(1)整理出事業單位內所有之物質清單。

(2)將清單對照「危險物及有害物通識規則」之附錄一中所列出之危害物質，找出事業單位目前所有使用的危害物質。

(3)將危害物質依法定清單內容要求填入資料（參考危險物及有害物通識規則附表六之清單格式）。

(4)事業單位內危害通識計畫書及危害物質清單應指定專人保管，另於指定處所放置一份。

(5)新購入物質重複(1)～(3)步驟，並將最新資料送交保管人建檔保存。

四、「物質安全資料表」備製

危險物及有害物通識規則第 13 條規定，雇主對含有危害物質之每一物品，應依規定提供勞工必要之安全衛生注意事項（物質安全資料表），並置於工作場所中易取得之處。因此事業單位如有「使用」危害物質，除需備製「危害物質清單」之外，亦須準備「物質安全資料表」（MSDS），備製時其注意事項如下：

(1)購買時要求供應商提供該物質之「物質安全資料表」，並確認其正確性、合法性，並規定需中文化。

(2)若供應商表示無法供應時，要求供應商出具無法供應之文件，其文件存檔備查。

(3)供應商無法供應「物質安全資料表」時，則事業單位依「危險物及有害物通識規則」附表四規定或參照附表五之格式，自行製作物質安全資料表，其蒐集危害資訊的方法有：

(a)自行送檢驗單位測試。

(b)要求供應商提供。

(c)向資訊服務（諮詢）機構或學術單位、政府相關單位尋求協助。

(4)製妥後的「物質安全資料表」複印幾份，分送至有使用該物質之工作場所附近之固定處，供員工易於取閱（保管人別忘了要存檔）。

(5)當「物質安全資料表」之物質危害資訊有變更時，應儘速編修。

(6)如果事業單位為危害物質原料或產品之製造商或供應商，仍需依「危險物及有害物通識規則」之規定辦理。

五、危害物質標示

「危險物及有害物通識規則」5 至 12 條對危害物質標示有明確之規定，事業單位應注意下列事項：

(1)針對危害物質清單所列物質，檢視其使用過程中之所有容器是否有標示？標示是否正確？是否合乎標準？是否已中文化或需再補充資料？

(2)對於未標示清楚之容器，要求供應商提供，如無法提供標示時，得自行依規定製作標示。

(3)標示之格式依「危險物及有害物通識規則」附表三辦理。

六、員工危害通識教育訓練

雇主使勞工從事製造、處置或使用危害物質時，應依「勞工安全衛生教育訓練規則」之規定施以必要之安全衛生教育訓練。

12-4　危害通識教育訓練

以下就危害通識教育訓練課程、對象及危害通識教育訓練計畫書之撰寫加以說明：

一、教育訓練課程

(1)一般性：所有員工皆需接受之課程。

(a)危害通識概要。

(b)法規介紹。

(c)本事業單位之危害通識制度簡介。

(d)各種圖式及物質安全資料表各項內容之涵義介紹。

(e)本事業單位各工作場所之危害物質種類、風險及其緊急應變簡介。

(2)專屬性：製造、處置或使用危害物質之員工應受訓之課程。

(a)危險物及有害物之通識計畫。

(b)危險物及有害物之標示內容及意義。

(c)危險物及有害物特性。

(d)危險物及有害物對人體健康之危害。

(e)危險物及有害物之使用、存放、處理及棄置等安全操作程序。

(f)緊急應變程序。

(g)物質安全資料表之存放、取得之地點與方式。

二、對象

(1)本公司員工，包括：

    (a)新進員工：授予一般性課程及其專屬性課程。

    (b)在職員工：授予定期複習課程。

    (c)更換作業員工：授予專屬課程。

(2)承包商：授予專屬課程。

(3)訪客：簡介重點課程。

三、教育訓練計畫書

(1)編撰符合事業單位之計畫書。

(2)其內容應包含有：

    (a)訓練目標。

    (b)訓練目的。

    (c)訓練對象及時機。

    (d)課程內容及時數。

    (e)訓練方式。

    (f)訓練教材。

    (g)考評。

至教育訓練為止，危害通識制度已大致建立雛型，但若只是建立制度而不去執行與維持，則形同虛設。另必須注意一點，為防止危害物質洩漏或因不良環境造成意外事故，應設置自動偵測

系統與警報裝置，以利於員工逃生與及時進行緊急處置，配合事業單位訂定的「緊急應變計畫」在一旦發生狀況時，人員不致因慌亂而造成不必要之傷亡。

12-5　安全衛生標示及顏色

人類各種官能的傳達，視覺佔 80%，聽覺佔 16%，觸覺佔 2%，味覺佔 2%。由此可知，人類接收安全衛生訊息時，使用最多、最廣、效率最迅速的就是視覺。事業單位用某些色彩與標示來傳達安全衛生訊息，不但意義明確，且有員工接受度高、容易辨別、明視度佳，以及提高記憶及警告等特性。以下僅就安全衛生標示、顏色代表意義與適當之設置處所、設置原則等，做概要性介紹：

一、安全衛生標示意義

係以文字、圖案、符號、顏色、外形等，依一定規則組成之設置，指示工作人員應遵循之條件。

二、安全衛生顏色意義

顏色本身即是自然界的一種物理性質，不同於文字是由人所創造，在經過約定組成的程序後，即將工業上使用的顏色視為代表安全衛生意義的一種指標，不同顏色表示之意義亦有所差異。

三、安全衛生標示之內容

標示之主要內容包括下列要素：

(一)文字

以文字形式來說明與傳達安全衛生訊息，例如「危險區域禁止進入」、「嚴禁煙火」、「小心觸電」……等。

(二)顏色

以不同的顏色來區別與指示其安全衛生情況與代表內容，例如：

1.紅色

(1)消防設備與器具之指示。

(2)危險情況、危險物質、禁止……等之指示。

(3)表示控制機具緊急停止之樞紐。

2.橙色

(1)指示機械或設備引起割傷、扎傷的危險或是電擊危險。

(2)用於可能發生立即災害、傷害處。

(3)爆炸物之標示。

(4)標示人行道線。

3.黃色

(1)指示當心或物質災害，如撞擊、跌落、受夾等危險。

(2)高度易爆、易燃物之廢料容器，應漆上一條黃色環帶，其寬度不超過容器高的 1/3，並書明其內容性質。

(3)營建機具外表、儲藏堆的角隅標記。

(4)坑井邊緣、通道上之柵欄之警告注意標示。

4.綠色

    (1)表示安全的情況、設備以及除救火裝備外的急救裝備。

    (2)無危害及衛生有關之處。

    (3)逃生門、安全門、急救箱之標示。

5.藍色

    (1)表示禁止他人開動、使用、移動正在修理中的機械、設備，
       可以作護柵、警告牌或設備本身顏色。

    (2)用於控制樞紐，如開關、閥。

    (3)應用於設備，如架台、梯、鍋爐、電器控制器。

    (4)用於提醒注意。

6.紫色

    (1)表示具有放射性危險之基本顏色，如有放射性危險之設備
       或污染物。

    (2)使用於有放射性危險之虞的場所。

7.黑色與白色

    (1)使用於方向標示及指示箭頭、標幟、文字。

    (2)交通通道寬度、位置、盡頭標示。

    (3)內務整理用。

    (4)黑色作為橙色、黃色、白色之輔助顏色。

    (5)白色作為紅色、藍色之輔助顏色。

(三)圖案及符號

    圖案及符號在使觀看者能一目瞭然，即使在尚未看到文字前，就能明瞭其代表意義。

(四)外形

以不同外形之標示，代表其不同之意義。一般常用有：

(1)圓形：用於禁止標示，如禁止吸煙、禁止通行……等。

(2)方形或長方形：用於一般說明及提示之標示，如停車檢查、工作中、高壓危險、遵守工作守則……等。

(3)尖端向上之正三角形：用於警告標示，如腐蝕性物質、易爆物體、有毒物體……等。

(4)尖端向下之正三角形：用於注意之標示，如注意頭部、注意操作程序、使用防護具……等。

四、安全衛生標示使用時機

(一)對危險性因素的提示

(1)禁止標示：表示危險性甚高的狀況。

(2)警告標示：表示中度的危險性。

(3)注意標示：表示低度的危險性。

(二)為工作或行動便利而設的說明性標示

(1)標示物品、設備、場所、機具等作用之作用、名稱、位置、功能等。

(2)指示重要安全衛生措施。

(3)重要操作方法、程序之說明。

(4)指示通道、方向等。

五、安全衛生標示設置原則

(一)「統一性」

工作人員多，且流動性大，為使每位員工皆能識別標示，標示的統一為必要條件，如：

(1)禁止用圓形標示。

(2)警告用三角形標示。

(3)說明或指示用矩形標示。

(4)危險物及有害物應以直立四十五度角之正方形標示。

(二)「醒目性」

設立標示應在醒目位置處所，材質應堅固耐用，安裝應穩妥。

(三)「安全性」

標示之尖角、銳邊應適當處理，標示高度應能防止碰撞，以避免危險意外事故發生。

(四)「精簡性」

標示力求簡單易懂，以文字配合圖形併用，文字書寫方式應一致。直式由上而下、由右至左，橫式自左至右。

(五)「易辨性」

不得採用難以分辨、理解之字體或圖形。

(六)「鮮明性」

標示使用顏色、外形、圖案等應要求對照鮮明。

(七)「機能性」

標示之距離要考慮到工作人員能明視到之距離、反應時間與

動作速度。

(八)其它

標示使用顏色應依中國國家標準工業安全顏色規章之規定，另外標示意義之解說，應列入安全衛生教育訓練課程中，特別是新進員工必須加強教育訓練。

六、管系識別顏色及應用

許多事業單位內充滿各式各樣之配管，配管中載流各種物質，若不適當標示，則可能因誤觸或事故緊急應變時，不知如何防護、應變及處置，造成災害發生及事故擴大等。以下就管系識別顏色及應用做介紹：

(一)管系顏色

管系識別顏色應依中國國家標準（9329）規定辦理。

(二)應用範圍

(1)消防設備以紅色標示，包括自動灑水系統及其它輸送消防用物料管系。

(2)危險物料以黃色標示，此類物料其本身能造成事業單位重大損失及人員傷亡，如高溫、高壓狀態物料，易燃易爆、具腐蝕性、有毒有害等物質、氣體、液體。

(3)安全物料以綠色標示，此類物料包括在室溫及無壓狀態物料，其無毒、無腐蝕性、不易起火爆炸等。對觸及該物料之人員亦無危害。

(4)防護物料以淺藍色標示，此類物料係指工廠內用管系輸送，期能有效地防止或降低因危險物料所發生之災害。

七、參考法規

(1)工業安全衛生標示設置準則。

(2)勞工安全衛生設施規則。

(3)營造安全衛生設施標準。

(4)危險物及有害物通識規則。

(5)中國國家標準 CNS 安全顏色通則。

(6)中國國家標準 CNS 管系識別。

12-6 結 論

危害通識制度的推行，除有賴於完整的計畫之外，制度的持續更為重要。制度推行之初勢必有許多困難需要克服解決，假使事業單位只是抱持著應付法令及檢查之心態，事事處於被動，則此制度勢必發揮不了任何實質作用，一切將形同虛設。

附件一　危害通識制度實施章程參考範例

ＸＸ公司　危害通識制度實施章程

壹、依據

依「勞工安全衛生法」、「危險物及有害物通識規則」及其它相關法令規定辦理。

貳、計畫方針

一、本計畫實施之目的在於確保公司能符合法令對危害通識標準之要求，藉由危害通識的活動喚起全體員工對潛在危險的認知，共同防止、預防危害的發生。公司每一位員工皆有責任瞭解危害通識標準所指之化學物質、其危害特性以及預防危害措施。

二、本公司安全衛生管理單位之主管為公司綜理全權負責與協調、執行危害通識計畫。

參、危害性化學物之清單

一、本公司目前所使用的所有化學物清單由安全衛生管理單位負責保存，清單內容必要時須隨時更新。更新危害性化學物質之清單以危害性物質入廠之收據為憑，而清單之製作由安全衛生管理單位負責。

二、其它。

肆、物質安全資料表（MSDS）

一、安全衛生管理單位對「危害性化學物質清單」所列各項化學物質之物質安全資料表負責建檔管理。

二、在各部門擁有或使用該項化學物質之「物質安全資料表」，由該部門之現場領班負責保管，並能方便員工在需要時能迅速取得。

三、安全衛生管理單位應複查所有「物質安全資料表」之正確性及完整性，依實際狀況諮詢專家或政府主管單位。

四、安全衛生管理單位負責取得及更新「物質安全資料表」，至少每三年更新一次。

五、有潛在危害的化學物質，在購入之前或進貨時，必須完成或接到符合危害通識標準要求的「物質安全資料表」。

六、供應商或販賣商無法提出或無合格之「物質安全資料表」，必要時可終止採購。

七、其它。

伍、標示及警告

一、安全衛生管理單位負責確認廠內所有危害性化學物質是否有適當的標示，標示格式是否符合「危險物及有害物通識規則」規定。

二、安全衛生管理單位應每月進行檢查，確認本公司所有容器都依規定標示，且符合最新資料。

三、其它。

陸、教育訓練

一、所有使用或可能暴露危害性化學物質之員工，需接受危害通識標準和安全使用危害性化學物質的安全衛生教育訓練。

二、承包商如有可能在合約規定工作地點遭危害性化學物質暴露之虞者，其所屬作業員工皆需接受前項規定之教育訓練。

三、教育訓練各相關事項由安全衛生管理單位會同危害性化
　　學物質供應商一同研擬實施計畫，並確實執行。

四、上述之教育訓練實施相關資料、記錄，需留存備查。

五、其它。

柒、其它事項

一、本危害通識實施章程所適用之危險物及有害物，依「勞
　　工安全衛生法施行細則」第 9 條、10 條之規定。

二、本公司之童工或懷孕、妊娠中女工，一律不得從事上述
　　危險性及有害性作業。

三、本實施章程經「總經理」批准後，公告施行。

附件二　危害物質清單

※※公司危害物質清單		編號：＿＿＿＿＿	
化學名稱			
同義名稱			
物品名稱			
物質安全資料表索引碼			
製造商或供應商	地址		
	電話		
使用資料	地點		
	使用頻次		
	數量		
	使用者		
儲存資料	地點		
	數量		

製單日期：＿＿＿＿＿＿＿＿＿＿＿＿＿＿＿＿＿＿＿＿＿＿

製表者職稱：＿＿＿＿＿＿＿＿＿＿＿＿＿＿＿＿＿＿＿＿

製 表 者：＿＿＿＿＿＿＿＿＿＿＿＿＿＿＿＿＿＿＿＿

製表者引之：＿＿＿＿＿＿＿＿＿＿＿＿＿＿＿＿＿＿＿＿

附件三　物質安全資料表參考格式

一、物品與廠商資料

物品名稱：
物品編號：
製造商或供應商名稱、地址及電話：
緊急聯絡電話/傳真電話：

二、成分辨識資料

純物質：

中英文名稱：
同義名稱：
化學文摘社登記號碼（CAS No. ）：
危害物質成分（成分百分比）：

混合物：

化學性質：		
危害物質成分之中英文名稱	濃度或濃度範圍（成分百分比）	危害物質分類及圖式

三、危害辨識資料

最重要危害效應	健康危害效應：
	環境影響：
	物理性及化學性危害：
	特殊危害：
主要症狀：	
物品危害分類：	

四、急救措施

不同暴露途徑之急救方法： • 吸入： • 皮膚接觸： • 眼睛接觸： • 食入：
最重要症狀及危害效應：
對急救人員之防護：
對醫師之提示：

五、滅火措施

適用滅火劑：
滅火時可能遭遇之特殊危害：
特殊滅火程序：
消防人員之特殊防護設備：

六、洩漏處理方法

個人應注意事項：
環境注意事項：
清理方法：

七、安全處置與儲存方法

處置：
儲存：

八、暴露預防措施

工程控制：
控制參數： • 八小時日時量平均容許濃度/短時間時量平均容許濃度/最高容許濃度： • 生物指標：
個人防護設備： • 呼吸防護： • 手部防護： • 眼睛防護： • 皮膚及身體防護：
衛生措施：

九、物理及化學性質

物質狀態：	形狀：
顏色：	氣味：
pH 值：	沸點/沸點範圍：
分解溫度：	閃火點：　　˚F　　　˚C 測試方法：　　開杯　　閉杯
自燃溫度：	爆炸界限：
蒸氣壓：	蒸氣密度：
密度：	溶解度：

十、安定性及反應性

安定性：
特殊狀況下可能之危害反應：
應避免之狀況：
應避免之物質：
危害分解物：

十一、毒性資料

急毒性：
局部效應：
致敏感性：
慢毒性或長期毒性：
特殊效應：

十二、生態資料

可能之環境影響/環境流佈：

十三、廢棄處置方法

廢棄處置方法：

十四、運送資料

國際運送規定：
聯合國編號：
國內運送規定：
特殊運送方法及注意事項：

十五、法規資料

適用法規：

十六、其他資料

參考文獻		
製表單位	名稱：	
	地址/電話：	
製 表 人	職稱：	姓名(簽章)：
製表日期		

附件四 危害通識制度建立、規劃流程

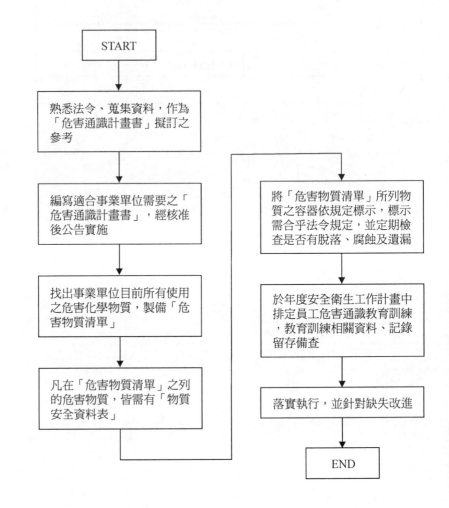

START

↓

熟悉法令、蒐集資料，作為「危害通識計畫書」擬訂之參考

↓

編寫適合事業單位需要之「危害通識計畫書」，經核准後公告實施

↓

找出事業單位目前所有使用之危害化學物質，製備「危害物質清單」

↓

凡在「危害物質清單」之列的危害物質，皆需有「物質安全資料表」

→

將「危害物質清單」所列物質之容器依規定標示，標示需合乎法令規定，並定期檢查是否有脫落、腐蝕及遺漏

↓

於年度安全衛生工作計畫中排定員工危害通識教育訓練，教育訓練相關資料、記錄留存備查

↓

落實執行，並針對缺失改進

↓

END

問題與討論

一、試說明「危害通識制度」建立之步驟及應注意之事項為何？

二、何謂「危險物」？ 何謂「有害物」？

三、如果您是事業單位的安全衛生管理人員，您會如何管理危害
物質？

【提示：行政管理、工程管理、健康管理】

四、何謂物質安全資料表（MSDS）？其功用為何？包含哪些項目？

五、試為您服務的公司製作一份符合現況與需要之「危害通識制
度」？

六、試說明安全衛生標示的種類？

【提示：說明及提示標示、禁止標示、警告標示、注意標示】

七、試說明工廠安全顏色代表的意義與應用為何？

八、中央主管機關指定應標示之危險物與有害物包括哪些物質？

九、試說明哪些物品不適用於「危險物與有害物通識規則」？

十、對於裝有危害物質之容器，其標示內容應包括哪些項目？

第十三章
安全衛生活動

13-1　前　言

　　安全衛生工作不僅單靠雇主與政府的推動，更不是安全衛生管理人員的責任，而是應透過所有員工從行為上對安全衛生工作的支持，唯有這樣安全衛生工作才能徹底落實。推動安全衛生活動，基本上是在激發「全員參與」的動機，建立正確的安全衛生觀念與態度，以期安全衛生工作能持續不斷地進行。在一個事業單位裏，幾乎每一位員工都需要激發其安全衛生意識，管理的藝術就是如何將激發導向有效的行為活動，達到預期的目標。因此，事業單位舉辦安全衛生活動，即要驅動每位員工對安全衛生工作參與和動機，藉由動機與激發，使其建立正確的安全衛生的工作態度，進而符合安全衛生的標準作業行為。

13-2　如何提高員工對安全衛生工作的興趣

　　事業單位要如何促進員工對安全衛生工作的興趣，可參考下列事項：

一、健全安全衛生委員會

　　定期改選員工代表之委員或增加其名額，使每一位員工皆有機會參與，在會議中可討論事故問題及防止對策，使員工領導慾獲得滿足，進而提升其興趣。

二、舉辦各部門安全衛生會議

　　各部門（特別是生產部門）可自行選擇適合該部門的集會方式，但需注意兩點，一就是避免集會時間太過緊湊，而使人厭煩。二為會議與會議間不可間隔太久，而使人遺忘。集會時可安排專題演講、操作示範、案例討論……等，集會前須訂定計畫，以免在開會時雜亂無章，應有秩序地進行各項程序，並吸引員工參與。

三、安全衛生建議制度的實施

　　透過建議制度，可收集思廣益之效，以使下情上達，進而得以解決問題。但需獲得最高管理人員的全力支持與配合，對員工的建議，須迅速處理及給與獎勵，如此才能提高員工對安全衛生建議制度的興趣。

四、編輯安全衛生刊物

　　利用安全衛生刊物刊登相關安全衛生消息，如此有助於事業單位安全衛生工作的推行。刊物編輯切忌「文不對題」，必須生動活潑有趣。

五、實施各部門安全衛生競賽

　　運用人的榮譽感與競爭心，當做維持其興趣的手段，實施各部門間安全衛生競賽，並予以適當獎勵，可提高員工的參與感與興趣。設計比賽以簡單、公平、有趣為原則。

六、樹立安全衛生資訊佈告欄

　　於工作場所明顯處樹立佈告欄，可張貼有關的安全衛生訊息，如新增定標準作業程序、各項管理規章、辦法……等。

七、張貼安全衛生標語

配合各項安全衛生活動的進行，選用有關標語予以張貼各工作場所，亦可提高員工參與興趣。

八、舉辦展覽

定期或不定期舉辦展覽，有助於增進員工知識與興趣，可展出防護器具、安全工具、儀器……等，供全體員工參觀，加深其印象。展覽物旁附簡潔的書面說明，使參觀者易瞭解。必要時提供獎品給參加者，以提高參加之意願。

九、其它增進安全衛生興趣的措施

舉辦安全衛生教育、訓練、緊急應變演練、急救訓練……等。

除了激發員工的安全衛生工作興趣外，另外應使其樂於參與活動。以上事項的推展與作法應注意下列原則：

(1)訂定明確目標。
(2)確立活動主題。
(3)相關資料蒐集。
(4)決定實施方式。
(5)擬訂可行計畫。
(6)經費不虞匱乏。
(7)充分有效宣傳。
(8)活動效益評估。
(9)最高主管配合。
(10)不要吝於獎勵。

13-3 推動安全衛生活動原則及一些具體有效的安全衛生活動介紹

一、推動安全衛生活動原則

推動安全衛生活動時，有三項原則需特別注意：

(一)自動自發原則

安全衛生活動，最好是由員工自動自發地參與，安全衛生管理人員只是活動的設計者與提供解決問題的諮詢者。由員工自動自發而成的安全衛生活動，較能持久，若安全衛生管理人員能掌握時機，善加利用，成效亦將較顯著。

(二)平行式管理原則

推動安全衛生活動，絕不是上對下權威式的管理，安全衛生工作需要一定的標準、規範、紀律，這些需有員工的一致共識才易形成。而權威式管理雖一時可收成效，但時間一久，管理者一鬆懈，問題便一一浮現。

(三)雙向溝通原則

透過雙向溝通的方式，可以促進員工在工作態度上有所改變，也可得知推動安全衛生活動的問題點所在，以利解決問題。安全衛生管理人員可透過書面的溝通途徑，如刊物、員工工作手冊、公告、通知、建議書……等，也可透過與員工面對面的面談、會議、演講、討論等進行溝通，只要溝通持續地進行，推動安全衛生活動阻力便會減少。

二、一些具體有效的安全衛生活動介紹

以下介紹幾種事業單位常推動的具體有效的安全衛生活動：

(一)零災害預知危險活動
1.目的

(1)防止人為失誤造成災害。

(2)提升員工對危險的警覺心與感受性，願意按安全衛生的工作方法從事工作。

2.做法

(1)「先知先制」的預知危險：

(a)掌握現況：在工作前或工作中，發掘作業的危險因素，包括不安全的作業環境、設備，不安全的作業行為與態度。

(b)追究真相：找出災害造成的原因及危險關鍵所在。

(c)建立對策：針對危險關鍵所在，提出具體可行的對策予以消除、解決所有危害因子。

(d)訂定目標：把具體可行的對策訂定成為行動目標，並確實完成。

(2)「指認呼喚」確認動作：

(a)任何動作行為以指認呼喚（個人）或呼喚應答（團體）方式做確認。

(b)以眼到、手到、口到、耳到、心到方式確認。

(c)要達到確認自己動作和消除臆測心理的效果。

(二)工具箱集會（Tool Box Meeting, TBM）

　　一個工作班在作業前，由領班召集，就今日工作內容與所有工作人員大家相互討論溝通，做好工作前準備，或在工作中遇到困難問題，大家彼此商量討論解決之道，以上方式皆可適時地掌握災害發生因素並予以消除解決，防止職業災害的發生。以下就工具箱集會之注意事項與其效果等，做簡要介紹：

1.工具箱集會之注意事項

(1)集會宜於作業前、後舉行。

(2)集會時應以輕鬆方式進行。

(3)集會時間以五至十分鐘為宜。

(4)就本工作班所遇到之安全衛生問題進行討論。

(5)集會以問答方式實施。

(6)全工作班人員皆能參加討論，共同發掘作業中不安全衛生因素。

(7)領班應就集會進行方法、話題的訂定及資料之蒐集等，進行完整之規劃與準備。

(8)每週最少應實施兩至三次。

(9)話題應選擇適當且實際，一話題尚未討論出結論時，不可提出其它話題。

(10)每位與會人員，應盡量抒發己見，不可推諉或有事不關己的想法。

2.工具箱集會之效果

(1)使管理者之安全衛生政策能徹底實施，且獲得全體員工的支持與合作。

(2)安全衛生工作目標能清楚地傳達到每一位基層員工。

(3)安全衛生作業標準的徹底瞭解與力行。

(4)工作場所安全衛生實況的確實掌握。

(5)工作人員安全衛生意識的提升。

(6)找出災害發生源，與擬訂防止對策。

(7)藉由集會中提出的安全衛生建議與提案，應用於安全衛生工作環境之改善。

(三)交通安全加強運動

防範員工交通事故即要使其充分認知危險，事業單位舉辦交通安全活動做法可參考下列作法：

(1)辦理員工交通安全教育訓練。

(2)舉辦員工交通安全宣導。

(3)實施員工交通安全管理。

(4)訂定員工交通安全守則。

(四)主管人員安全衛生觀察活動

主管人員在作業現場對屬下的不安全衛生行為應予以適切的糾正處理，並加強對新進員工的關心與激勵。

(五)5S 運動

包括整理（SEIRI）、整頓（SEITON）、清掃（SEISO）、清潔（SEIHETSU）、紀律（SHITSUKE）。

1.整理

(1)將要與不要的物品加以分類。

(2)將不要的物品加以處理。

(3)整理三原則（三清）：

(a)清理——區分要或不要。

(b)清除──不要的丟掉。

(c)清爽──寬敞的空間。

2.整頓

(1)將物品定位、定量擺置。

(2)將物品加以分類、標示。

(3)整頓三原則（三定）：

(a)定位──將物品定位置。

(b)定名──將物品定品名。

(c)定量──將物品定數量。

3.清掃

(1)清除污垢與髒亂。

(2)修理。

(3)清掃三原則（三掃）：

(a)掃黑──髒、亂、垃圾。

(b)掃怪──異音、異味、振動。

(c)掃漏──油、水、氣。

4.清潔

(1)維持整理、整頓和清掃。

(2)能源管制。

(3)清潔三原則（三不）：

(a)不製造髒亂。

(b)不恢復髒亂。

(c)不擴散髒亂。

5.紀律

    (1)遵守規定和嚴守作業標準。

    (2)安全衛生作業習慣化。

    (3)紀律三原則（三守）：

        (a)遵守規定。

        (b)遵守標準。

        (c)遵守習慣。

    5S 運動之實施必須是有計畫、目的、方法、程序，並且必須是經常恆久的，才易收成效，其注意原則如下：

    (1)加強宣導與溝通，建立全員參與共識。

    (2)編排適切訓練課程，強調激發員工參與意願及熱忱。

    (3)規劃可行對策，編寫易懂的「活動指導手冊」，使各級人員充分瞭解。

    (4)檢查評估實施成效，針對缺失進行改善。

(六)安全衛生提案活動

    在工作場所經常有不合理的工作方法、流程，不安全作業環境、設備或潛在的危險因素，以上這些情形現場作業人員最清楚瞭解，因此獎勵員工提案改進，是防止災害發生的最好方法之一。

13-4　結　論

    推動安全衛生工作，最基本者乃激發全體員工的參與的動機，建立員工正確的觀念與態度，如此安全衛生工作才能不斷地

進行下去，尤其安全衛生工作是全員的責任，透過協調、溝通、參與、實施，必能確保員工的安全與健康。因此，安全衛生活動的推動必須使大家對安全衛生工作產生興趣，自動自發地協助推行，才可獲得最大的功效。所以如何激發全體員工的安全衛生興趣，實為事業單位推動安全衛生管理工作的一大課題。

附件一　建立「自主養護體制」活動實施辦法參考範例

壹、目的

為讓全體員工徹底瞭解作業之自主養護，即是「自己的設備要自己維護」的觀念，並使每一操作者能獲得自主養護之技術，特實施此活動，期能收到預定成效。

貳、各級職責

一、總經理為活動綜理者，如因公務繁忙，得由代理人綜理之。

二、各部門主管負責所轄單位之活動執行、監督與考核。

三、基層主管、領班必須確認對不妥處所或發生困難處所是否有採補救措施，或進行整理、整頓之步驟。

四、安全衛生管理單位與其它相關技術部門，應就自主養護制度活動擬定實施計畫與指導各部門實施，及技術上之協助。

五、現場作業人員應就「設備自主養護手冊」之事項，依規定程序步驟執行。

參、實施事項

依照自主養護展開之步驟，依序教導並實習，由管理人員診斷每一步驟是否已學會，若合格即進入下一步驟。

一、第一步驟「初期清掃」：於清掃之同時，找出不妥的地方並復原之，亦即學習「清掃就是檢查」。其內容為以設備本體為中心之垃圾、髒物全部排除及實施給油，插梢螺絲設備不妥處並使之復原。

二、第二步驟「找出困難處發生源」：將清掃給油之困難處進行改善，以縮短清掃給油時間。其內容為改善垃圾、髒亂之發生源、飛散之防止及給油困難之處所，以圖清掃、給油時間能確實縮短。

三、第三步驟「訂定清掃給油基準」：依公司之實際狀況、需要，詳細規定清掃與給油之基準。基準之內容為訂定能在短時間內確實維持清掃、給油、追銷螺絲的動作基準動作基準（必須訂定能在日常定期使用之時間表）。

四、第四步驟「總檢查」：依照所接受檢查技術教育科目（例如 3 點設定、螺絲與螺母等）實施總體檢，徹底執行設備輕微缺陷之檢出與復原，進而使設備恢復原有之型態。活動內容為依據檢查手冊所做之檢查技能教育與總檢查之實施，以找出設備缺陷並使之復原。

五、第五步驟「自主檢查」：維持設備應有型態所做之自主檢查，此步驟為自主養護體制中最重要步驟。活動內容為製作自主檢查核對表，並實施自我設備之檢查。

六、第六步驟「整理整頓」：將公司之作業場所內現場管理項目之條件設定與維持，即使各種現場管理項目標準化，以圖維護管理之安全系統化，其中主要作法如下：

(一)清掃給油檢查基準之訂定。

(二)現場物流基準之系統化。

(三)資料記錄之標準化。

(四)模具、冶具、工具之管理基準化。

七、第七步驟「徹底之自主管理」：活用第六步驟所體會的技術，繼續進行自主養護與設備改善活動。活動內容為確實達到公司方針、目標之展開與改善活動之正常化，並製作 MTBF 之分析記錄，並予解析後執行設備之改善。

肆、巡視與診斷

一、總經理及各部門主管應定期實施廠內自主養護之巡視。

二、總經理及各部門主管在巡視後，應向各課股長、領班講評。

三、由課股長全員執行現場診斷，並提報現場診斷報告書。

四、各課股長及各部門經理級主管均應列席參加自主養護診斷會議，以此會議決定實施步驟是否合乎需求、討論問題點之解決方案及指導協助方針是否明確化。

五、各部門之診斷報告書應送交活動主辦單位彙整，彙整後重新分配以求得更進一步之改善。

六、各部門就診斷結果缺失應提出缺失改善計畫，並訂立改善對策。

伍、其它注意事項

一、應絕對避免未除去塵埃、污穢、銹、漏油之前，即做設備或通道油漆工作，以防止設備故障。

二、所有人員應確實遵照實施計畫確實執行，以期獲得成效。

三、其它相關規定事項將不定期公告。

陸、附註

「自主養護體制」活動屬 TPM（Total Project Management）其中一環，如有興趣深入瞭解，請參考坊間相關書籍。

附件二　安全衛生活動（演講比賽）實施辦法參考範例

ＸＸ公司　安全衛生演講比賽實施辦法

壹、依據

依本公司□□年度職業災害防止計畫事項辦理。

貳、目的

為激發全體員工對安全衛生工作的興趣及參與熱忱，以增進本公司安全衛生工作推行成效，及員工對安全衛生知識與意識，特舉辦此此演講比賽。

參、實施辦法

一、主辦單位：安全衛生管理單位。

二、比賽日期：□□年□□月□□日□□時。

三、公佈名次：□□年□□月□□日。

四、頒獎日期：□□年□□月□□日廠慶頒發。

五、為使活動能擴大參與，鼓勵各部門至少需一人以上參加。

肆、參加辦法

一、參加對象：全體同仁。

二、報名日期：自即日起受理各部門登記。

三、報名地點：行政大樓服務中心，受理人□□□，分機號碼□□□。

伍、評審辦法

一、評審委員擬請相關部門主管、安全衛生主管人員擔任。

二、成績計算方式：臺風 30%、主題 30%、儀態 20%、其它 20%。

陸、獎勵辦法

一、獎品由主辦單位提供。

二、為鼓勵同仁參加，凡參加者皆頒發紀念品以資鼓勵。

三、錄取名額：第一、二、三名各一位，第四名若干名。

柒、備註

一、本比賽經費由年度安全衛生工作計畫編列。

二、其它相關事項另行通知。

附件三　推行「工作零災害」評比計畫參考範例

壹、依據

依本公司□□年度職業災害防止計畫事項辦理。

貳、目的

一、為「尊重生命、關懷安全」必須貫徹執行安全衛生工作，
以達防止職業災害，確保員工安全與健康。

二、提高本公司員工危害預知能力，建立自護、互護、監護
制度，降低職災發生率與嚴重率，並達到零災害、零傷
亡目標。

參、考評小組成員

一、召集人：廠長○○○。

二、秘書：廠務經理○○○。

三、考評委員：○○○、○○○、○○○、○○○、○○○
等五人。

肆、接受考評單位

甲組：本公司各一級單位（課）非製造部門。

乙組：製造部門、公用部門、承攬商。

伍、考評重點

安全衛生環境、狀況、人員安全衛生動作、機械操作、其它。

陸、考評日期

自○○年○○月○○日至○○年○○月○○日止。

柒、考評方式

一、評分方式以各項配分檢查出缺點逐項扣減，職災頻率及嚴重率納入總分計算，依成績高低順序排定名次。

二、考評時如發現重大缺失時，考核員應立即指正，限期改善。

捌、獎懲

一、評比前三名（甲、乙組），分別頒發獎金壹萬元、柒仟元、伍仟元。

二、總成績在六十分以下及最後一名，單位主管各申誡乙次，並限期改善。

玖、其它

一、各接受考評單位應加強宣導安全衛生工作守則、維持作業環境整潔。

二、本計畫未盡事宜之處得隨時修正公布。

附件四　安全衛生活動實施流程

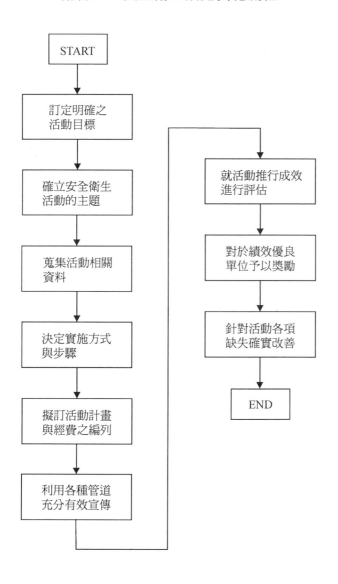

START

↓

訂定明確之
活動目標

↓

確立安全衛生
活動的主題

↓

蒐集活動相關
資料

↓

決定實施方式
與步驟

↓

擬訂活動計畫
與經費之編列

↓

利用各種管道
充分有效宣傳

就活動推行成效
進行評估

↓

對於績效優良
單位予以獎勵

↓

針對活動各項
缺失確實改善

↓

END

問題與討論

一、請列舉五種事業單位所經常實施的安全衛生活動。

二、在激發員工參與安全衛生活動時,所需注意之事項為何?

三、事業單位推動安全衛生活動,對安全衛生工作有何助益?

四、您認為「安全第一」是事業單位正確的經營態度嗎?理由為何?

五、促進員工的安全衛生興趣有哪些?您有何新的方法嗎?

六、您服務的事業單位是否定期舉辦安全衛生活動?成效如何?有無改進必要?

七、假如您是一位安全衛生管理人員,目前欲推動實施零災害運動,您該如何進行著手規劃?

八、因交通事故所造成的傷亡事件眾多,事業單位該如何計畫舉辦交通安全活動,來增進員工的交通安全意識,以減少交通事故發生的頻率與嚴重度?

九、您認為該如何誘發員工的安全衛生需求,進而激起其對安全衛生的興趣?試說明您的高見。

十、試說明安全衛生活動推動應注意事項為何。

第十四章
安全衛生管理工作成效評鑑

14-1　前　言

　　職業災害的發生與員工罹患職業病造成的損失使事業單位績
效降低，進而喪失市場競爭力，一家具有成本意識的公司，就必
須嚴格控制事故成本與浪費。而如何使事業主視安全衛生為公司
經營管理的第一優先工作，沒有比「減少損失就等於創造利潤」
更能使其心動了。因此，安全衛生工作是否在事業單位中落實執
行，直接影響到企業的損失控制管理。而安全衛生管理工作成效
評鑑即針對事業單位推動安全衛生工作，做有計畫性的衡量其執
行結果與評價。目前評估事業單位的安全衛生工作成效有多種方
法，除「失能傷害頻率」（FR）、「失能傷害嚴重率」（SR）外，尚
有「工餘傷害頻率」、「總合傷害指數」、「財產損失嚴重率」等方
法，但這些僅是用意外事故損失金額或人數、嚴重率來衡量及比
較事業單位推動安全衛生的成效。因此，成效評鑑應就全廠執行
廣泛性的診斷，並擬定安全衛生工作成效評鑑計畫，有程序與步
驟地進行評鑑工作，方能達到成效評鑑之目的。

14-2　成效評估方法介紹

　　事業單位推行安全衛生工作的目的，旨在減少因意外事故造
成的損失，而「損失控制」的推行績效，即反應安全衛生工作的
落實與否，以下介紹一些常用的評估方式：

一、數學公式模式

(一)傷病發生率（Injury Illnesses Incidence Rate, IR）

$$傷病發生率 = \frac{（可記錄之傷害、疾病、急救治療次數）\times 200,000}{員工總工作工時}$$

此公式為美國職業安全衛生署（OSHA）為計算其國內事業單位傷病事件發生率所訂定，亦即平均二十萬工時中發生之傷病人員次數，其中二十萬工時約等於一百位勞工每年工作五十週，每週工作四十小時之工時數。

(二)失能傷害頻率（Disabling Injury Frequency Rate, FR）

$$失能傷害頻率（小數二位以下不計） = \frac{失能傷害人次數 \times 1,000,000}{員工總工作工時}$$

如欲比較兩事業單位間之傷害頻繁度高低，或一事業單位前後兩年間傷害頻率如何，僅以傷害發生次數是無法正確反應其實際狀況，因此在一九四七年第六屆國際勞工統計專家會議建議用失能傷害頻率公式來計算。

(三)失能傷害嚴重率（Disabling Injury Severity Rate, SR）

$$失能傷害嚴重率（小數點以下不計） = \frac{失能傷害損失天數 \times 1,000,000}{員工總工作工時}$$

從失能傷害頻率可以看出事業單位傷害意外事件發生頻率，但不能瞭解其意外事件所造成之嚴重程度及影響度，故必須要統一的傷害嚴重率計算方法，因此在第六屆國際勞工統計專家會議中建議使用失能傷害嚴重率來計算。

(四)工餘傷害頻率（Off-The-Job Injury Frequency Rate）

$$工餘傷害頻率 = \frac{工餘傷害次數 \times 1{,}000{,}000}{312 \times 員工人數}$$

依據美國統計，全國事業單位從業人員之工餘傷害案件佔全部職業災害發生率之 30% 至 40%，造成事業單位因缺工而引起生產力降低、訓練及僱工等成本增加。所以，事業單位必須重視並指導所屬員工在下班時之安全衛生的生活方式與養成安全衛生的生活習慣。而所謂的工餘傷害包括了：交通（含上下班之交通）、公共安全、家中意外事故……等。上式中 312 係統計每人每月工餘活動時數。此數字係由每月約為四又三分之一週，每週共一六八小時（24×7＝168），再減取每週睡覺時間五十六小時（8×7＝56），尚餘每週活動七十二小時，再乘以四又三分之一（72×4.333＝312）。

(五)失能傷害平均損失日數 (Average Days Charged per Disabling Injury)

$$失能傷害平均損失日數 = \frac{失能傷害嚴重率}{失能傷害頻率} = \frac{SR}{FR}$$

為瞭解事業單位平均每一件傷害事件引起之勞動損失日數，可使用失能傷害平均損失日數公式計算。

(六)失能傷害綜合指數（Disabling Injury Index）

$$失能傷害綜合指數＝\frac{失能傷害嚴重率 \times 失能傷害頻率}{1,000}$$

　　單獨以失能傷害頻率或失能傷害嚴重率無法同時表示傷害之實況，通常可以失能傷害頻率乘以失能傷害嚴重率表示傷害之形勢。

(七)安全成效指標

　　為 THIOKOL 化學公司的安全工程師 C. D. Attaway 首先發展並使用來評估安全計畫實施的結果，並探討意外事故發生原因。

安全成效指標（PI）＝A+DL+PD+RC+MD+S

此安全成效指標之中的代表意義如下：

(1)PI 為安全成效指標。

(2)A 為在某管理人員管轄的範圍內，在工作中發生的失能傷害事故總數。

(3)DL 為損失日數。

(4)PD 為財產損失之金額，以新台幣為單位。

(5)RC 為意外事故發生的原因。發生原因係針對：

　　(a)物質上的缺失：如維護、設計、設備、機具、環境等之不良狀況所引起者。

　　(b)管理上的缺失：如指揮、監督、教導、訓練等的不善所引起。

(6)MD為經理階層的缺失，指意外事故的發生，與管理階層故意忽視安全改進措施所引起的，例如某一位員工因使用缺乏安全裝置的機具造成傷害意外，另一位員工又因相同原因造成意外事故。

(7)S 為造成傷害、永久性失能傷害或財產損失超過十萬新台幣的意外事故。

此式可依實際意外事件原因，參照各參數計算，如某參數不存在時，可不必計算在內，此公式具彈性，安全衛生管理人員可依需要增減其參數。事業單位可運用此公式將歷年意外事故統計出來，求其平均值，與本年之數值做比較，若本年超過平均值則表示安全成效退步，應立即檢討缺失。若少於平均值則表示安全成效進步。

(八)安全點數

可做為事業單位或作業部門比較過去與現在的安全衛生工作成效依據，由計算所得數值的大小，決定安全衛生工作成效的進退成敗，安全點數公式如下：

$$安全點數 = \frac{現在的失能傷害頻率 - 過去的失能傷害頻率}{\sqrt{過去的失能傷害頻率}}$$

安全點數數值若為正值，表示其安全記錄變壞，負值表示安全記錄變好，若其值介於+2 與-2 間，表示安全記錄無太大變化。其值大於+2 表示顯著退步，小於-2 表示顯著進步。

二、評分表、管制圖鑑定模式

　　我國行政院勞委會為獎勵事業單位增進勞工安全衛生設施，及鼓勵有關單位或個人配合推行勞工安全衛生工作，特訂定「選拔全國性推行勞工安全衛生優良單位及優良人員實施要點」。其實施要點之附表二「全國性推行勞工安全衛生優良單位選拔評分標準」，可作為事業單位推行安全衛生工作成效之自我評鑑依據，事業單位可依此表自行就其規定事項自行評定，依事業本身實況，照實評分，所得之總分可作為本事業單位推行安全衛生工作的成效參考。若事業單位自行評鑑結果為優良者且皆符合其實施要點之各項規定，建議您可向初審機關自薦，安全衛生管理單位及人員亦同。

　　事業單位亦可依美國國際安全評鑑表與美國機械工程師學會（American Society for Mechanical Engineers, ASME）評鑑表所規定事項，進行本身之安全衛生工作成效評鑑（**表 14-1**、**表 14-2**）。

　　要如何辨別每月傷害變化是隨機性或是有原因的，通常是參考品質管制圖的方法製作傷害管制圖，傷害管制圖製作程序如下：

(1)計算過去平均每月傷害次數或傷害率，為使平均數較為穩定，最好以過去六十個月的數值來平均。

(2)根據平均每月傷害數值來計算管制上限與下限，其計算公式為：

$$T = \pm 2\sqrt{T}$$

　　在上式中，T 代表平均每月傷害數值

(3)將平均數、上限數、下限數值橫線繪入圖中，傷害管制圖即完成（**圖 14-1**）。

表 14-1　美國國際安全評鑑表

	項　目	最高給分	實際得分	比率%
1	領導與管理	1,170		
2	主管訓練	700		
3	檢查計畫	680		
4	工作分析與程序	505		
5	災害事故調查	630		
6	安全觀察	330		
7	緊急應變計畫	650		
8	組織規劃	450		
9	災害事故分析	400		
10	勞工安全訓練	675		
11	人員防護	450		
12	健康管理	550		
13	計畫評估系統	400		
14	採購及工程管制	350		
15	人員溝通	450		
16	團體會議	400		
17	一般晉升	330		
18	使用與安置	350		
19	記錄與報告	280		
20	工餘安全	250		
	總　分	10,000		

然後逐月將該月實際傷害數值繪入圖中，如其數值是在上限與下限間，則在管制範圍之內，並無意義。如其數值超過上限，則係屬有原因之變化，已超過管制範圍，應即研究設法改進，俾控制惡化情勢。如其數值低於下限，則表示有顯著進步，應繼續努力，以求更好的成效。假設某一事業單位過去六十個月的資料算出平均每月傷害數為 25，以 25 代入公式計算獲得：

$$上限 = 25 + 2\sqrt{25} = 35 \qquad 下限 = 25 - 2\sqrt{25} = 15$$

表 14-2　美國機械工程師學會評鑑表

評　鑑　項　目	最高給分	評鑑給分
一、安全設施	200	
(一)機械設備及環境		
1.重要作業點	50	
2.機械操作	6	
3.電氣設備	4	
4.鍋爐	5	
5.無火壓力容器	3	
6.引擎或輪機	3	
7.輸送設備	3	
8.管路設備	1	
9.物料倉儲	14	
10.物料搬運	14	
11.個人防護設備	10	
12.維護保養	15	
13.防爆設施	2	
(二)廠房設施		
1.照明	4	
2.升降設備	2	
3.樓板及走道	8	
4.消防設備	4	
5.通風	2	
6.衛生	10	
(三)遵守安全規章	30	
(四)醫療保健		
1.醫療設備	5	
2.保健室	3	
3.急救設備	2	
二、教育及訓練	400	
(一)訓練		
1.員工訓練	70	
2.領班訓練	70	
(二)安全合作		
1.員工安全態度	40	
2.管理	40	
(三)景觀		
1.安全標語	30	
2.工資袋上安全文句	10	
3.影片	10	

（續）表 14-2　美國機械工程師學會評鑑表

評　鑑　項　目	最高給分	評鑑給分
(四)安全競賽		
1.部門之內	20	
2.工廠之內	10	
3.廠際之間	5	
4.區域性	3	
5.全國性	2	
(五)獎勵		
1.個人的	15	
2.部門的	10	
3.工廠的	5	
(六)出版物		
1.廠內刊物	15	
2.安全通報	10	
3.特殊刊物	5	
(七)提案制度		
1.積極提案措施	15	
2.改善建議	5	
(八)公眾參與		
1.促進公眾安全計畫	6	
2.公眾的參與	4	
三、管理與監督	400	
(一)安全規則之執行		
1.損失控制	50	
2.新機械、新設備及新操作方法之計畫	50	
3.作業檢查規則	35	
4.領班之安全報告	35	
5.安全觀察	30	
(二)事故之防止		
1.重大事件之公布	50	
2.事故之檢討	60	
3.工程改善	40	
4.安全會議	30	
5.安全小組	20	

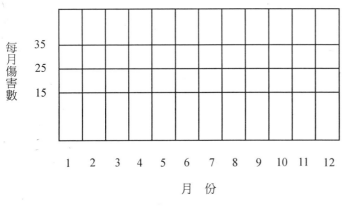

每月傷害數 35 25 15

上限 平均 下限

1 2 3 4 5 6 7 8 9 10 11 12

月　份

圖14-1　傷害管制圖

為獲得較佳結果，製作傷害管制圖應注意下列事項：

(1)計算平均每月傷害數值，最好採用六十個月之資料，如不能得到六十個月資料，亦應儘量使用較長時間之資料來計算。

(2)製作傷害管制圖，最好採用全部的傷害資料，因失能傷害資料無法提供充分數據，尤其假若平均每月傷害數值小於4時，其管制下限將成為負數。

(3)每年應將過去六十個月資料中最早一年扣除，而將最近一年的資料加入，以計算最新的平均每月傷害數，以反映實際現況。

(4)事業單位聘僱員工情形如有季節性變化，則傷害管制圖應按季節分別製作成二張或三張以上。

(5)若因外在因素，如工作環境、工作危害等發生變化時，致使工作傷害情勢永久變化，應即製作新的傷害管制圖。

日本考核評鑑方式，其目的在協助因缺乏安全技術之中小企業來改善工作環境，**表 14-3** 為日本中央勞動災害防止協會提供各事業單位實施安全診斷之評核表。

表 14-3　日本中央勞動災害防止協會推薦「安全衛生評核表」

	是	否
一、提高安全衛生意識 　(一)全國勞工安全衛生宣導活動期間，以下各項是否實施？		
1.懸掛安全衛生旗幟	☐	☐
2.張貼安全衛生漫畫、海報、標語等	☐	☐
3.事業主之安全衛生巡查	☐	☐
4.安全衛生表揚	☐	☐
(二)以下的工作場所活動是否實施？		
1.整理、整頓、清潔、清掃	☐	☐
2.有關安全衛生的短時間會議（安全會議、朝會等）	☐	☐
3.工作場所的體操活動	☐	☐
4.安全提案活動（制度）	☐	☐
二、安全衛生教育狀況		
(一)新僱用時，施以一般安全衛生訓練	☐	☐
(二)調換作業內容時，施以相關教育訓練	☐	☐
(三)對危險有害作業相關人員，施以特殊安全衛生教育訓練	☐	☐
(四)領班以上主管人員，施以相當之作業主管人員安全衛生工 　　作訓練	☐	☐
三、中高年齡者的安全衛生政策		
(一)配置於適當的工作位置	☐	☐
(二)對其作業方式實施改善	☐	☐
(三)實施成人病健康診療服務	☐	☐
四、整理、整頓狀況		
(一)確保工作通道的暢通	☐	☐
(二)實施工具或原物料、製品之整理、整頓，保持整齊有序且 　　無掛置	☐	☐
五、機械、設備等的檢點、整備狀況		
(一)做業前，實施每日檢點	☐	☐
(二)定期實施每月、每季及年度檢點、檢查等自動檢查	☐	☐
六、危險、有害等機械設備之管理狀況		
(一)對下列機械設備、實施定期檢查		
1.鍋爐或壓力容器等	☐	☐
2.固定式或移動式起重機	☐	☐
3.動力衝壓及剪斷機械	☐	☐
4.乙炔或氣體熔接裝置等設備	☐	☐
5.局部排氣裝置或除塵裝置	☐	☐

(二)對於下列設備之作業管理人員的選任		
1.鍋爐或壓力容器等機械	☐	☐
2.動力衝壓及剪斷等機械	☐	☐
3.乙炔或氣體熔接裝置等設備	☐	☐
4.塗裝、清洗等有機溶劑作業之設備	☐	☐
(三)對於下列作業之操作人員、遴選經危險性機械操作或特殊作業等安全衛生訓練合格者擔任		
1.鍋爐或壓力容器等機械	☐	☐
2.固定式或移動式起重機等機械	☐	☐
3.荷重一公噸以上之堆高機等設備	☐	☐
4.乙炔或氣體熔接裝置等設備	☐	☐
5.缺氧或特殊化學物質等作業	☐	☐
6.使用起重機設備從事吊掛等作業	☐	☐
7.粉塵等作業	☐	☐
七、安全衛生防護具的使用、保養狀況		
(一)備有適當之防護具並妥善清潔保養	☐	☐
(二)確實使用各項規定之防護具	☐	☐
(三)提供適當的作業服裝，並保持整齊、正確之穿著	☐	☐
八、作業標準狀況		
(一)各項作業訂定標準作業	☐	☐
(二)各項作業規定安全作業應注意事項	☐	☐
九、健康檢查、保健狀況		
(一)定期實施健康檢查	☐	☐
(二)有機溶劑、粉塵作業等作業人員，定期實施特殊作業之健康檢查	☐	☐
十、作業環境之測定狀況		
有機溶劑、粉塵、噪音等作業場所，定期實施作業環境測定	☐	☐
十一、災害調查狀況		
(一)對於輕微之災害，亦調查其原因	☐	☐
(二)依據調查結果，分析後謀求改善對策	☐	☐

（續）表 14-3　日本中央勞動災害防止協會推薦「安全衛生評核表」

十二、管理組織的設置狀況		
(一)每年或每月擬訂一安全衛生活動目標推行	☐	☐
(二)依規定選任合格之勞工安全衛生管理人員，並向勞動檢查機構報備核准在案	☐	☐
(三)依規定設置醫療單位、醫護人員及分配適當之合格急救人員	☐	☐
(四)設置勞工安全衛生委員會，定期召集委員會議	☐	☐
(五)事業場所正推動類似「作業前會議」（TBM）、「指認呼喚」、「危險預知訓練」、「銀色健康計畫」（SHP）等安全衛生活動	☐	☐

評 核 基 準 與 結 果

一、就全部五十項之評核項目，每一答「是」之項目計為一點，累積全部項目中所得點數，再對照評核表即可得知評核之結果。

二、如事業單位只有全部評核項目之部分者，可就部分項目評核後得到之點數，先依下列公式計算出百分比值，再以百分比值與評核基準表對照，即可知其結果。

$$\frac{部分項目評核所得點數}{50-（事業單位沒有之項目數）} = \quad\%$$

評 核 基 準 表

評　　等	合計點數	%	評　　　　核
A	40 點以上	80 以上	優良狀態，盼再進一步
B	30-39 點	60-79	尚可，需再加強改善
C	29 點以下	59 以下	不佳，應立即就缺失改善

14-3 成效評鑑範圍、原則、程序及項目

一、評鑑範圍之界定

評鑑範圍界定可分為:「人」、「事」、「物」等三方面:

(一)「人」

包括了事業單位中負責人、管理人員、基層領班、作業人員、運輸作業人員、承攬商、原物料供應商等。

(二)「事」

包括了事業單位之經營理念、安全政策、安全衛生工作之支持、安全衛生設備之投資、安全衛生組織與管理、教育訓練、自動檢查、緊急應變與處置、安全作業標準、工作安全分析、廠內整理整頓與缺失改善計畫等。

(三)「物」

凡是作業環境中會危害到員工安全衛生之危害因子,如就業場所建築物、設備、環境、原料、物料……等。

二、成效評鑑之原則

由於評鑑之對象不同,因此宜有不同之評鑑標準,其應包括以下幾項原則:

(1)評鑑資料不可全部來自傷害事故,而且評鑑的時間不宜太短,如此才不會顧此失彼,或未能涵蓋整個時期內之安全

活動。

(2)評鑑應將生產與安全列為兩大重點。

(3)評鑑方法應盡可能對危害控制效用提供有效的比較方法，比較的基礎應建立在相同的作業性質及單位規模大小上。

(4)做為評鑑用的變數（參數）數量應切合實際需要，且簡單易懂。

三、成效評鑑之程序

欲使安全衛生工作成效評鑑不流於形式，應有一定之執行程序與步驟，實施程序如下：

(1)組織評鑑小組，一般由安全衛生管理單位會同公司各部門相關人員共同組成。

(2)蒐集相關資料及瞭解公司及各部門安全衛生工作推行現況，並對歷年職業災害與事故發生原因做全盤性研究。

(3)對公司使用之機械、設備、作業環境、生產流程……等做初步瞭解，作為評鑑時之參考。

(4)找出公司及各部門推行安全衛生工作之困難點所在，擬訂符合需要之改進方案。

(5)擬訂符合公司現況並參酌相關事業單位優良評鑑計畫，製作本事業單位之安全衛生評鑑計畫與績效考核表。

(6)依計畫排定之評鑑時間與路線，確實實施評鑑工作。

(7)就評鑑結果撰寫一份評鑑報告書，並呈送事業主，使其瞭解目前現存安全衛生工作之缺失所在。

(8)安全衛生管理單位就評鑑缺失，依缺失所在擬訂因應方案，提供有關部門做為改善之參考。

四、成效評鑑項目

成效評鑑所涵蓋之項目，應包含以下各項：

(一)組織及管理

(1)安全衛生政策與責任區分。

(2)安全衛生工作守則及安全作業程序。

(3)童工與女工之保護。

(4)員工體格及健康檢查。

(5)緊急應變及職業災害防止計畫（年度安全衛生工作計畫）。

(6)安全衛生改善計畫。

(二)災害預防

(1)廠房整潔。

(2)機械防護及危險性機械之檢查。

(3)一般地區防護措施。

(4)機械及工具保養與維護。

(5)物料儲存。

(6)個人防護具。

(三)消防

(1)消防設備。

(2)危險物管理。

(3)消防標示。

(四)工業衛生

(1)化學有害物管理資料。

(2)通風。

(3)廢棄物處理。

(4)熱、噪音、振動防護。

(5)防止職業病措施及特殊健康檢查。

(五)激勵與訓練

(1)生產線與主管人員安全衛生訓練。

(2)新進員工安全衛生訓練。

(3)工作安全分析。

(4)特殊作業訓練。

(5)自動檢查。

(6)安全激勵。

(7)員工與主管人員溝通。

(六)職業災害調查統計與報告

(1)職業災害調查。

(2)職業災害統計呈報及分析。

五、評鑑報告書內容及撰寫要領

(一)內容

(1)評鑑目的。

(2)評鑑流程。

(3)評鑑結果。

(4)缺失問題點（需就公司內所有缺點依部門分別一一列出）。

(5)建議事項及改進對策。

(6)缺失改善計畫。

(7)追蹤改進辦法。

(8)結語。

(9)附件：包括所有部門、作業場所、環境內務，以及所有評
　　鑑地點場所設備之評鑑表，並附照片與時間。

(二)撰寫要領

(1)簡明確切，主題明確。

(2)深入重點，條理分明。

(3)建議與對策需具可行性。

(4)追蹤改進應明訂期限。

(5)如時間許可，將評鑑結果量化，以圖表或數據呈現，增加
　　其可讀性與實用性。

(6)缺失改善計畫應針對所有評鑑缺失，指定專人進行改進措施。

14-4　結　論

　　發掘缺失並徹底檢討改進，比獲得些許成效來得對安全衛生
工作有助益。因為缺失的背後往往隱藏著重大的危機，而安全衛
生工作不僅僅在於預防災害發生，更要積極發掘所有實施的缺失
所在為何。藉由安全衛生工作成效評鑑的執行，除可顯見推行成
效外，並可對平日疏忽之事項作一次總體檢，以求得改善之道。
對於評鑑結果切勿草草敷衍了事或拖延改善時間，應依評鑑報告
書之所列缺失事項，訂定缺失改善計畫，各級人員依任務分配執
行缺失改善工作，以達計畫所訂之目標。

附件一　事業單位安全衛生管理稽核問項

說明：

1.R：表示法令要求或本制度強調重點之基本問項中必須符合之問項。

2.*：表示除法令要求外，其他增進安全衛生管理之進階問項。

3.無註記者表示法令要求或重要之基本問項。

1.勞工安全衛生管理規章

1.1 勞工安全衛生管理規章

1.1.1 貴單位是否有制訂書面之勞工安全衛生管理規章？

　□是

　□否

　□不適用

1.1.2 貴單位是否於安全衛生管理規章內明訂各級主管安全衛生職責？

　□是

　□否

　□不適用

*1.1.3　貴單位是否考核各級主管人員執行勞工安全衛生成效，並列入年度考績重要因素之一？

　□是，考核方法 _____，佔總考成之 _____%

　□否

　□不適用

R1.1.4　貴單位於交付承攬工作前是否告知承攬人有關事業單位工作環境、危險因素及需遵守之相關安全衛生規定？

　□是，告知方式為：

□承攬協調會議中告知　□以書面告知　□進廠工作前予以講習　□其他

□否

□不適用

*1.1.5 貴單位是否訂定書面之承攬人管理辦法？

　□是

　□否

　□不適用

R1.1.6 貴單位共同作業時為防止承攬工作中發生職業災害，是否採取必要安全衛生措施？

　□是

　□否

　□不適用

*1.1.7 貴單位組織中最高管理階層是否制訂勞工安全衛生政策，編製相關文件並承諾支持政策之實施？

　□是

　□否

　□不適用

1.2 安全衛生工作守則

1.2.1 貴單位是否依法令規定並視事業單位之需要訂定安全衛生工作守則？

　□是

　□否

1.2.2 訂定之安全衛生工作守則是否公告或印製成冊，並發給每位員工？

　□是

　□公告於_____

□分發勞工人手一冊

*1.2.3 安全衛生工作守則是否依實際狀況修訂？

　　　□是，修訂頻率：□定期修訂：每＿＿＿＿修訂一次

　　　　　　　　　　　□不定期修訂

　　　　　　　　　　　□員工提案修訂

　　　　　　　　　　　□其他＿＿＿＿＿

　　　上次修定日期：＿＿年＿＿月

　　　□否

　　　□不適用

1.2.4 貴單位針對較危險作業是否採取作業許可（工作許可）制度或特殊程序加以管制？

　　　□是

　　　□否

　　　□不適用

*1.2.5 貴單位是否制訂作業許可制度有關辦法？

　　　□是，制訂有＿＿＿＿＿＿＿＿＿＿＿

　　　□否

　　　□不適用

2.事業單位工作場所安全設備措施

2.1 安全距離

2.1.1 貴單位危險性較高之工作場所與一般工作場所是否有明確之區隔，並採取適當防護措施？

　　　□是

　　　□否

　　　□不適用

2.1.2 貴單位危險性、有害性物質之存放是否與其他不相容物質分開儲存？

□是

　　□否

　　□不適用

2.2 工作場所安全設備措施

2.2.1 貴單位設置之安全門及安全梯是否皆有明顯標示，並於
勞工工作期間皆保持暢通？

　　□是

　　□否

2.2.2 貴單位設置之工作用階梯及架設之通道是否有堅固之構
造，並有防止墜落、溜滑之措施？

　　□是

　　□否

　　□不適用

2.2.3 貴單位工作場所之出入口、樓梯、通道、安全門、安全
梯是否設置適當之採光或照明？

　　□是

　　□否

2.2.4 貴單位對於勞工有墜落危險之場所，是否採取適當的防
護措施？

　　□是

　　□否

　　□不適用

2.2.5 貴單位對於電氣機具之帶電部分，如勞工於作業中或通
行時因接觸或接近致有發生感電之虞者，是否設置有防
止感電之護圍、絕緣被覆或適當防護裝置？

　　□是

　　□否

2.2.6 貴單位對於易產生非導電性及非燃燒性塵埃之工作場
所，其電氣機械器具是否裝於具有防塵效果之箱內，或
使用防塵型電氣器具？

□是

□否

□不適用

2.2.7 貴單位對於有發生靜電致傷害勞工之虞之工作機械與附
屬物件，是否就發生靜電部分施行接地或使用其他適當
之設備？

□是

□否

□不適用

2.3 工作場所消防設備措施

2.3.1 貴單位是否依法配備手提滅火器並予以明顯標示？

□是

□否

□不適用

2.3.2 貴單位是否配備自動滅火系統？

□是

□否

□不適用

2.3.3 貴單位是否配備火災警報系統？

□是

□否

2.3.4 貴單位是否配置室內消防栓系統？

□是

□否

□不適用

2.3.5 貴單位是否配置室外消防栓系統？

　　□是

　　□否

　　□不適用

*2.3.6 貴單位是否將消防設備配置位置以圖表方式公告於廠

　　區明顯處所使勞工周知？

　　□是

　　□否

　　□不適用

3.勞工安全衛生組織、人員設置及運作

3.1 勞工安全衛生管理單位（人員）設置情形

R3.1.1 貴單位是否依法設置勞工安全衛生管理單位？

　　□是

　　□否

　　□不適用

3.1.2 貴單位勞工安全衛生管理單位是否為事業單位內部之一

　　級單位？

　　□是

　　□否

　　□不適用

R3.1.3 貴單位是否依法設置勞工安全衛生人員？

　　□是

　　□否

3.1.4 貴單位勞工安全衛生管理單位所置管理人員是否至少一

　　人為專任？

　　□是

□否

　　□不適用

3.2 勞工安全衛生管理組織系統

　*3.2.1 貴單位雇主或其代理人是否直接參與勞工安全衛生監督管理工作？

　　□是

　　□否

　　□不適用

　3.2.2 貴單位勞工安全衛生管理工作是否由各部門主管負責執行？

　　□是

　　□否

　　□不適用

　3.2.3 貴單位勞工安全衛生管理單位主管是否為勞工安全衛生業務主管？

　　□是

　　□否

　　□不適用

3.3 勞工安全衛生管理組織運作

　3.3.1 勞工安全衛生委員會運作

　　3.3.1.1 貴單位是否依法設置勞工安全衛生委員會並製作名冊？

　　□是

　　□否

　　□不適用

　　3.3.1.2 貴單位勞工安全衛生委員會是否定期開會並留備紀錄？

□是，每_____個月開會一次

□否

□不適用

*3.3.1.3 貴單位對於勞工安全衛生委員會議之結論及建議

事項是否實施追蹤管理，或應用於相關部門採行改善措

施？

□是

□否

□不適用

3.3.2 各級人員之勞工安全衛生業務運作

*3.3.2.1 貴單位是否製作書面勞工安全衛生業務運作說明

供各級人員參考？

□是

□否

□不適用

3.3.2.2 貴單位勞工安全衛生人員辦理勞工安全衛生管理業

務是否就執行情形留備紀錄？

□是

□否

3.3.2.3 貴單位各級主管及管理、指揮、監督有關人員是否

切實執行勞工安全衛生事項並留備紀錄？

□是

□否

*3.3.2.4 貴單位是否針對安全衛生管理相關項目制訂稽核

管理計畫？

□是

□否

□不適用

　*3.3.2.5 貴單位是否執行安全衛生稽核管理制度？

　　□是

　　□否

　　□不適用

　*3.3.2.6 貴單位是否對關鍵性作業或潛在危害事件實施風險評估或危害分析？

　　□是

　　□否

　　□不適用

　*3.3.2.7 貴單位於製程修改或原料、設備、廠區配置改變時，是否執行安全衛生影響評估？

　　□是

　　□否

　　□不適用

3.4 勞工安全衛生自動檢查

3.4.1 自動檢查計畫訂定

3.4.1.1 貴單位是否訂定年度職業災害防止計畫？

　　□是

　　□否

R3.4.1.2 貴單位危險性工作場所是否均已經勞動檢查機構審查或檢查合格？（請勾選所屬危險性工作場所）

　　□1.從事石油裂解之石化工業之工作場所

　　□2.農藥製造工作場所

　　□3.爆竹煙火工廠或火藥類製造工作場所

　　□4.設置高壓氣體類壓力容器或蒸汽鍋爐，其壓力或容量達中央主管機關規定者之工作場所

□5.製造、處置、使用危險物、有害物之數量達中

　　　　央主管機關規定數量之工作場所

　　□6.中央主管機關會商目的事業主管機關指定之營

　　　　造工程之工作場所

　　□7.其他經中央主管機關指定之工作場所

　□是，同意文號＿＿＿＿＿＿＿＿＿＿

　□已提出申請或該危險性工作場所屬 82 年 2 月 3 日前

　　設立者

　□否

　□不適用：無法定之危險性工作場所

R3.4.1.3 貴單位是否訂定安全衛生自動檢查計畫？

　□是

　□否

*3.4.1.4 貴單位是否訂定安全衛生自動檢查相關實施辦

　法？

　□是

　□否

　□不適用

*3.4.1.5 貴單位安全衛生自動檢查計畫或辦法是否每年定

　期檢討修正？

　□是

　□否

　□不適用

*3.4.1.6 貴單位安全衛生自動檢查表格是否包括判定基準

　或執行標準？

　□是

　□否

☐不適用

3.4.2 自動檢查項目、週期、表格、人員及設備

　3.4.2.1 貴單位是否對目前一般機械、設備、車輛、環境依
　　　　　檢查週期實施自動檢查？

　　　☐是

　　　☐否

　3.4.2.2 貴單位是否對目前危險性機械、設備除定期檢查
　　　　　外，皆依檢查週期實施自動檢查？

　　　☐是

　　　☐否

　　　☐不適用

　3.4.2.3 貴單位是否對目前特殊有害物質作業、設備實施自
　　　　　動檢查？

　　　☐是

　　　☐否

　　　☐不適用

　3.4.2.4 貴單位於從事下列作業時，是否實施作業檢點？

　　　1.林場作業　2.船舶清艙解體作業

　　　3.爆竹煙火製造作業　4.碼頭裝卸作業

　　　5.危險物之製造處置作業

　　　☐是

　　　☐否

　　　☐不適用

　3.4.2.5 貴單位設施、設備及製程改變時，自動檢查所使用
　　　　　表格是否適時修正？

　　　☐是

　　　•☐否

□不適用

*3.4.2.6 貴單位是否執行預防保養工作並留備紀錄？

□是

□否

□不適用

*3.4.2.7 貴單位是否訂定書面之預防保養相關實施辦法？

□是

□否

□不適用

*3.4.2.8 貴單位除法定項目外，對其他設備及作業是否實施
安全衛生自動檢查？

□是，如_____

□否

□不適用

3.4.2.9 貴單位主管人員是否執行安全衛生巡視或作業觀
察？

□是

□否

3.4.3 自動檢查結果之處理流程

3.4.3.1 貴單位對安全衛生自動檢查結果是否依規定事項詳
加記錄並保存？

□是

□否

R3.4.3.2 貴單位對實施檢查、檢點、巡視所發現對勞工有危
害之虞者是否即時予以處理？

□是

□否

*3.4.3.3 貴單位是否製作自動檢查結果之處理流程？

　□是

　□否

　□不適用

*3.4.3.4 貴單位對自動檢查發現之異常狀況是否執行追蹤
改善措施？

　□是

　□否

　□不適用

4.危險物及有害物之管理

4.1 危險物及有害物之製造、處置、使用情形

4.1.1 貴單位對儲存危險物及有害物之容器（化學設備除外）
是否予以分類及標示？

　□是：完成百分比：＿＿＿％

　□否

　□不適用

4.1.2 貴單位是否已製作完成各危害物質清單？

　□是：完成百分比：＿＿＿％

　□否

　□不適用

4.1.3 貴單位是否製作各危害物質之物質安全資料表？

　□是：完成百分比：＿＿＿％

　□否

　□不適用

4.1.4 貴單位是否將各物質安全資料表置於工作場所中易取得
之處？

　□是

□否

□不適用

4.2 危害通識計畫

4.2.1 貴單位是否訂定危險物及有害物通識計畫書以增進勞工
相關知識？

□是

□否

□不適用（本單位無危險物及有害物）

4.3 危害通識訓練及紀錄

4.3.1 貴單位是否實施危險物及有害物通識相關訓練並留備紀
錄？

□是

□否

□不適用

4.4 製造、處置、使用危險物及有害物之管理

4.4.1 貴單位對裝有有害物或危險物之管系是否予以標示？

□是：完成百分比：＿＿＿％

□否

□不適用

4.4.2 貴單位對裝有有害物或危險物之化學設備等是否予以標
示？

□是：完成百分比：＿＿＿％

□否

□不適用

4.4.3 貴單位對儲存危險物或有害物之運輸設備是否予以標
示？

□是：完成百分比：＿＿＿％

□否

□不適用

4.4.4 貴單位對於製造、處置、使用危險物是否採取必要之防火及防爆措施？

□是

□否

□不適用

4.4.5 貴單位是否設置可燃性氣體及毒性物質洩漏之自動偵測警報系統？

□是

□否

□不適用

4.4.6 貴單位從事危險物之製造、處置或化學設備之改善、修理、清掃、拆卸等作業，是否訂定相關作業規範並指定專人依規定辦理？

□是

□否

□不適用

4.5 個人防護具

R4.5.1 貴單位是否規定員工於從事危險或有害作業時須配載適合之個人防護器具？

□是

□否

□不適用

*4.5.2 貴單位是否訂有書面個人防護具使用規定？

□是

□否

□不適用

4.5.3 是否教導員工如何使用、清潔及維護個人防護器具？

　　□是

　　□否

　　□不適用

*4.5.4 分發給員工非可棄式個人防護具是否有領用紀錄？

　　□是

　　□否

　　□不適用

5.勞工作業環境測定及監督計畫

5.1 勞工作業環境測定情形

5.1.1 貴單位是否有執行作業環境測定？

　　□是

　　□否

　　□不適用

5.2 勞工作業環境監督計畫

＊5.2.1 貴單位是否訂定勞工作業環境測定計畫書？

　　□是

　　□否

　　□不適用

5.2.2 貴單位實施勞工作業環境測定是否由合格人員採樣？

　　□是

　　□否

　　□不適用

5.2.3 貴單位勞工作業環境所採樣本是否委由認可實驗室分

　　析？

　　□是

□否

　　□不適用

　5.2.4 貴單位實施勞工作業環境測定是否依規定記錄並保存？

　　□是

　　□否

　　□不適用

　5.2.5 貴單位對於作業環境測定結果有異常現象時，是否採取
　　　　必要防護措施，並實施追蹤改善？

　　□是

　　□否

　　□不適用

5.3 作業環境衛生

　5.3.1 貴單位是否制訂作業環境衛生相關作業規範加以管理？

　　□是

　　□否

　5.3.2 是否對噪音作業場所採取改善及控制措施？

　　□是

　　□否

　　□不適用

　5.3.3 是否對勞工之振動作業採取改善及控制措施？

　　□是

　　□否

　　□不適用

　5.3.4 是否對高溫作業場所或燠熱、寒冷、多濕之室內作業場
　　　　所採取改善及控制措施？

　　□是

　　□否

□不適用

R5.3.5 貴單位有害物工作場所是否裝置有效之通風換氣設
備？

　　□是

　　□否

　　□不適用

5.3.6 貴單位對作業環境之照明是否採取控制措施？

　　□是

　　□否

　　□不適用

6. 醫療衛生服務及勞工健康保護措施

6.1 醫療衛生單位、設備狀況

6.1.1 貴單位是否設置專屬之安全衛生醫療單位並已報備核
准？

　　□是（或有工業區聯合醫療單位）

　　□否

　　□不適用

6.1.2 貴單位安全衛生醫療單位是否依規定聘任專（兼）任醫
師及護士？

　　□是

　　□不適用

6.2 急救人員、設備狀況

6.2.1 貴單位是否依法設置足夠合格急救人員？

　　□是

　　□否

6.2.2 貴單位工作場所設置急救藥品及器材是否明顯標示、檢
查並更新？

□是

□否

6.2.3 工作場所是否置備足量之緊急救援設備並定期維護？

□是

□否

6.3 勞工一般體格檢查、健康檢查概況

6.3.1 貴單位僱用之新進勞工或在職勞工，是否實施一般體格檢查或一般健康檢查？

□是（已接受檢查人數/應接受檢查人數：___ / ___）

□否

6.3.2 貴單位供膳人員是否於僱用前及每年定期實施傳染性疾病檢查？

□是（已接受檢查人數 / 應接受檢查人數：___ / ___）

□否

□不適用（無供膳業務）

6.4 勞工從事特別危害健康作業及特殊體格檢查、特殊健康檢查概況

6.4.1 貴單位勞工從事特別危害健康作業時，是否依規定由認可醫療機構實施特殊體格、特殊健康檢查？

□是（已接受檢查人數 / 應接受檢查人數：___ / ___）

□否

□不適用

6.5 勞工健康檢查結果之管理措施

6.5.1 貴單位僱用勞工從事特別危害健康及粉塵作業時，是否建立健康管理資料，並依規定分級實施健康管理？

□是

□否

□不適用

6.5.2 貴單位勞工特殊健康檢查後，必要時，是否實施含作業條件調查之健康追蹤檢查？

　　□是

　　□否

　　□不適用

6.5.3 貴單位對勞工經一般體格檢查、特殊體格檢查、一般健康檢查、特殊健康檢查或健康追蹤檢查後，是否將檢查結果發給勞工，並將檢查紀錄彙集成健康檢查手冊？

　　□是

　　□否

6.5.4 貴單位對勞工被列入第三級管理者或管理二以上者是否採取必要措施，及報請勞工及衛生主管機關備查，並副知勞動檢查機構？

　　□是

　　□否

　　□不適用

6.6 勞工經醫師確認罹患疾病不宜從事原作業之情形

6.6.1 貴單位對勞工經醫師確認罹患疾病，是否照醫師之建議，不再使從事不適宜之作業？

　　□是

　　□否

　　□不適用

7.機械、設備之管理

7.1 危險性機械、設備之管理

R7.1.1 貴單位設置之危險性機械、設備其檢查合格證有效期限是否符合規定？

□是

□否

□不適用

R7.1.2 貴單位危險性機械、設備操作人員是否均依法訓練合
格？

□是

□否

□不適用

7.1.3 貴單位之起重機具設備是否依法裝置防護措施？

□是

□否

□不適用

R7.1.4 貴單位對於升降機具是否依法裝設必要防護設施？

□是

□否

□不適用

7.1.5 貴單位對於鍋爐設置場所，是否依規定採取必要措施？

□是

□否

□不適用

7.1.6 貴單位對於危險性機械、設備之操作是否制訂相關作業
規範或標準作業程序（S.O.P.）？

□是

□否

□不適用

7.2 一般機械、設備之管理

7.2.1 貴單位衝剪機械、手推刨床、木材加工用圓型鋸、堆高

機、研磨機等機械器具是否依規定設置安全防護？

☐是

☐否

☐不適用

7.2.2 貴單位對於轉動、傳動之機械設備，是否依規定裝置防

護設備？

☐是

☐否

☐不適用

7.2.3 貴單位於離心機械，是否依規定設置覆蓋及連鎖裝置？

☐是

☐否

☐不適用

*7.2.4 貴單位除危險性機械、設備外，對於其他重要機械設備

是否制訂相關作業規範或標準作業程序（S.O.P.）？

☐是

☐否

☐不適用

8.童工、女工從事危險性、有害性工作之監督管理

8.1 童工、女工保護

R8.1.1 貴單位僱用童工作業是否合法？

☐是

☐否

☐不適用

R8.1.2 貴單位僱用女工作業是否合法？

☐是

☐否

☐不適用

R8.1.3 貴單位僱用女工是否於妊娠中或產後未滿一年即從事危險性或有害性工作？

☐是

☐否

☐不適用

9.勞工安全衛生教育訓練及宣導計畫

9.1 相關作業主管人員安全衛生教育訓練

9.1.1 貴單位相關作業主管人員是否有接受安全衛生訓練？

☐是

☐否

☐不適用

*9.1.2 貴單位之上述相關作業如有輪班情形，是否每一班別均有相關作業主管？

☐是，輪班狀況：_____班_____輪

☐否

☐不適用

9.2 特殊作業人員安全衛生教育訓練

9.2.1 貴單位特殊作業人員是否皆已接受特殊安全衛生教育訓練？

☐是

☐否

☐不適用

9.3 一般作業人員安全衛生教育訓練

*9.3.1 貴單位是否訂定勞工教育訓練計畫，並依預訂時程辦理完成？

☐是

☐否

9.3.2 貴單位是否對新僱或變更工作之勞工實施必要之安全衛
生教育訓練？

☐是

☐否

☐不適用

9.3.3 貴單位是否對在職勞工實施必要之安全衛生教育訓練？

☐是

☐否

9.4 勞工安全衛生法令宣導

R9.4.1 貴單位是否宣導勞工安全衛生法令及有關安全衛生之
規定使勞工週知？

☐是，宣導方式 _____

☐否

*9.4.2 貴單位是否設置專用安全衛生佈告欄，並定期更新資
料？

☐是

☐否

☐不適用

*9.4.3 貴單位是否訂定安全衛生獎勵措施或競賽以提高勞工
之安全衛生意識？

☐是

☐否

☐不適用

9.5 操作手冊制訂與講解

*9.5.1 貴單位是否制訂標準作業操作手冊發給相關作業勞
工，並予以教導？

□是

□否

□不適用

*9.5.2 貴單位對於危害性較高之工作場所或設備作業是否制訂緊急作業操作手冊發給相關作業勞工,並予以教導?

□是

□否

□不適用

*9.5.3 貴單位是否制訂維護保養作業操作手冊發給相關作業勞工,並予以教導?

□是

□否

□不適用

9.6 勞動檢查結果之公告

R9.6.1 貴單位是否將勞動檢查機構實施勞動檢查結果公告於顯明易見之處?

□是,公告_____天以上

□否

□不適用

10.事故調查處理制度及緊急應變計畫

10.1 事故調查處理制度

10.1.1 貴單位是否訂定書面之事故調查程序執行調查,並加以分析以找出事故發生原因及改善方式?

□是

□否

*10.1.2 貴單位是否將災害事故/虛驚事故發生案例納入勞工之教育訓練教材或宣導活動中?

□是

□否

□不適用

10.1.3 職業災害調查、分析結果紀錄是否呈報該事業單位最高

主管並加以保存？

　　□是，填報頻率：_____；紀錄保存期限：_____

　　□否

R10.1.4 貴單位工作場所於發生重大職業災害時，是否於二十

四小時內報告檢查機構？

　　□是

　　□否

10.1.5 貴單位是否每月定期向檢查機構呈報職業災害統計月

報表？

　　□是

　　□否

　　□不適用

*10.1.6 貴單位針對重大災害事故是否立即召開檢討會議？

　　□是：請說明下列事項

　　　1.會議召開時限：_____時內

　　　2.重大意外事故包括：_____

　　　　　　　　　　　　_____

　　　　　　　　　　　　_____

　　□否

　　□不適用

*10.1.7 貴單位是否針對災害事故原因執行改善措施追蹤管

理？

　　□是

□否

□不適用

*10.2 緊急應變計畫

　10.2.1 貴單位是否有指派人員負責規劃、協調及修訂緊急應變計畫？

　　□是

　　□否

*10.2.2 緊急應變計畫內容是否包含緊急應變組織、職責與人員之規劃，並指定緊急應變指揮中心？

　　□是：

　　□否

　　□不適用

*10.2.3 緊急應變計畫內容是否包含重大意外事故緊急通報流程？

　　□是

　　□否

　　□不適用

*10.2.4 緊急應變計畫內容是否包含緊急狀況發生時之處理及疏散程序？

　　□是

　　□否

　　□不適用

*10.2.5 貴單位是否設置緊急狀況發生時之警報廣播及通訊系統？

　　□是

　　□否

　　□不適用

10.2.6 貴單位是否設置緊急電力設備？

　　□是

　　□否

　　□不適用

10.2.7 貴單位是否設置緊急照明設備？

　　□是

　　□否

*10.2.8 貴單位是否有準備緊急救助服務電話號碼清單？

　　□是：上一次修正清單日期：＿＿年＿＿月

　　□否

　　□不適用

*10.2.9 緊急應變計畫內容是否包含指定災區警戒及再進入程
序？

　　□是

　　□否

　　□不適用

10.2.10 貴單位是否實施緊急應變教育訓練？

　　□是

　　□否

*10.2.11 貴單位是否有執行緊急應變現場演練？

　　□是

　　□否

　　□不適用

附件二　安全衛生稽核計畫參考範例

○○股份有限公司安全衛生稽核計畫

壹、目的

為確保本公司安全衛生工作能有效且順利地推展與執行，並發覺執行時之困難點與缺失及需要改進之項目，特訂定本稽核管理計畫，期使達本公司「零災害、零傷亡、零事故」之安全衛生工作目標。

貳、稽核項目

以各部門（課）為一獨立受稽核單位，其受稽核項目包括：

一、年度職業災害防止計畫應實施事項。

二、年度自動檢查所轄部門應實施之事項。

三、部門機械、設備之每日檢點及預防保養事項。

四、職災發生率及調查分析報告。

五、自動檢查異常處理程序事項。

六、工作許可制度實施推行事項。

七、安全衛生防護具之清潔、使用、保養、儲存事項。

八、所轄部門安全衛生作業環境現況。

九、主管安全衛生每日巡察紀錄。

十、其它安全衛生執行事項。

參、稽核單位

稽核單位成員包括：

一、廠務經理。

二、稽核室。

三、安全衛生管理單位。

四、其它。

肆、稽核結果

稽核人員應就受檢單位安全衛生現況及執行成效評定等級，並對該部門缺失及改進事項列出，提供該部門作改善參考。

等級	分 數 對 應	安 全 衛 生 狀 況
A	90分以上	優
B	80-89	良好
C	70-79	普通
D	60-69	待改進

伍、獎懲辦法

一、稽核成績列為年度部門績效考核。

二、列為 D 等之部門，除限期改善外，另就缺失部分提出改善方案及追蹤進度交稽核單位備查。

陸、其它

本安全衛生稽核管理計畫，呈總經理核准後，公告實施。

附件三 安全衛生成效評鑑實施流程

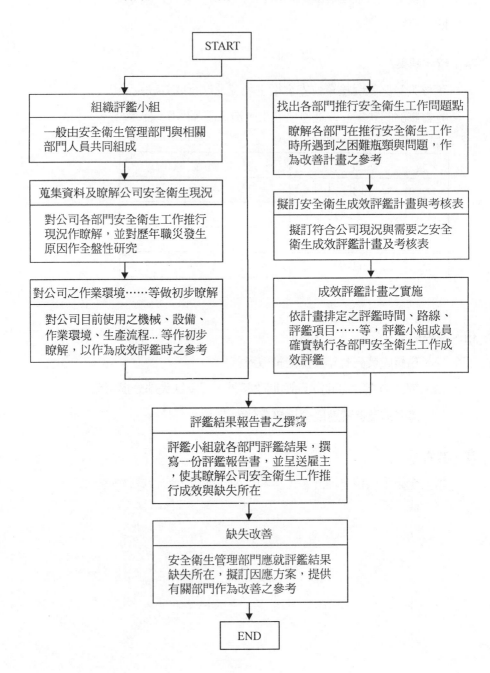

START

組織評鑑小組

一般由安全衛生管理部門與相關部門人員共同組成

蒐集資料及瞭解公司安全衛生現況

對公司各部門安全衛生工作推行現況作瞭解，並對歷年職災發生原因作全盤性研究

對公司之作業環境……等做初步瞭解

對公司目前使用之機械、設備、作業環境、生產流程…等作初步瞭解，以作為成效評鑑時之參考

找出各部門推行安全衛生工作問題點

瞭解各部門在推行安全衛生工作時所遇到之困難瓶頸與問題，作為改善計畫之參考

擬訂安全衛生成效評鑑計畫與考核表

擬訂符合公司現況與需要之安全衛生成效評鑑計畫及考核表

成效評鑑計畫之實施

依計畫排定之評鑑時間、路線、評鑑項目……等，評鑑小組成員確實執行各部門安全衛生工作成效評鑑

評鑑結果報告書之撰寫

評鑑小組就各部門評鑑結果，撰寫一份評鑑報告書，並呈送雇主，使其瞭解公司安全衛生工作推行成效與缺失所在

缺失改善

安全衛生管理部門應就評鑑結果缺失所在，擬訂因應方案，提供有關部門作為改善之參考

END

問題與討論

一、事業單位實施安全衛生工作成效評鑑之目的為何？

二、試依您目前服務之事業單位實施安全衛生工作現況，製作一份符合需要之成效評鑑計畫書？

三、您認為「成效評鑑」與「損失控制」有何相關性？請說明其理由。

四、某事業單位的某部門安全紀錄為：去年 FR=25.34，今年 FR=27.12，試計算其安全點數為何？其數值顯示其安全成效為進步或退步？

五、試由您服務之事業單位近六十個月之傷害次數及嚴重率資料，計算出其平均每月傷害數值，依此數據製作一份傷害管制圖。

六、假設某一事業單位有員工 250 人，某月因交通、家庭、公共意外造成 5 人受到失能傷害，試計算其工餘失能傷害頻率為何。

七、一份完整的評鑑報告書應包括哪些內容？其撰寫應注意事項有哪些？

八、您認為一套符合您事業單位之成效評鑑項目，應包含哪些項目？

九、試說明擬訂「缺失改善計畫」之目的為何？執行缺失改善時，應注意哪些事項？

十、試製作一份您事業單位之「安全衛生成效評鑑實施流程」。

第十五章
如何順利推展安全衛生管理工作

15-1　前　言

　　當一位管理工作者不是一件簡單的事，不論您是基層領班、安全衛生管理人員，甚至總經理，每天的工作壓力總是令人不堪負荷。而安全衛生管理人員更因安全衛生工作五花八門，且工作推行又具時效性，不得不加快工作步調，不容許花太多時間來尋找解答。因此如何有效率且順利地推展安全衛生管理工作，是每一位從事安全衛生管理工作人員欲達到的目標。本規劃的最終目的，即為滿足安全衛生管理人員的需要，做為工作時之參考資料。以實務為主、學理為輔的編寫理念，引導您進入安全衛生管理之必備知識與技巧，進而融會貫通導入實際職場中，使您在從事或推行安全衛生工作時能駕輕就熟而事半功倍。而如何順利推展安全衛生管理工作，筆者參酌國內外先進之研究報告及書籍與筆者拙見，將於下節中予以介紹，盼能對您有所助益。

15-2　如何順利推展安全衛生管理工作

一、「目標管理制度的建立」

　　目標管理（management by objective, MBO）乃主管人員與其部屬就目標、標的和標準達成共識的一種技巧，而這些目標、標的和標準為主管人員希望部屬達成的，以便部屬與上級能有更可量化和客觀的方法，以衡量工作是否執行落實與完美。而安全衛

生管理工作亦是如此，安全衛生工作目標為「防止職業災害、保障員工安全與健康」，以此為標的，使安全衛生管理工作朝此標準前進，即是安全衛生管理工作目標管理制度建立的終極目標。以下就目標管理制度的建立程序做簡扼之說明：

(一)部屬同意主管人員所設的工作目標

在每一關鍵成果領域以績效標的或標準來表示，個人目標與部門和公司的目標一致，而且定義的方式應強調他們對部門或總體計畫所做的貢獻。目標要儘可能量化，而且得同時擬定工作改善計畫，以顯示個人應做何貢獻，以便部門或公司有更好的表現。

(二)由管理人員與部屬共同評估績效

以實際的成果與既定目標和標準比較，視其執行結果之優劣，做為績效評估之依據。

(三)管理人員和部屬需達成一致看法

達成什麼地方要改進共識，以及成果可以提升到何種程度，如有必要，重新定義標的與標準。目標管理圈是一種回饋程序，如圖 **15-1** 所示，是從公司目標開始。

有效的管理應引導所有管理人員的眼光和努力朝向共同的目標。其特點有：

(1)它必須確保個別管理人員瞭解公司要求他達到何成效。

(2)它必須確保雇主瞭解他期望所屬每位管理人員有何成果。

(3)它必須激勵每個管理人員往正確方向發揮最大努力。

(4)於鼓勵提高工作品質的同時，必須讓每位管理人員成為達成公司績效的管道，而不是山頭林立、各自為政。

(5)以整體整合為原則，要創造環境，並引導組織成員把努力導向企業經營成功之際，也能達到成就自己的目標。總之，

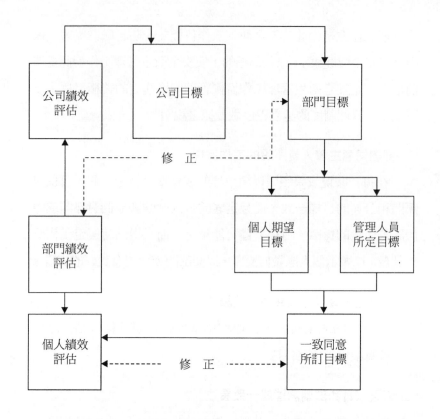

圖15-1　安全衛生目標管理圈

　　目標管理是一門管理科學，並不是一蹴可幾的，請多閱讀
該相關書籍與論文，以厚植本身管理方面的知識技能。

二、「組織安全衛生品管圈」

　　品管圈是由部門內員工組成，由直屬領班為小組領導人，利
用空暇時間自動集會，討論該小組在達成工作目標或其它重要目
標時所會遭遇的困難。公司亦提供品管圈問題解決技巧方面之訓
練，並提供資源給他們去解決、找出問題點。典型的安全衛生品
質圈運作的方式如下：

(1)成員找出工作中所會遇到的安全衛生問題。

(2)訂定確實可行的改善安全衛生工作目標,並達成初步共識。

(3)品管圈利用適當的討論與分析技巧,擬訂解決問題的計畫。

(4)品管圈成員蒐集基本資料,並檢討各種解決問題的可能方法,並可借重其它品管圈成員的經驗專長。

(5)成員對解決方案達成共識後,將問題分析結果和解決問題的建議呈報部門主管。

(6)部門主管同意後,由該品管圈負責執行解決方案,部門主管與安全衛生管理單位必須監督其執行成效。

三、「推展安全衛生管理工作十大技巧與三大準則」

(一)十大技巧

(1)當規劃安全衛生管理工作時,應尊重各部門意見與建議。

(2)安全衛生管理工作應充分授權與職責劃分。

(3)「激極與協助」是獲取各部門主管支持與信賴之好方法。

(4)「針對缺失,確實改善」是安全衛生工作突破瓶頸之要素。

(5)努力達成安全衛生工作現場化、標準化與習慣化。

(6)以不違法為最低工作原則,法定之表報作業是推展安全衛生工作的最基本工作。

(7)安全衛生管理工作「制度化」,為事業單位推行安全衛生工作第一要務。

(8)「擬訂計畫→落實執行→追蹤進度→評估考核→缺失改進」是做好安全衛生工作的不二法門。

(9)加強緊急應變訓練與職災分析是防止、避免災情擴大之最佳利器。

(10)「成效評鑑」為掌握安全衛生工作實施成果的重要工具。

(二)三大準則

(1)確立安全衛生政策、健全安全衛生管理組織體系。

(2)建立安全衛生管理制度、訂定安全衛生管理計畫。

(3)確實執行與考核,發現缺失徹底改善。

四、「落實安全衛生管理之基本要求」

為達到事業單位對安全衛生的要求,必須採取各種必要之手段,其基本要求如下:

(一)生產設備充分利用安全衛生科學技術

即活用以往之經驗事例,利用本質安全設計,使其合乎安全工學的要求。

(二)設計生產設備時所顯見之具體缺陷之糾正

事業單位所使用之生產設備,在其製造過程中可能因材料或製造技術拙劣,減低該設備之可信賴性,因此有賴於事業單位實施各種檢查加以確認,以求其安全性。

(三)充分的維護保養

欲維持生產設備之安全性,必須在管理上時時實施檢點、定期檢查、保持整潔,並經常維持該設備之良好與正常狀態。

(四)釐訂作業活動之必要安全衛生作業標準

事業單位為有效達成安全衛生工作,對於作業人員行動應有必要加以限制,將其導向安全衛生的行為動作。應積極釐訂安全作業標準,使作業者有所遵循與依據。

(五)建立機能性之安全衛生管理組織

安全衛生工作為事業單位從事生產過程中的一部分，故安全衛生管理組織勢必與生產部門形成分工合作型態，並有相同之目標，故必須建立機能多工且綜合性之管理組織。

(六)對作業人員應施以必要之安全衛生教育、訓練

唯有實施安全衛生教育訓練，始可將作業人員之作業行動導向符合安全衛生的要求，因此安全衛生教育訓練為安全衛生管理工作上極重要之一環。

(七)推行安全衛生活動

推行安全衛生活動之主要目的，在激發全體員工之安全衛生意識，增進其參與安全衛生工作的動機，使其具備有安全衛生的工作熱忱，進而達到防止職業災害發生的目標。

(八)注重環保，減少污染

注重環境保護，減少生產過程中產生之污染，確實防止因職業災害造成（廠內）人員傷亡與財產損失、（廠外）民眾與環境生態之危害，並建立起科學的管理方法來從事安全衛生管理工作。

(九)落實檢查工作，擬訂工作守則

落實自動檢查工作，擬訂可行之工作守則。

五、「安全衛生工作一般管理」

一般管理是規劃、組織、指導和控制許多交互關聯的作業，並支援服務性工作，以達成預定之目標。一般管理是門科學，需要應用到許多管理技巧，其指導和控制各種活動以達成理想成果的效能。筆者將商學中的一般管理運用到安全衛生管理工作上，

以期能創造如企業經營般的管理方式，使企業主們能視安全衛生工作為企業經營中的一部分。以下就一般管理的四大程序作介紹：

(一)規劃

決定誰做什麼事，這項工作需要定義和把各項安全衛生工作歸類、明定職責範圍，並建立溝通、協調和控制、管理等辦法。

(二)組織

決定組織的工作方向與目標，此項工作需要評估外在和內部的變遷以及限制、預測、設定目標、發展策略並準備安全衛生工作行動方案。

(三)指導

確保全體員工能知道其所負的安全衛生職責為何，並瞭解如何去做、何時去做，各級主管能有效運用其領導統御能力，讓安全衛生工作能在團隊中盡情地發揮與執行。

(四)控制

評估與監控安全衛生工作執行成果，比較成果與計畫的差異，並於必要時採取矯正行動。從「規劃」到「控制」產生回饋機制，使安全衛生管理工作能持續不斷地執行。

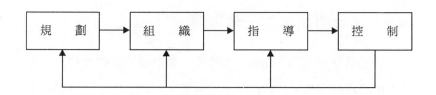

圖15-2　安全衛生工作一般管理程序

六、「熟悉、瞭解與本身事業單位有關之安全衛生法令規定」

　　法令所規定之事項，是對事業單位安全衛生管理工作的最低規範標準，而事業單位除應確實遵從規定外，應以優於法令規定作業為目標，使安全衛生工作能收預期之成效。所以安全衛生管理者除應具備相當之安全衛生知識與技能外，也應對所有安全衛生相關法令有所鑽研，期使能在不違法的情形下，使事業單位能「以最少花費獲得最大投資效益」。於事業主在商言商的企業管理模式下，一位好的安全衛生管理者，應以實際作為，促使事業主們願意且樂意支持、配合安全衛生工作。也因此，安全衛生管理人員熟悉、瞭解法令後，能以不違法為前提，花更多心思與創意於執行與推動安全衛生工作上。如此的安全衛生工作模式，才可順利推展。

七、「善用電腦」

　　電腦之最大優點在於它具有快速的運算、處理資料的能力，處於今日資訊爆炸時代中，人們處處講求效率，要求精準、快速，因此用電腦來輔助繁複的安全衛生管理作業最好不過了。安全衛生業務中有眾多表報、分析、統計作業，如自動檢查表格、安全衛生檢查資料建檔、各項安全衛生工作管理計畫、職災統計、危害分析、成效評鑑……等，若能善於應用電腦來處理這些作業，將會大大減少許多處理時間，使安全衛生管理人員有更多時間到工作現場去瞭解、發掘安全衛生問題。安全衛生工作不是在辦公室中作業來完成的。目前有大量軟體可供我們應用，而經濟部中小企業處、工研院、勞委會等政府機關亦有相關電腦軟體可提供使用。使用這些軟體前，事業單位應先秉持「使用者付費」原則，

請勿使用盜版、盜拷之軟體，以尊重他人之智慧財產。

八、「建立全廠員工安全衛生意識」

安全衛生工作如無全廠員工的支持、配合，僅靠安全衛生管理人員的獨挑大樑，是無法達到應有的成效。因此身為一位安全衛生管理人員，除具備專精的技能外，平時也應廣結善緣，建立良好的人際關係，上至雇主，下至每一位基層員 （在中小型企業應不難達到）。說之以情，動之以理，行之以法，逐步建立起安全衛生意識，終極目標為將安全衛生意識成為公司的「企業文化」。

九、「安全衛生工作記錄書面化」

每日所做的安全衛生工作，應確實填寫在「安全衛生工作日誌」中，而每一項安全衛生工作資料、記錄應建立專有檔案集中管理。各項資料皆為推行安全衛生工作的依據，且可做為往後推行工作的參考。

十、「賞罰分明」

有過必罰，雖然這是在推動安全衛生的消極方法，但未嘗不可行，但須視安全衛生管理人員的處置技巧而定。對無心之過最好講「情與理」，至於頑劣不從者，應事先從旁瞭解其原因，再做最後處置。

15-3 結　論

提供合理的安全衛生環境與硬體設備，以達安全衛生之生產

要求，是每一位事業主與安全衛生管理人員之主要責任。除了建立一套完整的安全衛生管理制度外，管理階層也必須以人性化的管理技巧，使每位員工願意且樂意加入安全衛生工作。如何順利推展事業單位之安全衛生工作，因每個事業體之性質、組織、財務狀況等之不同，所以在推行安全衛生工作上亦有差異。安全衛生管理制度只是一種工具，而如何使其發揮應有之作用與功效，則有賴於使用該工具之人的技巧與方法。如何使技巧更嫻熟、方法更得宜，除個人經驗的累積外，亦需不斷地吸收新知與從失敗中汲取珍貴的教訓。本規劃至此只是階段性的結束，安全衛生管理工作是日新月異，因此無論您是事業主或安全衛生管理人員，應持續不斷地蒐集與掌握國內外最新的安全衛生資料與訊息，以便於在日益競爭的大環境下，一方面能提高獲利率與生產力，另一方面能順利推展安全衛生管理工作，使職業災害發生率降至最低，進而提升其產品在市場上的競爭力。

問題與討論

一、您認為安全衛生管理工作應如何規劃，才能使其得到應有之成效？

二、安全衛生工作需要雇主的絕對支持，您要如何說服雇主，讓他願意全力支持安全衛生工作的推展？

三、身為安全衛生管理人員的您，對於如何順利推展安全衛生管理工作有何想法與方法？

四、您認為推行安全衛生工作應有之管理技巧為何？ 並請說明其理由。

五、您認為安全衛生管理人員在事業單位中應扮演何種角色？

六、假設您目前是一位中小企業主，並經安全衛生主管訓練合格，兼任企業中安全衛生管理人員，在考量財務與安全衛生條件，您如何使公司能在最少經費支應下，使安全衛生工作能符合法令規定與收到應有之成效？

七、您所服務之事業單位是否已經完成「辦公室電腦化」？ 安全衛生管理單位是否使用電腦輔助處理安全衛生相關工作？

八、您認為在安全衛生管理工作上，需用到哪些電腦腦體來輔助文書、統計、試算……等作業？

提示：1.文書處理：WORD、AMIPRO……；2.試算表：EXCEL、LOTUS1-2-3……；3.簡報：POWERPOINT、FREELANCE……；4.統計：SPSS……

九、請列出我國各勞工法令中，與您所服務的事業單位相關之法條有那些？

十、試列出您獲得相關安全衛生管理資訊的管道有哪些？有無辦法從產、官、學、民間等管道，獲得更多資料？

附錄一
法令規定應實施作業環境測定
之場所及項目

作業項目測定	內容	週期	場 所	法令依據	備 註
1.室內作業	二氧化碳	六個月	設置中央管理方式之空氣調節設備之建築物室內作業場所	勞工作業環境測定實施辦法：第 6 條第 1 項	一、記錄應有： 1.測定時間 2.測定方法 3.測定處所 4.測定條件 5.測定結果 6.測定者姓名 7.其它有關防範措施
2.坑內作業	粉塵、二氧化碳濃度	六個月	(一)礦場地下礦物之試掘、採掘場所 (二)隧道掘削之建設工程之場所 (三)前二目中已完成可通行之地下通道	第 6 條第 2 款	
3.顯著發生噪音之室內作業	噪音	六個月	勞工工作日時量平均音壓皆超過 85 分貝之室內作業場所	第 6 條第 3 款	二、其測定記錄除勞工作業環境測定第 9 條第 2 項規定之物質，其記錄應保存三十年與粉塵之測定記錄應保存五年，其它應保存三年
4.高溫作業	綜合溫度熱指數 (WBGT)	三個月	下列之一之作業場所，其勞工工作日時量平均綜合熱指數超過中央主管機關規定值時： (一)於鍋爐房或鍋爐間從事工作之作業場所 (二)灼熱鋼鐵或其它金屬條塊壓軋及鍛造之作業場所 (三)鑄造間處理熔融鋼鐵或其它金屬之作業場所 (四)鋼鐵或其它金屬類物料加熱或熔煉之作業場所 (五)處理搪瓷、玻璃、電石及熔爐高溫熔料之作業場所 (六)蒸汽火車、輪船機房從事工作之作業場所 (七)從事蒸汽操作、燒窯等之作業場所 (八)其它經中央主管機關指定者	第 7 條第 1 款	三、實施測定之人員或機構應符合「勞工作業環境測定實施辦法」之相關規定

5.粉塵作業	粉塵濃度	六個月或作業條件改變時	粉塵危害預防標準所稱之特定粉塵作業場所	第7條第2款 第9條第2款	
6.鉛作業	鉛濃度	每年	鉛作業之室內作業場所	第7條第2款	
7.四烷基鉛作業	四烷基鉛濃度	每一年	四烷基鉛作業之室內作業場所	第7條第7款	
8.有機溶劑作業	法定之有機溶劑濃度	六個月	一、於三氯甲烷、1.1.2.2.四氯乙烷、四氯化碳1.2.二氯乙烯、1.2.二氯乙烷、二硫化碳三氯乙烯、丙酮、異戊醇、異丙醇、乙醚、乙二醇乙醚醋酸、鄰二氯苯、二甲苯、甲酚、氯苯、乙酸戊酯、乙酸異戊酯、乙酸異丁酯、乙酸異丙酯、乙酸乙酯乙酸丙酯、乙酸丁酯乙酸甲酯、苯乙烯、1.4.二氧陸圜、四氯乙烯、己醇、環已酮、1.丁醇、2.丁醇、甲苯二氯甲烷、甲醇、甲基異丁酮、甲基環己醇甲丁醚、1.1.2.三氯乙烷、丁酮、二甲基甲醯胺、四氫呋喃、正己烷等之作業場所 二、其它經中央主管機關指定者	第7條第3款	
9.特定化學物質作業	特定化學物質濃度	六個月	製造、處置或使用: 二氯聯苯胺及其鹽類、a奈胺及其鹽類、鄰二甲基聯苯胺及其鹽類、鈹及其化合物、次乙亞胺、氯乙烯、苯石綿、煤焦油及三氧化二砷等之室內作業場所	第7條第4款 第9條第2項	

10. 特定 化學物 質作業	特 定 化 學 物 質 濃度	六個月	製造、處置或使用： 多氯聯苯、丙烯腈、氯、氯 化氫、溴化甲烷、二異氰酸 甲苯、對硝基氯苯、氟化 氫、碘化甲烷、硫化氫、硫 酸二甲酯、鉻酸及其鹽類 鉻及其化合物、氰化鉀、氰 化鈉、汞及其無機化合物 五氯化酚及其鈉鹽、錳及其 化合物等之室內作業場所 暨其它經中央主管機關指 定者	第 7 條第 4 款	
11. 煉焦 作業	溶 於 苯 之 煉 焦 之 生 成 爐 之 濃 物 度 度	六個月	接近煉焦或於其上方從事 煉焦之場所	第 7 條第 6 款	

附錄二
提升安全衛生管理工作效率表格

以下共附十種表（牌）格式，包含事業單位之安全衛生管理、執行步驟、準備、確認……等表格，可作為中小企業安全衛生管理工作之參考，其內容可能無法含蓋所有需求，請各事業單位依需要修改格式內容，自行訂定適合之表格。

一、管理者與部屬的工作步驟檢核表

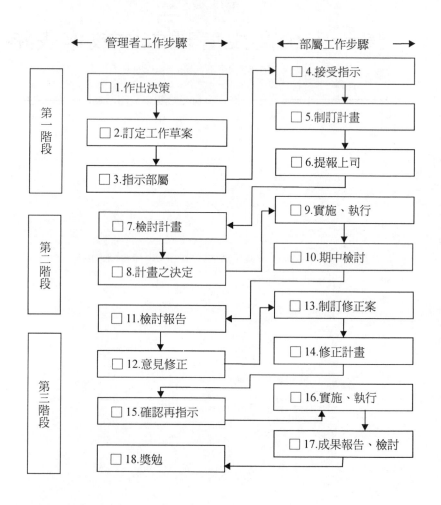

二、安全衛生管理工作 6W2H 檢核表

Why	為何做這件工作？ （動機）	➡	☐已確認 ☐不充分 ☐再確認
What	工作目標為何？ （目標）	➡	☐已確認 ☐不充分 ☐再確認
Where	在何處實施？ （場所、地區、單位）	➡	☐已確認 ☐不充分 ☐再確認
Who	由誰執行？ 與誰執行？ （負責人、協助人）	➡	☐已確認 ☐不充分 ☐再確認
Which	哪一項工作計畫？ （選擇、挑選）	➡	☐已確認 ☐不充分 ☐再確認
When	工作始末期限？ （開始與完成期限）	➡	☐已確認 ☐不充分 ☐再確認
How	工作如何執行？ （方法與執行方案）	➡	☐已確認 ☐不充分 ☐再確認
How Much	需要多少經費？ （預算、花費為何）	➡	☐已確認 ☐不充分 ☐再確認
問題點	有無缺點？ 有無困難點？ 有無注意事項？	➡	☐已確認 ☐不充分 ☐再確認
對策	工作可行性評估？ 是否應再檢討？ 有無更好之對策？	➡	☐已確認 ☐不充分 ☐再確認

三、安全衛生管理工作計畫指示、確認表

計畫名稱		單位姓名	
主題目標	是否明確掌握與瞭解？ □掌握中──→□不充分──→□再確認──→□已確認		
執行單位	團隊合作是否萬全？ □萬全──→□不充分──→□再確認──→□已確認		
工作計畫	是否有工作計畫？ □已訂定──→□不充分──→□再確認──→□已確認		
執行步驟	是否已充分檢討工作執行的步驟？ □已檢討──→□不充分──→□再確認──→□已確認		
通報體系	是否向上司與各相關部門聯繫與協商？ □有──→□不充分──→□再確認──→□已確認		
問題解決	是否預測到執行中可能發生之問題點，並提出因應對策？ □是──→□不充分──→□再確認──→□已確認		
第二次展開	達成目標後，是否考慮第二次的展開行動？ □是──→□不充分──→□再確認──→□已確認		
預　算	預算是否充裕？ □充裕──→□不充分──→□再確認──→□已確認		
問題點		對策	
建議意見	單位主管： 日期：	執行人員： 日期：	

四、安全衛生管理工作進度追蹤表

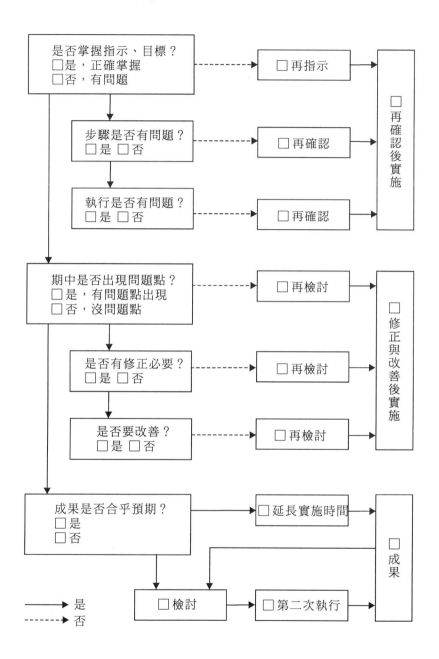

五、安全衛生委員會議準備檢核表

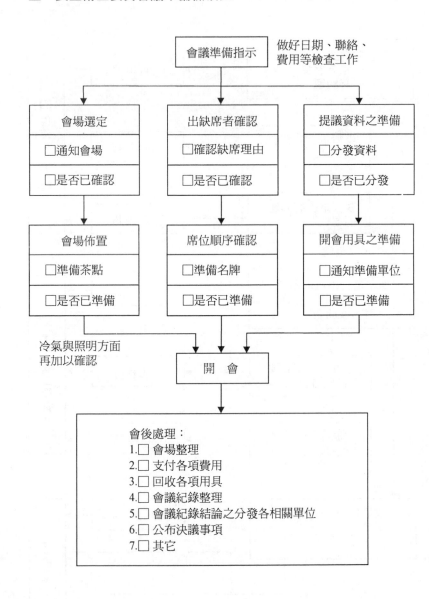

會議準備指示　做好日期、聯絡、費用等檢查工作

會場選定
□通知會場
□是否已確認

出缺席者確認
□確認缺席理由
□是否已確認

提議資料之準備
□分發資料
□是否已分發

會場佈置
□準備茶點
□是否已準備

席位順序確認
□準備名牌
□是否已準備

開會用具之準備
□通知準備單位
□是否已準備

冷氣與照明方面再加以確認

開　會

會後處理：
1.□ 會場整理
2.□ 支付各項費用
3.□ 回收各項用具
4.□ 會議紀錄整理
5.□ 會議紀錄結論之分發各相關單位
6.□ 公布決議事項
7.□ 其它

六、安全衛生委員會議後之檢討檢核表

1.會議是否如預定時間進行？ □ 是　□ 否
2.會議的目的及議題是否徹底？ □ 是　□ 否
3.會場與設備是否適切？ □ 是　□ 否
4.必要之會議資料是否齊全？ □ 是　□ 否
5.會議是否如計畫程序進行？ □ 是　□ 否
6.會議是否如預定時間散會？ □ 是　□ 否
7.與會人員是否瞭解會議主題？ □ 是　□ 否
8.會議開始前主席是否說明議題重點？ □ 是　□ 否
9.開會時的氣氛是否很熱烈？ □ 是　□ 否
10.會議討論時是否有偏離議題的論點？ □ 是　□ 否
11.是否有很多可行與建設性發言提案？ □ 是　□ 否
12.與會人員對會議進行是否有所抱怨？ □ 是　□ 否
13.是否有人在會議自始自終保持沉默？ □ 是　□ 否
14.意見對峙時是否有解決對策？ □ 是　□ 否
記載事項

七、部門安全衛生工作實施月報表

	□ □ 月份安全衛生工作推行實效				
	目　標	實　績	達成率	與上月比較	績效累積
災害次數			％	□好□同□劣	
嚴　重　率			％	□好□同□劣	
受傷人數	人		％	□好□同□劣	

本月工作明細_____
_____
_____
_____

本月工作報告_____
_____
_____
_____

本月執行事項_____
_____
_____
_____

下月部門工作目標		下月安全衛生工作計畫
災害次數		
嚴　重　率		
受傷人數		

八、部門年度安全衛生工作業務報告格式

　　　　　　年度　　　　　部門安全衛生工作業務報告

　　　　　　　　　　　　　　　　　　　　　xx 年 xx 月 xx 日

一、概要：

　　概述部門全年推行安全衛生工作項目與內容。

二、本文：

　　逐月的報告部門安全衛生工作推行實況與成效。

　　【概述工作推行所遭遇之困難點及其理由與對策】

三、工作檢討：

　　簡單扼要地敘述，以客觀的事實就所有缺失原因、要素、狀況做分析與
　　提出改進方案。

四、建議事項：

　　對部門所需協助或經費支應提出，或提出更好的工作推行計畫與構想，
　　以利工作更能順利推行。

五、備註：

　　針對不足之補充或加強。

六、附件：

　　隨文附上說明之統計數據與補充資料。

　　　　　　　　　　　　　　　　　　　　報告人：

　　　　　　　　　　　　　　　　　　　　簽章

報告撰寫注意事項：

　1.應依實際工作實況敘述，避免自我強辯。

　2.應客觀公正，切勿推卸責任。

　3.各項統計、數字應審慎處理並核對。

　4.報告內容應簡明扼要，切勿冗長、不符主題。

　5.統計、數字應一目瞭然，避免雜亂無章。

九、安全衛生佈告牌

　　事業單位可製作安全衛生佈告牌，懸掛於各作業場所，一方面可讓全體員工瞭解目前公司安全衛生現況，另一方面可讓訪客知道本公司目前安全衛生工作實效，增加其對公司的印象。

安　全	第　一

ＸＸ年度ＸＸ月份事故統計						
部　門	死　亡	受傷	傷害頻率	傷害嚴重率	員工總時數	損失日數

消除職業災害　　本部門已連續　　天　無事故　　促進勞資和諧

十、重大安全衛生考量面登錄表

排列 序號	考量面 範圍	作業 內容	安全衛生 考量面名稱	考量面 危害說明	安全衛 生衝擊	評定 等級

附錄三
中小企業安全衛生工作
預算編列概論

如何擬訂中小企業安全衛生工作預算（僅供參考）

　　預算通常是以年度為單位而訂定的，例如以每年十二月結算的公司，就以當年一月到當年十二月的一個營業年度為對象製定。因此，在新營業年開始的一至二個月前，就需確定預算。通常，事業單位會召開三至四次的預算會議來決定最後的預算。新年度的工作計畫與經營方針決定之後，首先就是要決定年度預算，接著是月預算、部門預算等。這時安全衛生管理部門應準備製作預算的資料，在製作資料時，不僅是安全衛生管理部門的責任，也需有其它部門人員參與。以此為前題下，安全衛生工作預算編列可說是由全體員工參加計畫的一項活動。因此，我們就以每年十二月結算的事業單位為例，簡要地介紹具體之安全衛生工作預算編列流程。

一、預算編列適當時間

　　建議安全衛生部門應於該年度結束前二至三個月開始準備相關預算編列資料，列出下年度欲推動之安全衛生工作明細表，訂定下年度安全衛生工作預算計畫草案，草案應於年度結束前一個月前訂定完成，以便於事業單位年度預算會議時，提出研議。

二、安全衛生工作預算編列四大步驟程序

　　(1)公司長期、年度安全衛生工作計畫目標與方針之確立：安全衛生工作預算編列時，需有一位在各部門之間居中協調的人員，進行討論與溝通工作，然後依各部門需要與公司目標，訂定年度安全衛生工作方針與目標。其中應包括全公司長期安全衛生工作計畫之定位。確立目標與方針後，即著手進行年度安全衛生工作預算計畫草案的編撰。

　　(2)年度目標、方針之決定與發表：安全衛生管理部門將年度安全衛生工作預算計畫草案提交預算會議中審議，由雇主或最高管理階層決定後，向各部門主管發佈。

(3)安全衛生工作預算之彙整：安全衛生管理部門應彙整各部門送交之「部門安全衛生工作計畫」，制訂成公司「年度安全衛生工作計畫」，並將全年安全衛生工作預算加以彙整。依實際各項安全衛生工作需要，編列適當之預算，提撥各部門運用。

(4)預算運用追蹤與考核：為使所編列之預算，能有效確實地使用在公司安全衛生狀況、環境的改善及提升。安全衛生管理部門應就各部門之安全衛生工作計畫之目標、方針與實績，實施其成效評鑑與預算運用考核，使每一分錢都能使用在安全衛生問題點上。

三、安全衛生工作預算編列流程（僅供參考）：

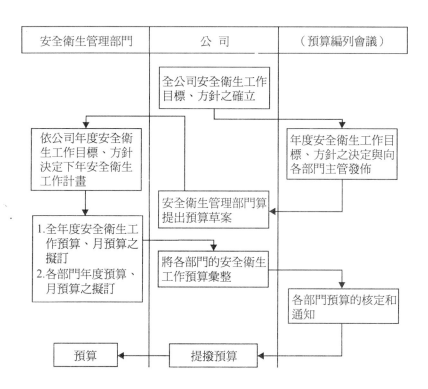

附錄四
5S 概論及節約能源計畫參考範例

壹、何謂 5S？

一、整理（SEIRI）：將工廠的原物料區分成要用與不要用。

二、整頓（SEITON）：要用的原物料須定出適當的位置存放。

三、清掃（SEISO）：不要廢棄的原物料須定期打掃與清除。

四、清潔（SEIHETSU）：廠內時時保持舒爽乾淨的狀態。

五、紀律（SHITSUKE）：每一位員工養成良好的作業習慣，並遵守規定。

貳、5S 目標及效益

一、目標：藉由人與設備、物料的合理化措施，改善作業方式、工作環境體質，進而整體提升工作效率與提高生產力，並降低意外事故的發生。

二、效益：因 5S 在企業內落實推動，會對企業產生下列效益：

(1)提高生產力（productivity）。

(2)提升產品品質（quality）。

(3)降低生產成本（cost）。

(4)產品交期減短（delivery）。

(5)鼓舞員工士氣（morale）。

(6)安全的作業環境（safety）。

(7)環境保護（environmental protect）。

參、5S 活動推行注意事項

(1)企業高層的支持與重視。

(2)適用性與可行性的考量。

(3)完整的管理組織規劃。

(4)全面性地擬訂實施計畫。

(5)制訂各項的施行程序與辦法。

(6)成效稽核與評審的落實。

(7)活用目視管理方法。

(8)缺失的確實改善與優良的持續保持。

(9)全體員工的參與。

(10)5S 活動推行方法與策略不斷推陳出新。

(11)公用場所與辦公室須率先徹底執行。

(12)各單位主管須以身做則。

(13)不要吝於獎勵及嘉勉。

(14)小缺失也要找出原因。

肆、5S 總結

項目	對象	原則	定義	現場不良現象	推行方法	效益	目標
整理	空間	清理 清除 清爽	1.區分要不要 2.把不要丟棄 3.將要的留下	堵塞 擁擠	燈號 照片	生產力提升 品質提高 降低成本 提高員工士氣	清爽且寬敞的工作環境
整頓	時間	定位 定名 定量	1.標示清楚 2.隨時可找到	紊亂 費時	標示板 看板	生產力提升 品質提高 降低成本 交期準時	一目瞭然的作業環境
清掃	設備	掃黑 掃異 掃漏	1.進行檢點 2.發現缺點 3.消除污點	髒亂 異味	責任區畫定 檢點表 巡視	生產力提升 品質提高 降低成本 交期準時 提高員工士氣	製程順暢的作業環境
清潔	環境	不恢復 不製造 不擴散	1.保持成果 2.根除亂源 3.建立標準	油污 擴散	照片 燈號 紅牌	品質提高 提高員工士氣 降低成本	潔淨明朗的工作環境
紀律	員工	守規定 守標準 守勸戒	1.依標準作業 2.守作業規定 3.錯誤改進	危險 事故	作業標準 工作指導 教育訓練	生產力提升 品質提高 降低成本 交期準時 提高員工士氣 安全作業環境	守紀、守規的作業環境

伍、5S 關聯圖

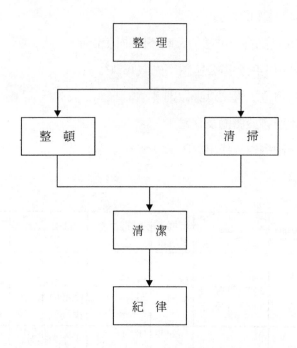

XX 股份有限公司
節約能源管理計畫綱要

壹、目的

  本公司每年使用能源費用達 xx,xxx,xxx 萬元，如能夠減少
10%的能源消耗，則全年節省費用即達 x,xxx,xxx 萬元，為數
可觀。展望未來能源上漲及二氧化碳減量之趨勢，積極推動
節約能源計畫已刻不容緩。

貳、功能

  一、本委員會為「總經理」對節約能源管理方面諮詢機構。

  二、節約能源委員會應就提高節約能源使用率，減少能源消
    耗……等事項，經研議討論後向「總經理建議」

參、會議召開

  本節約能源委員會每月召開一次，如因特殊情形得順延，必
要時得召開臨時會議。

肆、組織編制

  本委員會設置主任委員一名、秘書一名、能源管理人一名、
顧問及委員若干。

伍、各級人員職責

  一、主任委員

    (1)綜理有關本公司節約能源管理事項。

    (2)擔任緊急能源異常處理總指揮。

    (3)其他總經理交辦事項。

  二、能源管理人

    (1)推動能源查核制度。

    (2)訂定並執行節約能源目標及計畫。

    (3)定期檢查並改進各使用能源設備之效率。

(4)配合節約能能源目標，檢討各能源使用設備之能源消費量。

(5)宣導節約能源知識，並舉辦有關節約能源活動。

(6)主關機關通知辦理之有關能源事務。

三、推行委員

(1)能源節約調查。

(2)發展有關節約能源紀錄、報告之統一格式及能源消耗計算方法。

(3)能源節約方法的研究與發展。

(4)轉達節約能源方法的建議，並交換意見。

(5)鼓勵所轄部門員工積極參與並支持公司節約能源運動。

(6)達成公司訂定之年度節約能源計畫之設定目標。

(7)其它節約能源相關管理事項。

四、執行工程委員

(1)能源流程分析。

(2)儀表監視及測試系統。

(3)主要設備耗能效率標準及使用紀錄。

(4)定期檢查各使用能源設備之效率。

(5)能源消耗統計及單位產品耗能分析。

(6)前一年度執行節約能源計畫成效檢討。

陸、能源使用與消耗情形之調查步驟

一、實施第一次能源節約調查，包括：

(1)蒸汽及其他公共措施的漏損現況。

(2)絕熱體的裝設及修補。

(3)鍋爐燃燒器控制情形及效能。

(4)非需要時設備的繼續運轉情形。

二、調查何處需要裝設測度能源流量之儀表，估量裝設儀表所需費用，以決定是否值的裝設。

三、對每一加工處理過程中能源的來龍去脈作詳細分析，以確定：

(1)原料與水電設施的能源投入（energy input）。

(2)廢料處理所消耗之能量。

(3)副產品之能源含量。

(4)消耗於主要產品的能量淨值。

(5)損耗及浪費的能源。

四、對所有加工處理過程中能源使用效率作深入分析：

(1)廢熱可否加以回收，供生產蒸汽供用水及原料加熱之用？

(2)某一處理過程是否可以廢除或改進，俾節省能源消耗？

(3)是否可以改用能源含量較低的其他原料？

(4)是否有其他增進產量的方法？

(5)衡量得失，是否值得做下述投資？

(a)以消耗能源較少的新設備取代舊設備？

(b)改用處理方法不同而低耗能之製程設備或方式？

五、定期在週末或夜間實施檢查。

六、專對某一類系統或設備進行檢查，如：

(1)蒸汽系統。

(2)壓縮空氣系統。

(3)電動馬達。

(4)天然氣輸送管道。

(5)加溫及空氣調節系統。

柒、節約能源措施之推行

　　　　　針對第一次能源節約調查所發現的浪費現象，在保養與操作
　　　上採取必要改正措施。
捌、持續推動及節約能源稽核
玖、其它

附錄五
OHSAS 18001 與 ISO 14001、
ISO 9001 關聯表

Clause	OHSAS 18001	Clause	ISO 14001:1996	Clause	ISO 9001:1994
1	Scope	1	Scope	1	Scope
2	Reference Publications	2	Normative reference	2	Normative reference
3	Definitions	3	Definitions	3	Definitions
4	OH&S management system elements	4	Environmental management system requirements	4	Quality system requirements
4.1	General requirements	4.1	General requirements	4.2.1	General (1st Sentence)
4.2	OH$S Policy	4.2	Environmental Policy	4.1.1	Quality Policy
4.3	Planning	4.3	Planning	4.2	Quality system
4.3.1	Planning for hazard identification, Risk assessment and risk control	4.3.1	Environmental Aspects	4.2	Quality system
4.3.2	Legal and other requirements	4.3.2	Legal and other requirements		------------
4.3.3	Objectives	4.3.3	Objectives and targets	4.2	Quality system
4.3.4	OH&S management program	4.3.4	Environmental management program	4.2	Quality system
4.4	Implementation and operation	4.4	Implementation and operation	4.2 4.9	Quality system Process control
4.4.1	Structure and responsibility	4.4.1	Structure and responsibility	4.1 4.1.2	Management responsibility Organization
4.4.2	Training, awareness and competence	4.4.2	Training, awareness and competence	4.18	Training
4.4.3	Consultation and communication	4.4.3	communication		--------------
4.4.4	Documentation	4.4.4	Environmental management system documentation	4.2.1	General (without 1st sentence)
4.4.5	Document and data control	4.4.5	Document control	4.5	Document and data control

				4.2.2	Quality system procedures
				4.3	Contract review
				4.4	Design control
				4.6	Purchasing
				4.7	Customer supplied product
4.4.6	Operational control	4.4.6	Operational control	4.8	Product identification and trace-ability
				4.9	Process control
				4.15	Handling, storage, packing, preservation and delivery
				4.19	Servicing
				4.20	Statistical techniques
4.4.7	Emergency preparedness and response	4.4.7	Emergency preparedness and response		------------
4.5	Checking and corrective action	4.5	Checking and corrective action		------------
4.5.1	Performance measurement and monitoring	4.5.1	Monitoring and measurement	4.10	Inspection and testing
				4.11	Control of inspection, measuring and test equipment
				4.12	Inspection and test status
4.5.2	Accidents, incidents, nonconformance and corrective and preventive action	4.5.2	Nonconformance and corrective and preventive action	4.13	Control of nonconforming product
				4.14	Corrective and preventive action
4.5.3	Records and records management	4.5.3	Records	4.16	Control of quality records
4.5.4	Audit	4.5.4	Environmental management system audit	4.17	Internal quality audits
4.6	Management review	4.6	Management review	4.1.3	Management review
Annex	Correspondence to ISO 14001, ISO 9001	Annex B	Correspondence to ISO 9001		------------

Bibliography	Annex C	Bibliography	Annex A	Bibliography
（See OHSAS 18002）	Annex A	Guidance on the use of the specification		-------------

附錄六
事業單位緊急應變計畫參考範例

（僅供參考）

壹、緊急應變運作流程與組織

一、災害種類與危害規模

　　本廠考量可能的意外事故如下：

　　(1)火災。

　　(2)廢水處理設施意外狀況。

　　(3)空氣污染源意外狀況。

　　(4)重油及化學品大量洩漏。

　　(5)容器爆炸。

　　(6)地震

　　(7)颱風

　　(8)其他災害（如戰爭、人為所造成的災害）。

　　・本公司可能災害之型式與等級分類（如附件一）。

　　・各種災害使用防護具級數。

二、應變組織架構與權責

　　　　本公司目前全廠區共有五個作業單位，以全廠之應變體系編組為「自衛消防隊」總指揮官由總廠長擔任。作業單位為考量救災時效性，在廠防護隊之救災班另由各製程生產課長擔任現場指揮官，以期作為初步救災達到災情控制之目的。

　　　　本廠區分三個階段應變的廠內外之職責轉移，第一階段災變指揮權在事故發生單位（課），必要時得動員全廠區支援，第二階段指揮權轉移至總廠長，而第三階段應變指揮權是以應變指揮中心為主，工廠為輔．但對於廠內之指揮權仍以本公司總廠長為主。

　　・本廠區之緊急應變組織架構（如附件二）。

- 各廠防護區隊緊急應變組織工作職責。
- 本廠區自衛消防隊緊急應變組織工作職責。
- 本廠區應變組織（自衛消防隊）負責人。
- 各課防護區隊編組成員名冊。

　　應變組織負責人配合異動於每年六月更新一次，防護區隊組織由總務課負責將更新編組成員名冊公布於廠內公布欄，一份存總經理室，一份送工安課備查。組織更新人員資料由總務課送各課備查。

貳、緊急應變控制中心位置與設施

　　現場緊急應變指揮中心之設置主要參考下列等因素而視現場狀況得以成立指揮中心。本廠區指揮中心設於廠區辦公室，並與現場保持密切之聯繫，以維持緊密之應變協調作業。事故現場依需要亦設立「臨時指揮所」，作為現場應變之協商與支援調派之協調中心。

　　其基本功能與設置基準如下：

一、功能

　　緊急情況下指揮和協調因應現場救災作業之中心處，其功能包括：

- 評估緊急的嚴重性。
- 評估已經作了些什麼。
- 依據優先順序，決定進一步的行動。
- 分配資源（人員與工具）到現場。
- 與總廠區指揮中心保持密切聯繫，提出現場支援需求。
- 與現場協調人保持密切聯繫。
- 本廠區指揮中心接待外界人士之資訊。

二、緊急應變指揮中心設置地點及轉移：

　　設置原則必須位於危險最低之處，即位於上風處或就近會議室且未受災情波及之處。若處於危險狀況，則由廠區應變指揮官另行決定於上風處臨近廠設置臨時指揮所，且需考慮有利於指揮及控制災情之變化為原則。指揮中心地點及替代轉移如下表：

第一階段	第二、三階段
事故現場指揮中心：事故上風安全處 ↓ 廠應變指揮中心：各課課務室	廠應變指揮中心：廠務部 ↓ 廠區應變指揮中心：辦公室

三、本廠指揮中心設置地點之配置用品

　　其配置用品之重要資訊資料應由救災資訊班（組）人員負責隨指揮所轉移。

☑緊急應變計畫書。

☑廠內外聯絡通訊設備。（含電話、無線電、傳真機）

☑緊急照明設備。

☑工廠內製程、公用、消防等機械流程圖（P&ID）。

☑個人防護具。

☑工廠配置圖和鄰近地區地圖。

☑收音機。

☑工廠內、外參與應變工作人員和組織的電話地址。

☑人員清單名冊。

☑通訊、警告紀錄文件和設施（紀錄表、錄音機）。

四、當本廠區指揮中心人員（廠務部與總務課）協同外界人士（記

者、X 區勞工檢查所、本縣環保局與地方人士等）在突發意
外事件造訪時，溝通與接待工作如下：

- 日常班之事務性接待工作——於廠務部或總務課。
  由廠務部副廠長或總務課長負責接待事宜。
- 非日常班之事務性接待工作——於警衛室。
  暫由警衛值班班長代理直至指定人員抵達前（電話聯繫由
  應變或事故指揮官確認派員或廠區值班最高主管到達）之
  接待事宜。
- 由廠區指揮官指定（或廠應變指揮官指派）陪同外界人士
  至事故現場，實地瞭解狀況，基於安全考慮，避免賓客遊
  走於事故以外之工場。

參、緊急應變運作流程與說明

於發生意外事故時,本廠基本之緊急應變運作流程說明如後：

一、事故察覺與通報

事故察覺人員經確認後按火警警鈴或利用廣播器、電話
及其他有效辦法等，向現場作業人員及可能影響範圍之單位
通知已發生災害，並呈報總廠長或代理人。

二、事故初步搶救（第一階段應變）

發生危害性物質外洩，人員有中毒或可能造成火災之虞
時，現場課長或值班最高主管應採取緊急應變措施，瞭解洩
漏源，盡可能關閉外洩源。除參加搶救人員需配戴必要防護
具，非參加搶救人員應處於安全線外。

三、第二階段應變

(1)事故如無法立即控制則通報總廠長，立即成立廠應變指揮
中心進行緊急搶救工作，總廠長裁決宣布各工作停止運

轉、疏離非公司員工之人員及非應變人員離開現場。

(2)設備重大損害，足以影響正常生產作業時，應立即通告廠區總指揮官（總廠長或其代理人）成立廠區緊急應變指揮中心，調派各組支援緊急事故搶救。各應變組織負責人或其代理人於接獲緊急搶救通知後應立即前往事故現場協助搶救工作，必要時得電話或派員通知下班在家之各組成員，返回公司參加搶救。

(3)安全管制組管制非有關人員進入災區。

(4)應變組織成員依其計畫中之任務開始工作（緊急停車、災區隔離、消防滅火與阻漏作業等）。

(5)醫療組對傷患進行緊急救治及送醫診治之應變組織開始運作。

(6)對尚未到達之應變人員指派代理人。

(7)應變組織開始運作。

(8)指揮官諮詢各組負責人、決定是否提出申請廠外支援。

四、第三階段應變

(1)通告本縣各相關主管機關尋求支援搶救或協助疏散事宜。

(2)調用廠內車輛，並視狀況進行疏散計畫。

(3)通知附近居民撤離。

(4)要求廠外支援。

(5)安全管制人員協助執行疏散計畫。

(6)發言人對新聞界發佈訊息。

(7)災害處理完畢，緊急應變計畫終止。

五、計畫中各執行人員於簡報商議災害復健善後問題。

六、對災害做成檢討報告，以便日後修訂計畫之用。

七、註記：本公司並無毒氣外洩之虞，以下註記僅供支援他廠參考。

(1)有毒氣體外洩，人員有中毒之虞時，事故單位應指派環境監測人員於管制區周界偵測監視。

(2)有毒氣體之洩漏源尚無法立即關閉時，現場值班最高主管應立即下令停止運作、生產，並採取必要安全措施。

・後續工作：

(1)依毒性化學物質管理法規與勞工安全衛生法規，按事故的輕重，向環保單位與 X 區勞工檢查所報告。

(2)補充救災過程中使用過之設備器材。

(3)檢討應變計畫之缺失及意外發生之檢討。

・檢討內容：

(1)出事原因？

(2)什麼方法可預防災害發生？

(3)應變程序是否足夠或恰當？

(4)應變過程中有無錯誤之判斷？

(5)應變工作可於訓練中加強嗎？

(6)社區安全影響檢討？

・製作報告：

災後之調查及報告由事故單位課長及廠工安人員負責，依照公司規定格式「意外事故報告表」填報，呈廠長核簽後→送廠區勞工安全衛課（派員會查）核簽後→轉呈各事業部經（副）理。其調查內容包含事故原因分析、人員傷亡調查、財產損失調查及環境影響報告。

報告內容包括下列要求：

(1)精確：資料內容必須據實報導。

(2)記錄事項必須由負責人簽章，事項內容不得任意更改。

(3)報告內容須含：

    (a)意外事件發生經過及事實例證。

    (b)何時由何人下過什麼決定，由何人執行了什麼事情，如何執行。

    (c)做過之偵測或測試結果。

    (d)災區人員可能受到之暴露。

    (e)傷患送醫之結果。

肆、廠內外通報流程

一、通報方式

    發生災害時，廠內通報系統包含：正常班通報、非正常班通報二種，且因應變階段層次不同而異。若被通報人不在時，通報者應向被通報人之代理人通報或越級通報。

主要通報方式：

‧電話通知。

‧以廣播器通知全廠。

(1)廠內災害通報基本流程（如附件三）

(2)廠外災害通報基本流程（如附件四）

二、通報內容：

通報內容至少必須含下列等事項：

‧發現者‧事故地點‧漏物‧漏狀況與風向‧人員狀況

    1.通報人＿＿＿。2.於＿時＿分。3.於＿＿課＿＿處（何處）。

    4.發現＿＿＿＿外洩（狀況措述）。5.已採取＿＿＿＿＿行動。

三、全廠通報廣播方式

　　廣播：為期確實達到廣播效果，廣播詞擬訂如下：

　　　1.火災警報（通報三次）

　　　　「火警！火警！＿＿課（工場）＿＿（方向）＿＿設備發
　　　　生火警」

　　　　「消防演習！消防演習！＿＿課（工場）＿＿（方向）
　　　　＿＿設備發生火警」

　　　2.洩漏警報（通報三次）

　　　　「報告！報告！＿＿課（工場）＿＿（方向）＿＿設備發
　　　　生漏油或大量蒸汽洩漏」

四、通報單位

　　　發生意外事件，本廠之聯絡班將參照相關法令規定與本
　　廠應變組之運作方式，依序通報：

　　(1)廠務部廠內（防護中隊）組織負責人員聯絡電話。

　　(2)廠內（防護團）組織負責人員聯絡電話。

　　(3)廠內各支援廠負責人員聯絡電話。

　　(4)廠外緊急應變聯絡電話。

伍、應變救災作業指引程序

　　　本廠為考量可能的意外而引發火災、洩漏事件，為能有
　　效將災情迅速控制，依災害等級分為三級應變階段，各等級
　　分級劃分應由廠指揮官及廠區總指揮官視各情況而定，主要
　　作為判定緊急動員層次之依據。各應變小組人員將因各不同
　　狀況之應變階段，進行搶救作業。

　　　救災作業參考事項：

　　　・應變等級定義

　　　・應變運作流程與說明

‧各種災害使用防護具級數

‧緊急應變指揮中心位置與設施

　　為使各組織人員對各階段性之應變程序有所遵循，本廠考量可能發生災害種類並參考勞委會、環保署及產業基金會所提供資料而訂定下列各項救災作指引程序。

　　本資料留存於廠務室之緊急應變計畫書，全文備查，各救災指引僅在本頁作概述說明：

(1)洩漏與火災事件各應變組織之一般救災作業指引程序

　　內容概述：各階段指揮中心設置位置、應變組織人員各職責人對各階段之救災作業指引程序。

(2)化學物質洩漏救災作業指引程序

　　內容概述：各洩漏之應變措施，依儲槽方向找冒煙處，判定加藥泵或管路洩漏，並確認各洩漏部位之止漏方法，關掉加藥泵，或關閉出口閥及處理對策。

(3)火災救災作業指引程序

　　內容概述：對於火災災害，最上策乃首先進行預防，減輕爆炸後的受災損失，若發生爆炸，本廠須以立即採取應變對策為原則。

(4)地震作業指引程序

　　內容概述：強烈地震發生後，工廠內若設備遭受損壞，而引發外洩或火災等事故，其處理方式如同洩漏、火災應變措施，但由於強烈地震發生時，亦可能造成鄰近工廠災害，故此時尤應注意到附近工廠狀況。本項僅再擬訂地震之一般應注意事項及高壓設備注意事項、對策，於作業中遭遇地震時，應立即採取之措施。

(5)颱風作業指引程序

內容概述：颱風來臨前防範注意事項，颱風來襲時之緊急措施，防颱指揮中心之設立時期、編組，職掌單位主要防範措施及備用器材。

(6)其它災害（如戰爭、人為所造成之災害）指引程序如上列各項參照適用之。

內容概述：工廠內若設備遭受損壞，而引發外洩或火災等事故，其處理方式如同洩漏、火災、地震應變措施。

陸、規劃廠內外人員疏散

現場人員及通報員在面對洩漏意外時，必須做最立即的通報，而廠應變指揮官根據災害狀況做一危險性評估，決定人員保護之最佳方法。常採行的方法為人員疏散及就地掩蔽。

‧注意聆聽全廠緊急廣播或緊急報導，以等待下一步應變指示。

一、疏散決定

人員疏散是在重大災害無法消除等情況時必須做的考量，疏散的命令必須能透過警報或通報系統迅速傳遞。疏散命令由應變指揮官——課長（或其代理人）下達。

二、疏散通報

需要疏散廠外人員時，由廠區應變指揮官下令，並由各課應變指揮官（廠長、課長或代理人）負責依實際狀況，與廠務部協商依序聯繫相關人員，以利進行疏散作業，避免影響附近居民。另立即通知警政單位與環保局協助疏散作業。

通報注意事項：提供最佳疏散方向、範圍及必要防護措施。

三、疏散路線及管制點：

依各種可能之異常狀況擬訂疏散集合地點、疏散路線及疏散目的地點。

(1)廠內人員

疏散路線依實際狀況、風向及事故地點聽候指揮中心指
示，或現場指揮官指揮調整。

(a)進出人員之管制——警衛室負責。

(b)承攬商之疏散——現場值班主管負責。

(c)訪客之疏散——隨同人員負責。

(d)各單位人員之疏散——各單位主管負責（現場及事務單
位）。

(e)事故單位人員之疏散——現場指揮官負責。

(2)疏散路線和集合地點：

依異常發生時人員所在位置，立即往辦公大樓集合。

註：通報聯絡電話、廠區鄰近環境概況圖、疏散路線及管
制點相關位置圖等以上資料存於廠務室備查。

疏散路線及集合地點

	疏散路線	集合地點第一	集合地點第二	集合地點第三
北風	XX 路	辦公大樓前	XX 活動中心	XX 路
西風	XX 路	辦公大樓前	XX 活動中心	XX 路
南風	XX 路	辦公大樓前	XX 路	
東風	XX 路	辦公大樓前	XX 路	

(3)廠外人員

當事故影響範圍擴及附近居民或人員，將通知里長召集里
民於活動中心集合，XXX 公所將協助調派相關人員與車輛
接送至安全集合地點。

車輛接送集合點／疏散集合處

車輛接送	疏散集合處			
集合點	北風	西風	南風	東風
XXX	活動中心	活動中心	辦公大樓	辦公大樓

四、注意事項

(1)疏散之命令須能透過警報或通訊系統迅速傳達，當警鈴響起，廠內各操作人員應注意警報傳遞之最新訊息。

(2)須聽從應變指揮官下達之命令，往洩漏源之上風處疏散。

(3)疏散至安全區集合點，須進行「點名」程序，若有人員遺漏，須向指揮官報告。

(4)進行場內人員疏散，由領班及相關主管於疏散作業中，隨時依實際情況請求協助與支援，引導員工至安全地區。當進行廠外疏散作業時，廠區應變指揮官與廠內安管中心協調，負責協助地方警政單位疏散附近居民及實施交通管制，緊急應變指揮官隨時與縣市應變指揮中心聯繫，並依實際狀況發佈新聞。

柒、急救與復原

一、急救

本廠設置急救訓練結業之救護人員，擔任急救職務，於緊急應變組織中，負責在災區現場上風安全區成立臨時救護站。

急救程序基本原則：

(1)抬離傷患至安全區（救護站）。

(2)確認受傷或中毒類別。

可查詢：

‧MSDS 物質安全資料表

‧緊急急救醫療網諮詢（XX 縣市衛生局）

‧緊急燙傷急救醫療網諮詢中心（XX 醫院）

‧緊急燙傷急救醫療網諮詢中心（XX 醫院）

‧榮總毒物資詢中心

(3)依急救措施行救護。

(4)送醫。

二、復原

災害解除後之工作，就是將此災害對環境所造成之潛在性威脅加以消除，使一切恢復至平時狀態，包括工廠生產之運轉、社區居民之安撫及理賠、環境之重建與清理，以及事故調查、財務穩定等。

復原工作的執行依以下三個步驟進行：

(1)災區／污染區評估：此階段係判定災區／污染區之安全性，偵測是否有有害化學物質、脆弱槽體及危險建築物潛在危險性鑑定等。

(2)災區／污染區清除：包括殘存化學物質清理回收工作及設備殘骸之清除和恢復開車工作。

(3)重新開車運作：工廠內鍋爐區及冷卻水處理區重新開車時，應依照工作規範重新開車之規定事項程序逐項確認執行。

三、緊急應變設備佈置與外援單位

(1)本公司內緊急應變設備器材

　　本廠依可能發生事故處理需要配備救災必要器材，在緊急需要時亦運用本公司各課現有救災資源，可直接透過廠區應變指揮中心尋求支援。緊急應變資源器材包括：消防器材、醫療用品、安全防護器材及廣播工具、外洩因應及偵測警報工具。

(2)廠外外援單位

　　(a)可透過 XX 縣 OSPCT 化災預防協調小組聯繫，其聯絡電話如下：

工廠名稱	聯絡人	電話	支援器材
XX 股份有限公司	X 先生	xxxxxxxx	輪式乾粉滅火器（150p）2 支 手提式乾粉滅火器（20p）4 支
XX 股份有限公司	X 先生	xxxxxxxx	輪式乾粉滅火器（150p）2 支 手提式乾粉滅火器（20p）30 支
XX 股份有限公司	X 先生	xxxxxxxx	輪式乾粉滅火器（150p）1 支 手提式乾粉滅火器（20p）10 支

　　(b)消防單位：可聯絡 XX 縣市消防隊尋求支援，消防單位連絡電話：xx-xxxxxxx。

　　(c)醫療單位：含病床、救護車數量及地點、聯絡電話資訊：XX 醫院，xx-xxxxxxx。

　　(d)廣播電台：XX 市就近各廣播電台地址、電話。

　　(e)協調中心（建議以轄區警察局擔任）。

註：本廠區內各緊急應變設備器材數量與配置表、廠外外援單位（消防單位、醫療單位、廣播電台）的資訊與聯絡電話，皆存於廠務室備查。

捌、緊急應變演練計畫

一、關於本廠之演練計畫

　　　　其演習內容依製程別考量可能之災害狀況及 MSDS 物質
安全資料表擬訂演習計畫，以後配合設備或製程改變之需要
依規定每年實施兩次演習。

二、演練內容及程序——參考救災指引程序

　　　　各次演練測試結果，辦理評估會議並作成紀錄，作為成
效判定及缺失之檢討。

三、執行演練計畫協調人：廠工安人員。

　　演練項目可依預期目標而選定演練項目：

(1)初始通報程序及法令要求之通報。

(2)災害控制（火災、外洩事件）。

(3)應變人員彼此間之溝通協調。

(4)急救、救護醫療。

(5)應變人員安全保護。

(6)滅火與人員搶救。

(7)應變資源運用（廠內及廠外）。

(8)清除方法。

(9)疏散。

四、演練規模

　　　　主要採一級或二級應變規模為主，並以不影響工廠正常
運作為前題，基本研擬方向為：

(1)測試廠內對外洩事故應變能力。

(2)從未或久未演練項目。.

(3)工廠建立新系統（製程）。

(4)工廠曾發生過之意外事故。

(5)計畫書變動項目進行測試。

玖、緊急應變計畫之修正

一、此緊急應變計畫原則上對於化學物質、設備變更或由經驗及
　　各次演練結果評估以確定計畫書之有效性。

二、化學災害事件發生後亦應立即檢討評估計畫書之有效性。

三、廠防護中隊人員更新時隨時公布，並配合全廠區人員異動，
　　每年六月前將更新資料送總務課存查。

四、隨時查核評估易隨時改變之資料項目：

(1)電話號碼。

(2)姓名。

(3)器材及放置地點。

(4)此計畫書之修正由廠工安幹事負責。

(5)計畫書內容若有更動，需經由廠長審核，提送工安室報備。

(6)計畫書更動後，需公布並告知本計畫相關人員。

(7)計畫書變更需詳填表格（如附件五）。

重油槽火災緊急處置要點及緊急應變

一、重油槽為本廠鍋爐燃料設備之一，一旦地震發生火災，初期
　　搶救如告失敗，大半想在短時間內加以撲滅，勢必很困難，
　　如再蔓延到其它儲槽或設備，想再中途撲滅更加困難，唯有
　　待槽內之油料全部燒完，否則就難撲滅。一般而言，當地震
　　發生時，油槽可能遭受之破壞問題如下：

　　(1)油槽及其基礎。

　　(2)油槽之附屬配管。

　　(3)防液堤。

　　(4)槽頂與槽壁。

　　(5)排水溝及地下構造物。

二、重油槽因地震管線破裂，大量油料外洩，並引發火災意外事
　　件時，工作人員應依下列項目處置（詳如緊急應變計畫書）：

　　(1)事故察覺。

　　(2)事故通報。

　　(3)確認事件初始應變。

　　(4)災區隔離警戒。

　　(5)緊急應變組織動員。

　　(6)交通管制。

　　(7)阻漏減輕措施。

　　(8)廠外支援通報。

　　(9)儲槽滅火搶救。

　　(10)傷患救護。

(11)環境監測。

(12)狀況解除。

(13)善後處理。

三、滅火要領：

(1)洩漏液能迅速吸收處理為宜，以免災情擴大。

(2)當洩漏液著火時，需保護周遭設備：
引火之油槽及鄰近之油槽，必須以水瞄子作水霧冷卻，並隨時移動，以增加冷卻範圍和效果。

(3)滅火人員應自上風位置進入火場，並防濃煙及輻射熱。

(4)消防車於上風位置啟動水／乾粉／泡沫等系統進行搶救。

(5)防液堤內之地面火災先行撲滅，再撲滅油槽火災。

(6)滅火後，水霧繼續冷卻槽壁，至降至常溫為止。

(7)注意防堤內是否有嚴重之積水。

四、上述重油槽火災緊急處置要點僅供參考，應於平時加強訓練工作人員之緊急處理應變技能，發揮團隊精神，以確保油槽安全。

儲槽作業安全規範及緊急應變

壹、儲槽作業之危險性

為修理或清掃儲槽而進入儲槽內作業時，經常伴隨有下列危險：

(1)殘留引火性液體之蒸氣時，可因工具之衝擊、電氣器具、照明燈等之電氣火花致發生猛烈爆炸。

(2)引火性液體中如二硫化碳、苯等，其蒸氣極具有害性，又屬石油類不純物之硫化氫為極毒氣體。

(3)儲槽內空氣中之氧氣不足時可引起窒息事故。

(4)在金屬儲槽內，因作業員工身體之接地電阻已大降，故雖在低電壓亦極易發生感電事故。

(5)儲槽內置有攪拌機或粉碎機時，因聯絡不充分致在修理中啟動該機械等而發生傷害事故。

貳、儲槽作業安全

一、適用範圍

進入儲槽、坑井、人孔、反應容器、脫硫器或其他密閉處所（以下簡稱「儲槽」）內外部實施作業時，經常有發生氣體爆炸、中毒、窒息、感電、傷害等事故之虞。本安全規範係為安全實施儲槽內外作業而訂定，希望從事此作業之監督者及作業員均能遵守本規範。

二、責任

(一)責任區分

第一級檢查──由使用人擔任檢查。

第二級檢查──由區域主管檢查。

第三級檢查──實際使用之區域主管擔任檢查。

為安全實施儲槽內外作業，應明確規定負責單位。

(二)事前之確認

負責單位之監督者應於作業開始前親自確認下列事項：

(1)確認該儲槽已適於派員進入其內部亦不致有危險之安全狀態。

(2)確認欲進入該儲槽之作業員已充分具備作業中可能吸入、接觸之有害物質或引火之虞之危險物質所必要之知識。

三、儲槽之事前處理

(一)配管之遮隔

(1)可啟動儲槽內裝設之攪拌機或其他機械裝置之動力開關應予停電並施鎖，俾使作業中無法啟動，並懸掛「修理中，勿動」安全標籤。

(2)此鎖之鎖匙應由進入儲槽內之作業員各自保管，作業後開鎖之權利只限於各該作業員。

(二)使用

(1)連接於儲槽之所有配管應依下列方法拆除連接或予遮隔。

(2)儲槽與管線間置有可卸之閥或伸縮接頭等部分，應予拆卸，並在管線側之凸緣置盲板。

(3)使用凸緣接頭連接者，應在凸緣接頭間插入盲板。

(4)此際使用之盲板應增大其緣，塗以特殊之顏色，並應能由他人之視覺即可知悉插有盲板之構造。

(三)閥與旋塞之施鎖

(1)無法採取上述方式遮隔配管時應關閉儲槽與管線間之閥與旋塞，並予以施鎖，使於作業中無法開啟，並懸掛「修理中，勿動」安全標籤。

(2)該鎖之鎖匙應由進入儲槽內之作業員保管，作業終了後開啟該鎖之權利以該作業員為限。

(3)雖關閉該閥仍有洩漏之虞時，應再插入盲板為宜。

(四)儲存物之排除

(1)儲槽內殘留有儲存物時，應於進入內部前使其流出或予汲出。

(2)底部儲留有泥狀物時，應自儲槽外側實施作業，儘可能予以除卻。

(3)將不導電性液體（苯、乙醚等）自儲槽流出時，為防止因流動而發生靜電，應將儲槽與承受器以導線連接並予接地。

(五)儲槽之洗淨

(1)儲槽內部應視儲存物種類，以水、熱水或水蒸氣洗淨。

(2)向儲槽內吹噴水蒸氣時，因有發生靜電之虞，故水蒸氣應採用低壓者，儘量以低速導入，蒸氣管與儲槽間應以導線連接並予接地。

(3)使用熱水或蒸氣實施清洗時，在未進入儲槽前應充分予以冷卻。

(六)儲槽內之換氣

(1)在作業員未進入儲槽前應使用具有充分容量之換氣裝置予以完全換氣。

(2)如有必要，在作業中應連續實施換氣。

(3)儲槽內如存留有可燃性氣體或蒸氣時，應使用防爆構造之換氣裝置。

(七)儲槽周圍環境有害物之去除

對於儲槽附近之水溝、地面或孔洞……等，尚存有有害物之虞時（如 CS_2、H_2S、汽油……等），應確認有害物積存之有無，並將有害物完全去除，倘無法去除時，應採完全隔離之措施。

(八)急救用水

儲槽儲存物之排除作業或於儲槽內作業中，如有觸及硫酸或苛性鈉等劇毒物時，應準備急救用水蓮蓬頭等設備，並應準備大量可應急使用之水。

四、作業開始前之手續

(一)申請及檢討

(1)進入儲槽前應向設備單位之安全幹事為作業開始前之申請。

(2)接到申請之安全幹事應與作業員等再檢討在作業中可能遭遇之危險，對作業員予安全實施儲槽內作業之必要知識。

(3)a.研討不進入槽內之方法，若非進入槽內作業時，嚴格要求依本規範辦理許可後，始准施工。

b.研討不使用明火之方法（如拆修、鋸剖等），若非動用明火不可，盡可能拆卸至明火作業區施工，如因機台設備無法拆卸，必須現場就地使用明火施工，應依本企業勞工安全衛生管理規則之明火管制規定，申請明火許可後始可施工。

(二)檢查儲槽內部之空氣

(1)在儲槽內如有發生可燃性或有害性氣體或蒸氣之虞之儲存物存留時，或有氧氣之過剩或不足之虞時，應在作業員未進入儲槽前以適當方法檢查儲槽內部空氣。

(2)對儲槽內部空氣之檢查，應確認可燃性氣體（蒸氣）或粉塵為爆炸下限 1/4 以下，有害氣體（蒸氣）或粉塵為勞動衛生上容許濃度以下，氧氣濃度則應在 18%～21%之間。

(3)此種檢查應視其必要，在作業中經常實施。尤其在作業中有發生氣體之虞時（例如塗飾作業、熔接作業、污垢之剝除等），應在作業中時常測定。

(4)經常應檢查之對象氣體為氧氣、一氧化碳、二氧化碳、二硫化碳、甲苯、硫化氫、氯酸、甲烷、乙炔、汽油蒸氣、有機溶劑等。

(三)許可證之簽發（明火工作申請表，危險工作同意書）

(1)安全幹事應於作業開始前親自充分調查有關儲槽內作業安全，及要求做妥適當安全措施，並經確認後呈廠長，始簽發作業許可證。

(2)此許可證應填記實施作業之儲槽位置、作業種類、作業員姓名、作業時刻等。

(3)必須長時間停頓作業時，此許可證應即作廢，其後於再度開始作業前應重新申請，並經核准後簽發新許可證。

五、作業用具

(一)梯子

(1)在儲槽內部使用梯子時，應將梯子之頂部固定於槽壁，下端應使用附有防滑檔者。

(2)有玻璃內襯之儲槽內部應使用吊梯。

(二)照明器具

(1)儲槽內殘留有可燃性氣體時，有因攜帶用燈具之破裂致有
引起爆炸之虞，故攜帶用燈具應置備堅固之防護罩、燈泡
罩、把手及吊鉤，雖遇衝擊亦不致破壞燈泡之構造。

(2)導線應使用橡膠或氯乙烯被覆之具有良好絕緣者，被覆已
破損者不得使用。

(3)懸吊攜帶用燈具時，不應使導線發生張力，應使用燈具附
屬鉤。

(4)已點著之手電筒在儲槽內不應予以熄滅。

(5)在金屬製儲槽內雖為低電壓，但亦有感電致死之虞，故電
源為交流者應使用 24V 以下、直者為 100V 以下之電流。

(6)攜帶用燈之防護罩及其他金屬部分，為防止漏電時引起感
電及發生電氣火花，應使用導線接地。

(三)手工具

(1)手工具應視作業目的選擇適當種類及形式，且不得供既定
目的以外之使用。

(2)手工具應經常保養，使其保持易於使用之狀態。

(3)有可燃性氣體或粉塵存在，有因衝擊火花致著火之虞，故
應使用不易因衝擊而發生火花之金屬（鐵較易發生火花，
黃銅、鋁、青銅、鈹、銅等則較少發生火花）工具。

(四)電動工具

(1)電動工具應經常保養，使其保持易於使用之狀態。

(2)為防止漏電引起感電，攜帶用電動工具之機架應以導線確
實接地（三插接地設備）。

(3)有可燃性氣體或粉塵存在之虞時，則有因電氣火花使其著火之危險，故應留意選擇工具。

(4)在危險場所以使用空氣動力工具替代電動工具為宜。但此際亦有因工具之過熱或衝擊引起著火之可能性，故應充分注意處置。

(五)熔接工具

(1)在儲槽內外實施電氣熔接時，為防止感電應準備橡皮墊及使用其他電氣防護具。

(2)電焊機二次側接地導線應夾接在被焊物上，防止感電。

(3)在熔接、截斷之際可能發生有害氣體及蒸氣，故應設置適當換氣裝置充分實施換氣。

(4)使用乙炔熔接器時，應使用不致漏洩氣體者，且在儲槽內不應任意排放不必要之氧氣或乙炔。

(5)火星捕集器：明火作業時慎防火星四處噴濺，應用木桶將火星在半徑半公尺範圍內完全承收捕集。倘無法用水桶捕集時，應用石棉布在半徑一公尺範圍內，將火星完全隔離。充分檢討後，事前教育作業人員與此有關之充分知識，更應施予訓練。

六、服裝及防護具

(一)防護具

(1)經常充分實施儲槽之事前處理（儲槽儲存物之排除、清洗、換氣、配管動力之遮隔等），以創造安全之環境為首要，如認為尚感不足時，始以防護具補足。

(2)正確選擇與使用適於作業環境之防護具必須具備高度之知識，故監督者應受過專業之教育訓練。

(二)服裝

(1)儲槽作業中，作業員不應露出不必要之皮膚。

(2)應戴用工作帽，應穿著長袖工作衣，並穿著整齊。

(3)不得穿用有褶疊之工作褲。

(4)不得穿用油脂污穢之工作服。

(三)頭部之保護

有因工具、材料及其它物體之飛落或液體之漏洩滴下之虞

時，應戴用有邊之防護帽。

(四)眼部及顏部之保護

(1)有與腐蝕性液體或其飛沫接觸之虞時，應著用防護眼鏡。

(2)必須保護顏面時，應著用防護面罩（可全覆顏面者）。

(3)必須安全保護頭、顏、頸時應著用耐藥性頭巾。

(五)足部之保護

(1)應著橡膠靴或橡膠長統靴。

(2)為防止足部之傷害應著用安全靴並再套橡膠靴。

(六)呼吸防護具

(1)視其必要選用適於作業環境之口罩。

(2)一般以使用輸風面罩、輸氣面罩等氣管面罩較為適當。

七、急救處置

(一)監視人（含明火監督人）

(1)儲槽內有作業人員時應在槽外設置監視人。

(2)監視人應居於經常可監視儲槽內全部作業人員之位置，其

視線不得脫離作業人員。

(3)監視人除交付工具、材料給作業人員外，不得從事其它工作，且不得擅離其位。

(二)急救用防護具

(1)在儲槽附近至少應準備一套急救用防護具。

(2)準備之急救用防護具應為亦可使用於缺氧空氣中之氧氣面罩或輸氣管面罩。

(三)救護索

(1)預想在事故之際急救上可能遭遇困難之場所，應於事前使作業員配帶置有救護索之安全帶。

(2)安全帶應置有胴帶與肩帶，而可使用肩胛骨中央之鐵環將罹災者於站立之狀態下吊升之構造為宜。

(3)在作業員於儲槽內作業期間，監視人應持救護索之一端，保持可隨時吊升之狀態。

(四)準備滅火器材

明火作業時，應於施工前備妥滅火器、消防水帶或水桶……等滅火器材，以防萬一。

(五)監視人之任務

(1)監視人應經常注視儲槽內作業人員，如糟內發生緊急意外事故時，應即召集急救人員，使用安全帶搶救罹災者，並從事儲槽外之急救作業。

(2)緊急之際，除另有監視人外，不得親自進入儲槽內部。

(3)為急救而有必要進入儲槽內之人員，視當時之狀況著用呼吸防護具、救護索及其他必要之防護具。

(4)監視人不在場時，不得作業（明火或進入槽內）。

八、中斷作業時之處置

(1)暫時中斷儲槽作業時，於此期間因有氣體之漏洩及其他原
因致儲槽內外之狀況發生變化，故於再度作業開始前，應
重新實施必要之檢查，以確認安全。

(2)長時期中斷作業時，作業許可證（明火工作申請表，危險
工作同意書）應認為無效。

廢水處理設施意外狀況緊急處置

一、廢水處理場為本廠重要環境處理設備之一，一旦設施有意外，
　　可能會影響附近住家生活品質及環境上的破壞，一般而言，
　　設施意外狀況包括：

　　(1)現場排放異常，導致水質無污水通過。
　　(2)電源故障——停電。
　　(3)運轉設備之故障。
　　(4)地震或火災導致廢水場無法運轉。

二、對策方針：

　　(1)若放流水質無法合格時，立即要求現場單位減產或停產，
　　　以減少進水量，並將廢水存放於調勻池，待水質合格後，
　　　始可放流。
　　(2)電源故障導致停電，要求現場停工並立即向環保局回報，
　　　且將放流閥關閉，停止放流，待電源供應後，待廢水處理
　　　到放流水合格後，打開放流閥繼續排水，現場始可復工。
　　(3)運轉設備故障時，在不影響放流水水質情況下，要求工務
　　　課儘快修復，若有影響水質時，則要求現場減量，降低進
　　　水量，或停工待設備正常後，現場始可繼續生產，在考量
　　　修復時間過長，若有影響到放流水水質時，應向環保局報
　　　備。
　　(4)因地震等天災或火災導致廢水場無法運轉，應立即向環保
　　　局回報，並要求現場生產停工，待維復完成後，現場始可
　　　繼續生產。　　·

三、廢水處理場若遇地震造成池體受損時之緊急應變措施：

　　　　若受強震致使廢水處理場池體破裂，致廢水外洩時，採取下列程序處置：

(1)立刻將廢水處理場暫停，並通知高階主管下令停止運作。

(2)將廢水積存於調勻池中。

(3)立即以電話及傳真向環保局報備。

(4)以抽水機將破裂之池體廢水抽至下個單元，並以隔板阻隔後，以抽水機跨接下一個單元。

(5)完成跨接工作後，再重新啟動使廢水處理設施完成功能，並確認排放水合格後，再通知高階主管下令現場復工進水處理。

(6)破損池體立即發包施工搶修，搶修中應維持排放水合乎法規之要求。

四、預防措施：將池體有裂縫之部分以紅色噴漆標註，廢水處理場操作員每日上班及下班前，應至少執行一次之檢查工作，若發現裂縫有增加之現象時，應立即停止進水並將池內之廢水抽空，以擋板阻隔後以跨接方式將廢水接至下一個單元，防止池體破裂並立刻進行搶修。

　　　　以上各項狀況，若有向環保局報備時，廠內亦需有報備紀錄。

附件一　XX 公司可能之災害型式與等級分類

等級分類　　　　災害型式	災害等級			危害性物質	地　　點
	一	二	三		
廢水處理設施意外狀況	✓				
空氣污染源意外狀況	✓				
火災	✓	✓			
重油及化學品大量洩漏	✓	✓			
容器爆炸	✓	✓			
地震	✓	✓	✓		
颱風	✓	✓	✓		
其他災害	✓	✓	✓		

災害等級之應變定義：

第一級災害：指災變的威脅各課防護區隊能控制，而不需要員工
　　　　　疏散，意外僅限於小區域，如管路及閥之墊片或接頭造成之
　　　　　小量液體外洩、小量蒸汽外洩、少數人員傷害。

第二級災害：指較大危險或區域的意外，而會造成生命財產的威
　　　　　脅，而可能需要他廠或其他有限度的疏散或緊急支援，例如
　　　　　輸送及閥之墊片或接頭較大洩漏程度。狀況包括蒸汽外洩、
　　　　　化學物質外洩或廠房火災，依判斷可能危及部分地區而人員
　　　　　必須疏散時。

第三級災害：指嚴重意外或大區域面積嚴重到生命及財產而超過工
　　　　　廠範圍，此時之疏散對象可能擴及廠外附近居民。狀況包括：
　　　　　製程失控、閥體斷裂或設備（槽體）破裂損壞等造成大量蒸汽
　　　　　外洩之情形，將影響大區域面積之廠外居民的生命財產安全。

附件二　XX 公司緊急應變組織架構

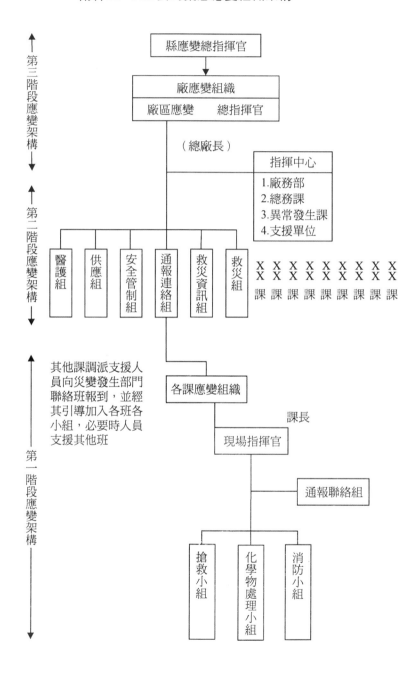

附件三　XX 公司 廠內發生災害通報基本流程

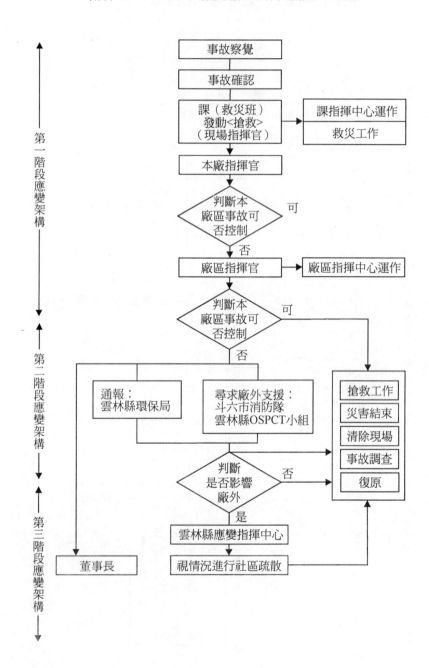

第一階段應變架構

第二階段應變架構

第三階段應變架構

事故察覺

事故確認

課（救災班）
發動<搶救>
（現場指揮官） → 課指揮中心運作 / 救災工作

本廠指揮官

判斷本廠區事故可否控制 —可→

廠區指揮官 → 廠區指揮中心運作

判斷本廠區事故可否控制 —可→

否

通報：
雲林縣環保局

尋求廠外支援：
斗六市消防隊
雲林縣OSPCT小組

搶救工作
災害結束
清除現場
事故調查
復原

判斷是否影響廠外 —否→

是

雲林縣應變指揮中心

視情況進行社區疏散

董事長

附件四　廠外發生災害通報基本流程

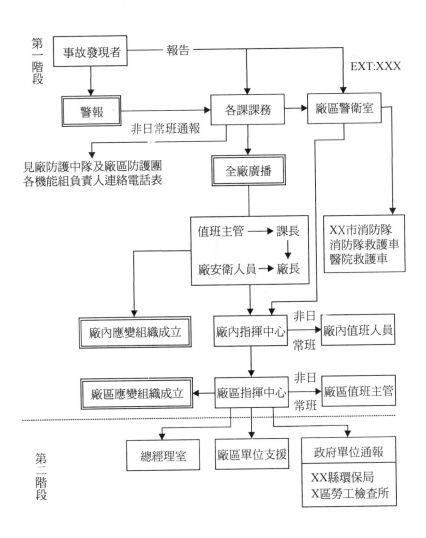

第一階段

事故發現者 ──報告──→

EXT:XXX

警報　　非日常班通報　　各課課務　→　廠區警衛室

見廠防護中隊及廠區防護團
各機能組負責人連絡電話表

全廠廣播

值班主管　→　課長
　　　　　　　　↓
廠安衛人員　→　廠長

XX市消防隊
消防隊救護車
醫院救護車

廠內應變組織成立　　廠內指揮中心　非日常班　廠內值班人員

廠區應變組織成立　←　廠區指揮中心　非日常班　廠區值班主管

第二階段

總經理室　　廠區單位支援　　政府單位通報

XX縣環保局
X區勞工檢查所

附件五 緊急應變計畫之修正記錄表

修訂人簽名	日期	審核人簽名	日期	修訂處

參考文獻

一、中文書目

1.中華民國工業安全衛生協會,〈勞工安全衛生法令〉,民 84,自印。

2.中華民國工業安全衛生協會,《勞工安全衛生教材——管理員訓練教材》,民 84,自印。

3.中華民國工業安全衛生協會,《勞工安全衛生教材——安全管理師訓練教材》,民 84,自印。

4.中華民國工業安全衛生協會,《勞工安全衛生教材——衛生管理師訓練教材》,民 84,自印。

5.行政院勞委會,《自動檢查技術叢書,管理篇》,民 82,自印。

6.黃清賢,《工業安全與管理》,民 84,三民書局。

7.許秀光,《工業安全評鑑》,民 78,中華民國工業安全衛生協會。

8.羅文基,《工業安全衛生》,民 81,三民書局。

9.黃金銀,《勞工安全管理甲級技術士技能檢定大全》(上、下),民 84,千華圖書。

10.陳博文,《工業安全衛生管理實務》,民 79,千華圖書。

11.張一岑,《化工製程安全管理》,民 84,揚智文化。

12.洪根強、楊明枝、曾傳銘,《工業安全衛生管理與實務》,民 83,

揚智文化。

13. 馮紀恩，《工業安全管理》，民 81，科技圖書。

14. 陸炳文，《公關與危機處理》，民 81，南海圖書。

15. 中華民國工業安全衛生協會，〈職業災害統計月報表填表說明〉，民 84，自印。

16. 葉基光，《TPM 經營入門》，民 81，徐氏基金會。

17. 行政院環保署，〈公民營廢棄物清除處理機構專業技術人員講習訓練班教材〉，《緊急應變處置計畫》，民 83，自印。

18. 鄭世岳、李金泉、蕭景祥、魏榮男，《工業安全與衛生》，民 84，文京圖書。

19. 鄭世岳，《工業安全實習指引》，民 82，嘉南藥專出版社。

20. 呂槃，《工作安全衛生手冊》，民 81，行政院勞委會。

21. 行政院勞委會，《安全作業標準》，民 79，自印。

22. 行政院勞委會，《推動勞工安全衛生工作實務手冊》，民 86，自印。

23. 經濟部，《ISO 14000 速報》，民 86，第 3-23 期，自印。

24. 經濟部中央標準局，《87 年度 CNS 14000 系列環境管理國家標準說明會標準業務簡介講義》，民 87，中華民國品質學會。

25. 健峰企管，《保長興業股份有限公司 ISO 14001 認證訓練輔導計畫書》，民 87，自印。

26. 雲林科技大學，《推行 ISO 19002 實務探討》，民 85，工管系自印。

27. 經濟部工業局，《英國職業安全衛生管理系統 BS 8800》，民 87，自印。

28. 行政院勞委會，《英國標準 BS 8800 實施於我國事業單位之可行性分析》，民 87，自印。

29. 法商法立德公證有限公司，《職業安全及衛生管理系統第三者驗

證標準》，民87，自印。

二、譯作書目

1.呂山海，《安全管理》，民78，書泉出版社。

2.毛文秉、葉文裕，《工業衛生學》，民80，徐氏基金會。

3.小知堂編譯室，《效率企業用表200種》，民81，小知堂文化。

4.萬義賅，《公司的預算編列入門》，民84，小知堂文化。

5.羅耀宗，《管理技巧手冊》，民81，哈佛企業管理顧問公司。

三、英文書目

1.Barbara A. Plog, *Fundamentals of Industrial Hygiene*, National Safety Council, Chicago, USA, 1988.

2.Cari G. Hoyos, *Occupational Safety and Accident Prevention*, Elsevier, New York, USA, 1988.

3.National Safety Council, *Supervisors Safety Manual*, 8th Edition, Chicago, Illinois, USA, 1990.

4.Daniel A. Crowl & Joseph F. Louvar, *Chemical Process Safety：Fundamentals With Applications*, Prentice Hall, New Jersey, USA, 1990.

5.George G. Lowry & Robert C. Lowry, *Handbook of Hazard Communication and OSHA Requirements*, Lewis Publishers, Michigan, USA, 1990.

企業安全衛生管理制度規劃

作　　者／徐啟銘.周煌傑
出　版　者／揚智文化事業股份有限公司
發　行　人／葉忠賢
登　記　證／局版北市業字第 1117 號
地　　址／台北縣深坑鄉北深路三段 260 號 8 樓
電　　話／(02)8662-6826
傳　　真／(02)2664-7633
　E-mail ／service@ycrc.com.tw
印　　刷／鼎易印刷事業股份有限公司
I S B N ／957-818-418-2
初版二刷／2008 年 3 月
定　　價／新台幣 500 元

國家圖書館出版品預行編目資料

企業安全衛生管理制度規劃 = System planning
of safety and health management for enterprises
/ 徐啓銘, 周煌傑著. -- 初版. -- 台北市：揚
智文化, 2002[民 91]
　　面；　公分. -- （工業叢書；16）
參考書目：面
ISBN 957-818-418-2

1.工業安全　2.工業衛生

555.56　　　　　　　　　　　　91011226